Hans A. Neunzig, 1932 in Meißen geboren, ist Lektor, Übersetzer und Schriftsteller. Neben zahlreichen Herausgeberschaften und eigenen Werken schrieb er mit Peter Schamoni das Drehbuch zu dem Robert-Schumann-Film »Frühlingssinfonie«.

Vom Herausgeber Hans A. Neunzig ist ebenfalls als
Knaur-Taschenbuch erschienen:

*»Die besten Kurzgeschichten aus Deutschland, Österreich, Frankreich,
Italien, Schweden, Polen und der Sowjetunion«*
(Band 1180)

Vollständige Taschenbuchausgabe in 2 Bänden
Droemersche Verlagsanstalt Th. Knaur Nachf. München
Lizenzausgabe mit freundlicher Genehmigung
der Nymphenburger Verlagshandlung GmbH, München
© Nymphenburger Verlagshandlung GmbH, München 1982
Umschlaggestaltung Wolfgang Lauter
Satz IBV Lichtsatz KG, Berlin
Druck und Bindung Clausen & Bosse, Leck
Printed in Germany   6 5 4 3 2
ISBN 3-426-01217-0

Die besten Kurzgeschichten

aus England, Irland, Amerika, Japan

Herausgegeben von Hans A. Neunzig

Band 2

ISBN 3-426-01217-0   880

INHALT

Maria

»Wir haben selbst Mädchen, wissen Sie«, sagte Mrs. Dosely mit einem warmen Lächeln.

Damit schien die Angelegenheit erledigt zu sein. Marias Tante, Lady Rimlade, lehnte sich endlich in Mrs. Doselys Sessel zurück, und indem sie noch einmal ihren Blick über die flatternden weißen Vorhänge im Wohnzimmer des Pfarrhauses, über die munter aussehenden Fotografien und die spitzen Silbervasen mit den rosa Wicken gleiten ließ, überließ sie Maria diesen erfreulichen Einflüssen.

»Das wird ganz entzückend werden«, sagte sie in dem milden, bestimmten Ton, mit dem sie so viele Wohltätigkeitsbasare eröffnete. »Also dann bis nächsten Donnerstag, Mrs. Dosely, so ungefähr zur Teestunde.«

»Das wäre nett.«

»Es ist äußerst liebenswürdig von Ihnen«, sagte Lady Rimlade abschließend.

Maria war nicht ihrer Meinung. Sie saß da, blickte finster unter dem Rand ihres Hutes hervor und verknotete ihre Handschuhe. Zweifellos bezahlt man doch für mich, dachte sie.

Maria machte sich sehr viel Gedanken über das Geld. Sie hatte keinen Sinn für das Getue, das andere Leute deswegen machten, denn ihr gefiel es, ein reiches kleines Mädchen zu sein. Es tat ihr nur leid, daß sie nicht wußte, wie hoch man sie bewertete. Man hatte sie nämlich in den Garten hinausgeschickt, während ihre Tante eine kurze Unterredung – du meine Güte! – mit der Pfarrersfrau hatte. Den ersten Teil der Unterhaltung, der ihren Charakter betraf, hatte sie noch genau verfolgen können, während sie zwischen den halbmondförmigen Lobelienbeeten unter dem Wohnzimmerfenster hin und her spazierte. Aber gerade als die beiden Stimmen den Tonfall wechselten – die eine wurde gleichgültig, die andere sehr, sehr schüchtern –, kam Mrs. Dosely ans Fenster und schloß es mit dem Anschein völliger Ahnungslosigkeit. Maria war enttäuscht.

Maria besuchte eine der bequemen Schulen, in denen man an allen Ecken und Kanten bedient wird. Sie war (gerade hatte sie gehört, wie ihre Tante Ena das Mrs. Dosely erklärte) ein mutterloses Kind, empfindlich, zuweilen schwierig, sehr verschlossen. In der Schule betrachtete man all dies genauso wie ihre leichte Neigung zur Rückgrat-

verkrümmung und ihren Widerwillen gegen Puddinge aller Art mit liebevoller Rücksicht. Sie ließ sich ihren Charakter zurechtbiegen – wenn sie später aus der Schule kam, würde sie noch Zeit genug haben, sich um ihr Haar und ihren Teint zu kümmern. Außerdem lernte sie schwimmen, tanzen, etwas Französisch, die harmlosere Seite der Geschichte und *noblesse oblige*. Es war wirklich eine nette Schule. Wenn sie jedoch in den Ferien heimkam, gab man sich alle erdenkliche Mühe, sie darüber hinwegzutrösten, daß sie ein Waisenkind war, das man weggeschickt hatte.

Dann aber wurde am Ende des letzten Sommerhalbjahres ihr Onkel Philip in seiner unbegreiflichen Selbstsucht plötzlich krank und wäre tatsächlich fast gestorben. Tante Ena schrieb seltener und sehr zerstreut, und als Maria nach Hause kam, erfuhr sie, daß ihr Onkel und ihre Tante ohne die geringste Rücksicht darauf, daß sie eine Waise war, sogleich eine Seereise antreten wollten und daß man für sie schon sorgen werde.

Das war nicht so leicht. Alle Verwandten und Freunde des Hauses (die Sir Philip während seiner Krankheit alle erdenkliche Hilfe zugesagt hatten) schrieben zurück, daß sie es zutiefst bedauerten, Maria im Augenblick nicht aufnehmen zu können, obwohl sie selbstverständlich unter günstigeren Umständen nichts lieber getan hätten. »Einer auf seinen Acker, der andere zu seiner Hantierung«, sagte der Vikar MacRobert, den man um Rat fragte. Dann aber schlug er Mr. und Mrs. Dosely vor, seine Nachbarn von Malton Peele. Lady Rimlade traf sich mit Mr. Dosely, als er zu den Fastenpredigten herüberkam; er schien ein sehr netter, offener, heiterer und gesetzter Mann zu sein. Sie, Mrs. Dosely, war äußerst mütterlich, das sagten alle, und manchmal nahm sie Kinder aus Indien auf, weil sie sich nach der Decke strecken mußten. Die Doselys wären ganz geeignet, das spürte Marias Tante sofort. Als Maria in Wut geriet, senkte sie die mondänen rosigen Lider und sagte, daß sie sich Marias unfeines Betragen verbäte. So fuhr sie also am folgenden Nachmittag mit Maria und den beiden kleinen Griffonhunden los, um Mrs. Dosely aufzusuchen. Sollte ihr Mrs. Dosely wirklich sympathisch sein, gedachte sie auch die beiden Hunde dortzulassen.

»Und Mrs. Dosely erzählte mir, daß sie selbst Mädchen hat«, sagte Lady Rimlade auf dem Heimweg. »Es sollte mich gar nicht wundern, wenn ihr noch richtige Freundinnen würdet. Wahrscheinlich haben sie die Blumen arrangiert. Ich finde, die Blumen waren sehr hübsch geordnet; das fiel mir auf. Natürlich habe ich persönlich nicht viel für

diese kleinen Silbervasen übrig, die wie Tüten aussehen, aber für mein Gefühl wirkten sie im Wohnzimmer des Pfarrers sehr lustig und anheimelnd.«

Maria nahm das letzte Wort geschickt auf: »Vermutlich kann niemand«, meinte sie, »der nicht in meiner Lage war, nachfühlen, was es bedeutet, kein Heim zu haben.«

»Aber Maria, Liebling...«

»Ich kann dir wirklich nicht sagen, was ich von diesem Haus, in das du mich schicken willst, halten soll«, sagte Maria. »Ich habe mich auf das Bett im Dachzimmer, das ich bekommen soll, fallen lassen, und es ist wie aus Eisen. Du bist dir doch hoffentlich darüber im klaren, daß die Pfarrhäuser immer von Krankheiten wimmeln? Ich werde selbstverständlich versuchen, mich damit abzufinden, Tante Ena. Du sollst nicht das Gefühl haben, daß ich mich beklage. Aber natürlich machst du dir keinerlei Gedanken darüber, was mir bevorsteht, nicht wahr? So wird oft das Leben eines jungen Mädchens gerade in meinem Alter durch Leichtsinn zugrunde gerichtet.«

Tante Ena sagte nichts. Sie drückte sich etwas tiefer in die Wolldecken und senkte die Lider, als ob ein heftiger Wind bliese.

Als an diesem Abend Mrs. Dosely die Hühner einschließen wollte, traf sie unterwegs den Hilfspfarrer Mr. Hammond, der den Kricketplatz auf dem Rasen des Pfarrhauses walzte. Er war unermüdlich, und obgleich er hochkirchlicher eingestellt war, als ihnen lieb war, hatte er Sinn für eine Betätigung im Freien. Er kam regelmäßig wie auf Verabredung zum Essen ins Pfarrhaus, da seine derzeitige Zimmerwirtin nicht kochen konnte und ein junger Mann doch schließlich vernünftig essen muß. Und ihre Töchter waren noch so jung, daß niemand auf die Idee kommen konnte, Mrs. Dosely hätte dabei einen Hintergedanken. Jedenfalls meinte sie, daß sie es ihm erzählen müsse.

»Bis zum Ende der Ferien«, sagte sie, »wird einer mehr im Haus sein. Die kleine Nichte von Lady Rimlade – sie ist ungefähr fünfzehn – kommt zu uns, solange ihr Onkel und ihre Tante fort sind.«

»Großartig!« rief Mr. Hammond aus. Er konnte Mädchen nicht leiden.

»Das wird eine nette Gesellschaft, nicht wahr?«

»Allerdings. Je mehr, um so lustiger«, meinte Mr. Hammond. Er war ein großer, etwas verdrießlicher junger Mann mit einer breiten Kinnlade. Er sprach nie viel, aber Mrs. Dosely hoffte, daß ihm das Familienleben wohl bekäme. »Sie sollen nur alle kommen«, sagte er.

Mrs. Dosely, die eine Zinnschüssel unter dem einen und einen Korb unter dem anderen Arm hielt, stand am Rande des Spielfeldes und sah ihm zu.

»Sie scheint ein kleines, liebes Ding zu sein – nicht hübsch, aber mit einem so ernsten, ausdrucksvollen Gesichtchen. Ein einziges Kind, müssen Sie wissen. Beim Wegfahren habe ich zu ihr gesagt, ich hoffte, daß sie und Dilly und Doris bald unzertrennliche Freundinnen würden, und ihr Gesicht hat dabei richtig geleuchtet. Sie hat keine Mutter, das ist doch traurig.«

»*Ich* hatte nie eine Mutter«, bemerkte Mr. Hammond und zerrte wütend an der Walze.

»Ich weiß, ich weiß. Aber ich glaube, daß es für ein junges Mädchen doch noch viel trauriger ist... Ich finde Lady Rimlade bezaubernd, so natürlich. Ich habe ihr erzählt, daß wir hier recht einfach leben und wenn Maria käme, würden wir sie wie eine von den unseren behandeln, und sie sagte, daß das Maria gerade gefallen würde... Dem Alter nach ist Maria genau zwischen Dilly und Doris.«

Sie hielt inne; sie mußte daran denken, daß Maria in drei Jahren ihren ersten Ballabend erleben würde. Dann stellte sie sich vor, wie sie ihrer Freundin Mrs. Brotherhood erzählen würde: »Es ist einfach schrecklich, ich sehe in letzter Zeit überhaupt nichts mehr von meinen Töchtern. Sie scheinen dauernd drüben im Haus von Lady Rimlade zu sein.«

»Wir müssen dafür sorgen, daß sich das arme Kind bei uns ganz wie zu Hause fühlt«, erklärte Mrs. Dosely strahlend.

Die Doselys hatten gelernt, mit den englischen Kindern aus Indien fertig zu werden; so waren sie auch weiterhin optimistisch im Hinblick auf Maria. »Man muß bei eigenwilligen Menschen Nachsicht üben«, so lautete die Losung in diesem warmherzigen Haus, durch das beständig ein Strom von extremistischen Hilfsgeistlichen, launenhaften Dienstmädchen, nicht ausgefüllten alten Damen und ungesitteten, gelbgesichtigen Kindern floß. Maria wurde von der Familie regelrecht überschwemmt. Sie hatte das Gefühl, als versuchte sie, mit einem Federbett zu boxen. Die freundlichen Fältchen wichen überhaupt nicht mehr aus Dillys und Doris' Wangen: sie lächelten unaufhörlich. Maria wußte nicht, wie sie sich ihnen gegenüber am ekligsten benehmen sollte; sie stellten wirklich ihre Findigkeit auf die Probe. Maria konnte natürlich nicht ahnen, daß Dilly insgeheim dachte, sie hat ein Gesicht wie ein kranker Affe, oder daß Doris, die eine vernünftige Schule besuchte, schon bald zu dem Schluß kam, daß

ein Mädchen mit einem Diamantenarmband einfach unmöglich sei. Dilly bereute sofort wieder ihren lieblosen Gedanken (obwohl sie nicht der Versuchung widerstehen konnte, ihn in ihr Tagebuch einzutragen), und Doris hatte einfach gesagt: »Was für ein hübsches Armband! Hast du denn keine Angst, es zu verlieren?« Mr. Dosely fand, daß Maria auffallend aussah (sie hatte ein blasses, kleines Gesicht mit eckigem Kiefer und eine über den dunklen Brauen gerade abgeschnittene Ponyfrisur), auffallend, aber unangenehm – an dieser Stelle unterbrach er seinen Gedankengang durch ein Hüsteln, und indem er sich vorbeugte, fragte er Maria, ob sie eine Pfadfinderin sei.

Maria antwortete, daß sie den bloßen Anblick von Pfadfinderinnen hasse. Mr. Dosely lachte herzhaft und sagte, das sei aber schade, denn wenn es so wäre, müßte sie ja auch den Anblick von Doris und Dilly hassen. Der Abendbrottisch erbebte unter der allgemeinen Fröhlichkeit. Maria fröstelte in ihrem roten Kreppkleid (es war ein regnerischer Augustabend, das Zimmer war nicht geheizt, ein Fenster stand offen, und die Bäume draußen rauschten kühl) und blickte zu dem unbeweglichen Mr. Hammond hinüber, der sich mit seinem vierkantigen Gesicht entschlossen und gesammelt über seine Portion Makkaroni mit Käse hermachte. Er war keineswegs belustigt. Maria hatte immer gedacht, daß Hilfsgeistliche kicherten; sie verachtete Hilfsgeistliche, weil sie kicherten, aber sie war wütend, weil Mr. Hammond überhaupt nicht kicherte. Sie betrachtete ihn eine Weile, und als er nicht aufschaute, sagte sie endlich: »Sind Sie ein Jesuit?«

Mr. Hammond (der gerade über das Kricketfeld nachgedacht hatte) fuhr heftig hoch; seine Ohren liefen dunkelrot an; er sog den letzten Makkaronifaden in sich hinein. »Nein«, sagte er, »ich bin kein Jesuit. Wieso?«

»Och, nichts«, erwiderte Maria. »Das kam mir nur gerade in den Sinn. Eigentlich weiß ich überhaupt nicht, was Jesuiten sind.«

Keiner fühlte sich ganz wohl in seiner Haut. Wenn man Mr. Hammonds Einstellung bedenkt, hatte die arme kleine Maria in aller Unschuld etwas höchst Ungeschicktes gesagt. Mr. Hammonds Einstellung war sehr stark ausgeprägt, und da er wußte, für wie ausgeprägt die Doselys seine Einstellung hielten, war er besonders empfindlich. Mrs. Dosely bemerkte, daß sie Maria für eine sehr große Hundefreundin halte. Maria entgegnete, daß sie außer Schäferhunden überhaupt keine Hunde leiden könne. Mrs. Dosely war froh, daß sie Mr. Hammond fragen konnte, ob er ihr nicht von einem Neffen, der Schäferhunde züchtete, erzählt habe. Mr. Hammond bestätigte das.

»Aber leider«, fügte er hinzu, »kann ich Schäferhunde absolut nicht ausstehen.«

Maria stellte voller Zufriedenheit fest, daß sie sich den Haß von Mr. Hammond zugezogen hatte. Das war nicht schlecht für einen Abend. Sie rührte mit der Gabel ihre Makkaroniportion heftig auf dem Teller herum und richtete dann die Gabel senkrecht nach unten. Unverhüllte Gesundheit, sowohl in der Nahrung als auch bei den Menschen, war Maria zuwider. »Das ist das dritt-, nein vorletzte Abendessen in diesem Haus«, sagte sie zu sich selbst.

Alles schien so einfach, es schien noch immer einfach, aber nach fünf Tagen stieg sie doch wieder in das Bett, in das – wie Mrs. Dosely sagte – »kleine, weiße Nest, das wir unseren Freundinnen vorbehalten«. In gewisser Beziehung waren die Doselys eine ganz neue Erfahrung für Maria, die bisher noch nie einen Menschen gefunden hatte, der es mit ihr aushielt, wenn sie unausstehlich sein wollte. Hochbezahlte französische Dienstmädchen, Gouvernanten, die fast bestochen werden mußten, um in ihrer Stelle auszuharren, waren weich geworden. Maria hatte etwas erstaunlich und unvergeßlich Unliebenswürdiges an sich... Nun, sie war trotzdem noch immer da. Sie hatte schon zweimal ihrer Tante geschrieben, daß sie hier weder schlafen noch essen könne und daß sie sich nicht wohl fühle, und Lady Rimlade hatte ihr geantwortet, daß sie sich doch einmal mit Mrs. Dosely darüber unterhalten sollte. Mrs. Dosely sei eine mütterliche Frau, erklärte Lady Rimlade. Maria erzählte Mrs. Dosely, es täte ihr leid, aber sie sei unglücklich und könne sich nicht wohl fühlen. Mrs. Dosely rief aus, wie sehr sie das bedauere, aber auf keinen Fall – das sehe Maria doch ein? – dürfte sich Lady Rimlade aufregen. Sie habe doch ausdrücklich verlangt, daß sie keinen Ärger haben wolle.

»Und sie ist doch so freundlich«, sagte Mrs. Dosely und tätschelte Marias Hand.

Maria dachte nur: Die Frau ist verrückt. Sie sagte mit einem gezwungenen Lächeln, daß es ihr leid täte, aber das Tätscheln ihrer Hand machte sie ganz kribbelig. Doch wenn man Mrs. Dosely grob kam, so war das wie ein Stückchen Butter auf einem heißen Teller – es gleitet hin und her und zerschmilzt.

In der ganzen letzten Woche war tatsächlich Mr. Hammond Marias einziger Trost. Sie fand so großes Vergnügen an ihm, daß er drei Tage nach ihrer Ankunft Mrs. Dosely erklärte, er würde wohl nicht mehr zum Essen kommen, vielen Dank, da seine Wirtin inzwischen das Kochen gelernt habe. Trotzdem gelang es Maria, ihn noch häufig zu se-

hen. Auf Doris' Rad fuhr sie in einem Abstand von ungefähr zehn Metern hinter ihm her durch das Dorf; sie war zur Stelle, wenn er eine Gebetsstunde des Müttervereins hielt; sie kam immer aus dem Haus, wenn er auf dem Kricketplatz arbeitete (»Wird es Ihnen nicht zu warm?« fragte sie ihn dann voller Mitgefühl, weil er in seinem steifen Kragen Grimassen schnitt. »Oder ist Ihnen gar nicht so warm, wie es aussieht?«), und als sie herausgefunden hatte, daß er jeden Abend um sechs die Glocke läutete und anschließend für zwei Damen in der Kirche die Abendandacht hielt, kam sie jeden Abend allein in die Kirche, setzte sich in die vorderste Reihe und blickte zu ihm empor. Sie führte bei den Antworten an und wartete höflich, wenn Mr. Hammond seine Stelle verloren hatte.

Aber heute abend stieg Maria flink und geheimnisvoll zu ihrem kleinen, weißen Nest empor und verriegelte die Tür, aus Angst davor, daß Mrs. Dosely hereinkommen könnte, um ihr einen Gutenachtkuß zu geben. Sie begriff jetzt die anfeuernde Wirkung der Musik. Man hatte sie nämlich zu einer Festveranstaltung des Gesangvereins mitgenommen, und die Wirkung auf Marias Geist war erstaunlich. Während des Liedes *Auf zu den Hügeln* kam ihr plötzlich die Idee, in die Schweiz zu fahren, in einem feudalen Hotel zu wohnen und ein bißchen in den Bergen herumzuklettern, sobald sie dem Pfarrhaus entronnen sei. Sie hatte vor Begeisterung geglüht, aber am Ende von *Hey, nonny, nonny* kam ihr ein viel besserer und schöpferischerer Gedanke, der den ersten in den Schatten stellte. Sie hielt sich plötzlich das Taschentuch vor den Mund, bedeutete der lauernden Dilly, daß es ihr jeden Augenblick schlecht werden könne, und verließ eilig das Schulhaus. Als sie sicher in ihrem weißen Nest war, stellte sie mit einem Bums ihren Kerzenleuchter nieder, holte ihr Schreibpapier hervor und setzte sich an den Toilettentisch, von dem sie zuerst ihre Haarbürste heruntergefegt hatte, um folgendes zu schreiben:

»Liebste Tante Ena!

Du wunderst Dich sicher schon, warum ich Dir so lange nicht geschrieben habe. Der Grund ist, daß durch ein großes Erlebnis alles andere in meinem Geist ausgelöscht wurde. Ich weiß kaum, wie ich das alles in Worte fassen soll. Es ist nämlich so, daß ich einen gewissen Mr. Hammond liebe, der hier Hilfspfarrer ist, und er liebt mich auch. Wir sind schon richtig verlobt und wollen recht bald heiraten. Er ist ein bezaubernder Mann, äußerst hochkirchlich eingestellt und hat kein Geld, aber ich habe nichts dagegen, mit ihm als eine arme Frau zu leben, was ich ja wohl tun muß, wenn Ihr beide, Du und Onkel Philip,

böse seid, obwohl es Euch wahrscheinlich leid tun wird, wenn ich später mit meinen kleinen Kindern vor Eurer Tür stehe. Falls Ihr nicht Eure Zustimmung gebt, werden wir durchgehen, aber ich glaube, liebe Tante Ena, daß Du bestimmt mit Deiner kleinen Nichte in ihrem großen Glück mitfühlen kannst. Nur um eines bitte ich Dich: mich nicht aus diesem Pfarrhaus zu entfernen. Ich glaube, ich könnte nicht leben, ohne Wilfred jeden Tag zu sehen – oder besser jede Nacht, denn wir treffen uns auf dem Friedhof und sitzen auf einem Grab eng umschlungen im Mondschein. Die Doselys wissen noch nichts, da ich es für meine Pflicht hielt, es Dir zuerst mitzuteilen, aber ich fürchte, daß die Leute im Dorf etwas gemerkt haben, denn es führt unglücklicherweise ein öffentlicher Weg über den Friedhof, doch wir wüßten nicht, wo wir sonst sitzen sollten. Ist es nicht merkwürdig, wie sehr ich damals, als Du mich hierher schicktest, recht hatte, als ich sagte, Du seist Dir nicht darüber im klaren, was mich hier erwarte? Aber jetzt bin ich Dir so dankbar dafür, daß Du mich hergebracht hast, denn ich habe mein großes Glück gefunden, und ich bin überglücklich in der Liebe eines guten Mannes. Leb wohl, ich muß jetzt aufhören, denn der Mond ist aufgegangen und ich muß hinaus, um Wilfred wiederzusehen.

Deine Dich liebende, tapfere kleine Nichte Maria.«

Da dieser Brief Maria im großen und ganzen gefiel, schrieb sie ihn zweimal ab, versah die sauberste Abschrift mit einer schwungvollen Adresse und ging zu Bett. Die Musselinrüschen ihres Nestes bewegten sich leicht in der Nachtluft, der Mond ging strahlend über dem Friedhof und den Nachtkerzen auf, die den Gartenweg säumten. Keine von Mrs. Doselys Töchtern hätte im Dunkel sanfter lächeln oder unschuldiger einschlafen können.

In Mr. Hammonds Zimmer befand sich kein Kalender: Zu Weihnachten waren ihm so viele zugeschickt worden, daß er sie alle weggeworfen und keinen einzigen übrigbehalten hatte. Deshalb mußte er die Tage im Geist abhaken. Noch immer waren es drei Wochen und sechs lange Tage bis zum Ende von Marias Aufenthalt. Während des ganzen Morgens blieb er, sehr zum Nachteil der Gemeinde, in seiner Wohnung eingeschlossen, und angeblich schrieb er ein Buch über Kardinal Newman. Täglich erhielt er Postkarten, auf denen schneeweiße, von rosenroten Girlanden umrahmte Kätzchen abgebildet waren. Eines Tages fand er sogar einen Blumenkohlkopf und ein Kärtchen mit der Aufschrift »Von einer Verehrerin« auf seinem Wohn-

zimmertisch. Mrs. Higgins, seine Wirtin, meinte, daß die Verehrerin durch das Fenster eingestiegen sein müsse, da sie bestimmt niemanden eingelassen hätte. So hielt also Mr. Hammond seit einiger Zeit sein Fenster immer verschlossen. Als er diesen Morgen – es war der Samstag nach dem Gesangvereinsfest – tiefgebeugt an seinem Schreibtisch saß und seine Predigt verfaßte, verdunkelte ein Schatten plötzlich die unteren Fensterscheiben. Maria, deren Körper dem Zimmer fast alle Helligkeit raubte, konnte nur mit Mühe hereinschauen. Ihre Nase war weiß und platt gedrückt. Sie rollte wild die Augen und versuchte, das Dunkel zu durchdringen. Dann probierte sie, das Fenster aufzustoßen.

»Weg da!« brüllte Mr. Hammond und fuchtelte heftig mit den Armen, als wollte er eine Katze wegscheuchen.

»Sie müssen mich hereinlassen, ich habe Ihnen etwas Furchtbares zu erzählen«, rief Maria und preßte die Lippen an die Scheibe. Als er keinerlei Anstalten machte, lief sie um das Haus herum zur Haustür und wurde von Mrs. Higgins mit gebührender Förmlichkeit eingelassen. Strahlend meldete Mrs. Higgins die junge Dame aus dem Pfarrhaus, die, wie sie sagte, mit einer dringenden Botschaft von Mrs. Dosely gekommen sei.

Maria, die rote Baskenmütze hochgeschoben, trat ein mit der kecken, galanten Miene einer jungen Dame, die einen hübschen Märchenprinzen berücken will.

»Sind wir allein?« fragte sie laut und wartete ab, bis Mrs. Higgins die Tür geschlossen hatte. »Ich wollte Ihnen zuerst schreiben«, fuhr sie fort, »aber nach Ihrer Kälte in der letzten Zeit mußte ich annehmen, daß dies zwecklos sei.« Sie hakte sich mit den Absätzen am Kamingitter fest und schwankte nach vorn und zurück. »Mr. Hammond, ich warne Sie: Sie müssen Malton Peele sofort verlassen.«

»Mir wäre es lieber, wenn du gingest«, entgegnete Mr. Hammond, der gelassen und voller Abscheu an ihrem linken Ohr vorbeisah.

»Allerdings«, sagte Maria, »aber ich möchte nicht, daß Sie in meinen Untergang verwickelt werden. Sie müssen an Ihre Zukunft denken. Vielleicht werden Sie sogar Bischof. Ich bin nur eine Frau. Sehen Sie, Mr. Hammond, es ist doch so, daß viele Leute aus der Art, wie wir miteinander gehen, schließen müssen, daß wir verlobt sind. Ich möchte Sie nicht in Verlegenheit bringen, Mr. Hammond.«

Mr. Hammond war keineswegs bestürzt. »Ich habe mir schon immer gedacht, daß du ein schreckliches kleines Mädchen bist, aber ich habe nicht gewußt, daß du ganz so albern bist«, sagte er.

»Wir waren unbedacht. Ich weiß nicht, was mein Onkel dazu sagen wird. Ich hoffe nur, daß Sie nicht gezwungen werden, mich zu heiraten.«

»Geh von dem Kamingitter weg!« befahl Mr. Hammond. »Du machst es kaputt... Nun, dann bleib da. Ich möchte dich einmal anschauen. Ich muß sagen, so etwas wie dich habe ich noch nie erlebt.«

»Ja, nicht wahr?« sagte Maria selbstgefällig.

»Ja. Alle anderen häßlichen und uninteressanten jungen Mädchen, die ich kennengelernt habe, versuchten wenigstens, ihr völlig unattraktives Äußeres durch eine nette Art wettzumachen, oder sie waren hilfsbereit, oder sie hatten eine gute Kinderstube und gute Tischmanieren, oder sie waren klug und konnten sich nett unterhalten. Wenn nicht die Doselys so viel Rücksicht auf deine arme Tante nähmen (die, wie ich aus Mr. Doselys Worten entnehmen mußte, so dumm ist, daß man sie fast nicht mehr als geistig normal ansehen kann), würden sie dich, da sie nun einmal versprochen haben, dich zu behalten, am besten in irgendeinen Schuppen oder Verschlag hinten im Hof stekken... Aber ich möchte nicht im Zorn mit dir reden«, fuhr Mr. Hammond fort. »Ich hoffe, daß ich nicht zornig bin. Du tust mir einfach leid. Ich habe schon immer gewußt, daß die Doselys angloindische Kinder ins Haus nehmen, aber wenn ich gewußt hätte, daß sie sich mit... Fällen... deiner Art abgeben, wäre ich vermutlich nie nach Malton Peele gekommen... Hör auf, du kleine Hexe! Ich werde es dir schon austreiben, mich an den Haaren zu ziehen...«

Sie war auf einmal über ihm und zerrte ihn systematisch an den Haaren.

»Sie gemeiner Prolet!« schrie sie und zerrte heftig. Er erwischte ihre Handgelenke und hielt sie fest. »Oh! Hören Sie auf, Sie tun mir weh, Sie gemeiner Kerl, Sie! Oh, wie können Sie es wagen, ein Mädchen so roh anzupacken!« Sie trat gegen sein Schienbein und weinte. »Ich... ich bin doch nur gekommen«, sagte sie, »weil Sie mir leid taten. Ich hatte es doch gar nicht nötig. Und dann kommen Sie und verprügeln mich so... Au!«

»Das ist deine einzige Rettung«, sagte Mr. Hammond heftig und ernst, aber völlig ungerührt, und er verdrehte ihr Handgelenk noch mehr. »Los, brüll nur, ich tu dir nicht weh. Du kannst von Glück sagen, daß ich ein Geistlicher bin... Ich bin tatsächlich von der Schule geflogen, weil ich meine Mitschüler schikaniert habe... Komisch, daß mir das alles wieder einfällt.«

Sie balgten sich. Maria kreischte schrill und biß ihn in das Handge-

lenk. »Wie, du wagst es . . . O ja, ich weiß, du bist ein kleines Mädchen, ein verflixtes, ekelhaftes kleines Mädchen. Ich habe immer geglaubt, daß man kleine Mädchen deshalb nicht so herumprügeln dürfte, weil man sie im allgemeinen für netter, liebenswürdiger und hübscher als kleine Buben hält.« Er parierte einen Fußtritt und hielt sie an den Gelenken auf Armeslänge von sich ab. Sie starrten sich gegenseitig an, beide hochrot vor Wut.

»Und Sie wollen ein Geistlicher sein!«

»Und du willst eine Dame sein, du kleines Biest! Ich werde es dir schon zeigen . . . Oh!« sagte Mr. Hammond mit einem übertriebenen Seufzer. »Wie sich die Doselys freuen würden, wenn sie wüßten!«

»Sie großes Scheusal! Sie ungehobeltes großes Scheusal!«

»Wenn du meine kleine Schwester wärst«, sagte Mr. Hammond bedauernd, »wäre das schon früher einmal passiert. Dann wärst du bestimmt heute nicht so ekelhaft . . . Ich hätte dich im Garten herumgehetzt und dich jeden Tag einmal auf einen Baum gejagt.«

»Prolet!«

»Nun verschwinde aber!« Mr. Hammond ließ ihre Gelenke los. »Mit einem solchen Gesicht kannst du nicht zur Tür hinausgehen. Wenn du einen Menschenauflauf vermeiden willst, steigst du besser durch das Fenster . . . So, jetzt lauf nach Hause und jammere Mrs. Dosely etwas vor.«

»Jetzt ist es aus mit Ihrer Karriere«, sagte Maria und betrachtete böse und wehleidig ihr Handgelenk. »Ich werde es in die Zeitung bringen: ›Nichte eines Baronets durch teuflischen Hilfspfarrer mißhandelt‹. Das wird Ihnen Ihre Karriere verderben, Mr. Hammond.«

»Ich weiß, ich weiß, aber das ist mir die Sache wert!« rief Mr. Hammond erregt aus. Er war vierundzwanzig, und er meinte es ernst. Er stieß das Fenster auf. »Nun aber hinaus«, tobte er, »sonst gebe ich dir einen Fußtritt, daß du durch das Fenster fliegst!«

»Irgendwie sind Sie doch wie ein Bruder zu mir, nicht wahr?« bemerkte Maria, die auf dem Fensterbrett zögerte.

»Nein. Hinaus!«

»Aber, Mr. Hammond, ich bin hergekommen, um bei Ihnen zu beichten. Ich war nicht auf Gewalttätigkeit gefaßt, denn mich hat noch niemand jemals so angegriffen. Aber ich vergebe Ihnen, weil es ein gerechter Zorn war. Ich fürchte nur, daß wir uns ziemlich kompromittiert haben. Sie müssen das hier lesen. Genau das gleiche habe ich vor drei Tagen an Tante Ena abgeschickt.«

Maria reichte ihm die Abschrift des Briefes.

»Vielleicht bin ich verdorben und häßlich und schlecht, aber das müssen Sie zugeben, Mr. Hammond, ich bin nicht dumm.«
Sie beobachtete ihn beim Lesen.

Eine halbe Stunde später näherten sich Mr. Hammond, der sich wie ein wandelndes Schüreisen vorkam, und Maria, schlaff wie ein Lappen, dem Pfarrhaus. Maria mußte immer wieder schlucken. Sie wußte jetzt, daß Mr. Hammond nicht den mindesten Humor besaß. Sie hielt ihn für einen großen Angeber. »Du elende kleine Lügnerin«, hatte er kalt gesagt, wie zu einem Stück Holz, und jetzt wurde sie ohne viel Federlesens mitgeschleppt. Wenn sie Hautfalten am Nacken hätte, würde er sie jetzt bestimmt dort packen. Maria hatte es im Grunde Spaß gemacht, von ihm schikaniert zu werden, aber sie ertrug nicht seine Verachtung. Nun steuerten sie beide auf das Arbeitszimmer des Pfarrers zu, um noch eine Szene mit Mr. und Mrs. Dosely zu erleben. Anscheinend stand ihr noch eine weitere Beichte bevor, und dabei war sie so durchgeschüttelt worden, daß ihre Pläne ins Wanken gerieten und sie nicht mehr wußte, wie sie anfangen sollte. Sie fragte sich undeutlich, was als nächstes geschehen würde. Vielleicht würde Onkel Philip kommen, um Mr. Hammond mit einer Reitpeitsche zu empfangen.
Mr. Hammond schien nur noch aus einer Kinnlade zu bestehen; sein Gesichtsausdruck war wirklich abstoßend. Doris Dosely, die oben am Wohnzimmerfenster stand, starrte ihn einen Augenblick lang erschrocken an und verschwand dann.
»Doris!« schrie Mr. Hammond gellend. »Wo ist dein Vater? Maria hat ihm etwas zu erzählen.«
»Keine Ahnung«, erwiderte Doris und kam an der Tür wieder zum Vorschein. »Aber hier ist ein Telegramm für Maria... Mutter hat es aufgemacht: irgendwas über einen Brief.«
»Das habe ich mir gedacht«, sagte Mr. Hammond. »Gib es her.«
»Nein, ich will nicht«, rief Maria, vor dem Telegramm zurückweichend. Mr. Hammond, der hörbar mit den Zähnen knirschte, erhielt das Telegramm von Doris.

»DEIN BRIEF AUS DER HAND ÜBER BORD GEWEHT«, las er vor, »NACHDEM ERSTEN SATZ GELESEN FURCHTBAR BEUNRUHIGT BITTE INHALT PER TELEGRAMM WIEDERHOLEN ONKEL PHILIP WÜNSCHT DASS DU MITTWOCH IN MARSEILLES ZU UNS KOMMST WERDE DOSELY SCHREIBEN TANTE ENA.«

»Die arme Lady Rimlade muß aber nervös sein«, sagte Doris.

»Sie ist eine bessere Tante, als manche Leute es verdienen«, meinte Mr. Hammond.

»Ich glaube, ich werde mich auf dieser trüben, ollen Seereise langweilen nach dem schwesterlichen, brüderlichen Familienleben, wie ich es hier kennengelernt habe«, sagte Maria nachdenklich.

RHYS DAVIES

Das Wirtshaus

Seinem Elternhaus gegenüber stand das große Wirtshaus, ein Steinbau mit Einfassungen aus hellen, gelben Ziegeln. Der Junge liebte das Wirtshaus. In ihm herrschte lautes Leben, und sein Inneres barg leuchtend bunte Flaschen und einen herben Duft. Das menschliche Treiben, das sich hier abspielte, lockte ihn. Nach der nüchternen Sauberkeit in seinem Elternhaus war es für ihn eine Erfüllung, dort eingelassen zu werden, besonders an den frühen Winterabenden, wenn die rosa getüpfelten Gaslampen angezündet wurden und der Fußboden mit frischem goldenen Sägemehl bestreut war und lustige Feuer in den großen Kaminen brannten.

Er hatte Zutritt zum Wirtshaus, weil er sich mit der Schwester des Wirtes angefreundet hatte. Sie war eine hagere Jungfer von vierzig Jahren, die ein reichlich mit groben Spitzen besetztes Mieder trug und ihr üppiges blondes Haar, das einen leichten Stich ins Grünliche hatte, mit einem schwarzen Samtband zusammenknotete. Sie war gutmütig und lebhaft und schimpfte im Scherz mit ihm wie mit einem Erwachsenen und schenkte ihm Minzkaramellen und oft auch einen Penny. Aber manchmal nahm sie ihn auch und stellte ihn auf die Theke, ohne sich um die Männer im Schankraum zu kümmern, und während sie seine nackten Knie mit ihren großen feuchten Händen umklammerte, fragte sie ihn lachend, ob er sie liebe und immer lieben werde, für alle Zeiten. Sie entlockte ihm ein Grinsen, und da sie so derb und herzhaft mit ihm umging, war er weder beleidigt noch gedemütigt. Doch es berührte ihn peinlich, und ihn überkam ein unbestimmtes, unaussprechliches Gefühl, wenn sie seine Knie ergriff und ihn beim Herunterheben vom Schanktisch mit den Händen betastete. Sie war eine kräftige Frau.

»Wir sollten es eigentlich nicht zulassen, daß es bei dem Jungen zur Gewohnheit wird, ins Wirtshaus zu gehen«, hörte er seine Mutter sagen.

»Du meine Güte«, entgegnete sein Vater, »er ist noch zu jung, um überhaupt zu merken, wozu es da ist.«

»Aber er gewöhnt sich so an die Wirtschaft«, fuhr sie fort.

»Nun, vielleicht steigt er in das Geschäft ein. Mit einer Kneipe kann man Geld verdienen, Dorothy. Und wir bekämen Schnaps und andere Sachen zum Einkaufspreis, wenn nicht ganz umsonst.«

Eine entfernte Freundschaft bestand zwischen den beiden Familien, obwohl die eine zur Kirche ging und die andere – die Gastwirtsfamilie – in einer streng nonkonformistischen Gemeinde in heidnischer Finsternis lebte. Die Frauen schwatzten miteinander, wenn sie sich auf der Straße trafen, und zu Weihnachten tauschten sie stets ein Stück von ihrem Plumpudding aus, wobei es keine von beiden versäumte, die andere zu ihrer größeren Geschicklichkeit zu beglückwünschen. Der Vater des Knaben war darauf bedacht, die in der Wirtschaft anfallenden Maler- und Anstreicheraufträge zu erhalten, und deshalb saß er oft auf einem der Barschemel und schimpfte über die Politik mit dem Wirt, einem kahlköpfigen Witwer, der das Leben nur noch aus dem Grab einer gestörten Verdauung betrachtete und nichts anderes aß als zarte Kekse und verdünnte Suppen.

»Aus Ihrem Jungen wird bestimmt einmal ein Pastor«, sagte der Wirt und sah dem Kind zu, das hinter der Theke kniete und einige Reihen mit braunen Flaschen ordnete.

»Er sieht nicht gerade wie ein Pastor aus, wenn er da mitten zwischen den Bierflaschen hockt«, kicherte sein Vater. »Wie kommen Sie denn darauf?«

»Er blickt uns so überlegen an, als ob er uns alle durchschaute und für zu leicht befände.«

Der Junge hörte es undeutlich und verstand es halbwegs. Er erhob sich aus seiner knienden Haltung und betrachtete hingebungsvoll das warme Gold einer Whiskyflasche. Es machte ihm Spaß, die glatte, kalte Flasche in der Hand zu halten und ihre Farben durcheinanderzuschütteln. Da gab es auch eisigen Gin, das Purpurrot des Portweins, das tiefe Gelbbraun des Sherrys und dann noch seltsame, wenig gebrauchte Flaschen, die waren unangenehm grün, weiß wie geronnene Milch, gelb wie Butterblumen, rotschwarz wie Runkelrüben oder weißlichgolden wie das Licht der Sonne. Er betrachtete sie der Reihe nach und hielt sich bei jeder mindestens zwei Minuten auf. Er war so

versunken, daß er nicht bemerkte, wie die Schwester des Wirtes zu ihm trat und ihm, die Hände auf die Hüften gestützt, ebenso hingebungsvoll zusah.

»Nun, junger Mann, welche möchtest du denn haben?«

Er fuhr, aus seinen Träumen gerissen, herum und sah, wie sich ihre große, spitze Nase ihm entgegenstreckte und ihre Nasenlöcher belustigt zuckten. Er wich jäh zurück, und sein Körper wurde hart und unnachgiebig, als sie ihn in die Arme nahm und ausrief:

»Eines Tages gehören sie dir alle. An deinem Hochzeitstag. Weißt du, was das ist? Ah! Dein Hochzeitstag!«

Die Übermacht ihrer körperlichen Nähe und ihrer Stimme umfaßte ihn. Er wand sich und gab schließlich nach. Sie kitzelte ihn in der Seite und brach in ein wildes Lachen aus. Er glitt zu Boden und stieß mit den Füßen um sich.

Als sein Vater das leere Glas auf die Theke stellte und rief: »Nun, Kleiner, Zeit zum Heimgehen«, machte er einen großen Satz und rannte Hals über Kopf an den Reihen der Bierflaschen vorbei hinaus auf den Flur. Dort traf er seinen Vater, der in eine Emailschüssel mit der Aufschrift »Hier spucken« spuckte. Hand in Hand überquerten sie die Straße und traten in die Abendstille ihres Hauses.

Am besten gefiel ihm das Wirtshaus an den Samstagabenden. Dann wimmelte es von Menschen, die sich von den Anstrengungen der Woche erholten und sich amüsieren wollten. Alles war erfüllt von Leben, das mit ungebändigter Gewalt wie ein großer, gesunder Kohlkopf in die Höhe schoß. Die Fenster dampften, alle Gaslampen waren angezündet, und sogar das wenig einladende »Geschäftszimmer« war voller Männer mit geschwollenen Gesichtern. Er wand sich durch den Wald der Schenkel, wobei er ab und zu einfach zwischen den Beinen eines Mannes hindurchschlüpfte. Manchmal war zu diesen Anlässen ein anderer Junge bei ihm; sie spielten zusammen Verstecken zwischen den dichtgedrängten Leibern. Die Schwester des Wirtes hatte samstags abends keine Zeit für ihn. Aber zuweilen gestattete sie ihm, auf einen Stuhl im Schankraum zu steigen und einen Blick in das schmale Nebenzimmer der Wirtschaft zu werfen, das den Frauen vorbehalten war. Dieser Raum war abgeschlossen und verschwiegen und lag immer im Schatten, da er keine eigene Beleuchtung besaß. Die trinkenden Frauen faszinierten ihn. Sie kamen nur an den Samstagabenden hierher. Sie hockten vor ihren Gläsern mit dunklem Bier und unterhielten sich mit leisen, jammernden Stimmen. Sie schienen sich unter großen, dunklen Hüten zu verbergen und putzten sich die Nase

mit dem Handrücken. Eine gewisse Traurigkeit schien sie zu umgeben.

Jedesmal wenn es Apfelstrudel gab, lud ihn Miss Sanders zum Tee ein. Er ließ es sich gut schmecken im Wohnzimmer hinter dem Schankraum, das zu seiner Verwunderung wie ein ganz gewöhnliches Wohnzimmer aussah, denn es gab hier weder in Reihen aufgestellte bunte Flaschen noch Sägemehl auf dem Boden. Manchmal spielte Miss Sanders nach dem Tee Klavier und sang mit tiefer Stimme *Oft in the Stilly Night.* Dann drehte sie sich nach ihm um und sagte neckisch, daß sie wie ein junger Hahn sänge. Sie hatte eine rauhe Altstimme. Einmal, als sie in den Schankraum gehen mußte, fragte sie ihn, ob er ihr die Ohrringe anschrauben wollte, aber er benahm sich dabei so ungeschickt, daß sie diese Bitte nie mehr wiederholte. Sie duftete nach Veilchen, und ihr Nacken war braun wie ein herbstliches Blatt. Aber abgesehen von dem Apfelstrudel, hielt er sich lieber in der Wirtschaft selbst auf als hier hinten bei Miss Sanders.

Eines Nachmittags spielte er mit einem anderen Jungen am Fluß. Sie stritten sich, und der andere gab ihm einen Stoß, so daß er ins Wasser fiel. Sein Gegner lief entsetzt davon. Aber er war bloß in den Schlamm geraten und hatte sich bis zur Hüfte über und über beschmutzt. Wütend und erschrocken betrachtete er seine verschmierten Beine und Hosen. Wie konnte er nur wieder trocknen und sauber werden, bevor er heimging? Eine besonders unangenehme Bestrafung würde ihn erwarten, wenn er so nach Hause käme. Und sofort fiel ihm seine Freundin Miss Sanders ein, die ihn nie tadelte, sondern höchstens über seinen Aufzug lachen würde.

Durch verschlungene Hintergäßchen – er wagte es nicht, sich auf der Hauptstraße blicken zu lassen – erreichte er die Rückseite des Wirtshauses. Er kletterte auf die Mauer und ließ sich in den Hof hinunterfallen. Er kroch ein paar Stufen hinab und blickte in das Wohnzimmerfenster. Ja, sie saß auf dem Sofa und las ein Buch. Aufgeregt klopfte er an das Fenster; in seinen nassen Kleidern wagte er nicht zur Tür zu gehen. Als Miss Sanders ihn hereingeholt hatte, sperrte sie den Mund weit auf und verdrehte die Augen vor Lachen.

»Können Sie mir«, stammelte er, »können Sie mir eine Schüssel geben, damit ich mir die Knie waschen kann? Und dann stelle ich mich vors Feuers und lass' mich trocknen.«

Sie stand mitten im Zimmer und erhob die Arme, um mit beiden Händen ihr hoch aufgetürmtes grüngoldenes Haar zu umfassen. Sie betrachtete ihn jetzt nachdenklich und hatte aufgehört zu lachen. »Du

kommst mit mir«, sagte sie endlich. Und sie tätschelte seinen Kopf, ergriff seine Hand und zog ihn die Treppe hinauf. Das Rauschen ihrer groben, schimmernden Röcke verriet ihre Energie.

Was die für ein großes Badezimmer hatten! Es war weiß und glänzend und nicht so kümmerlich wie die kleine Ecke in seinem Elternhaus. Miss Sanders drehte die Hähne über der riesigen Badewanne auf. Er dachte an nichts und starrte undurchdringlich vor sich hin. Behend und mit raschen, kräftigen Bewegungen nahm ihn Miss Sanders und streifte ihm die Trikotjacke ab.

Er verhielt sich ganz still. Nur einmal blickte er verstört zur Tür, als sei er ertappt. Miss Sanders' feste und kraftvolle Arme, die ihm so vertraut waren, umfaßten ihn. Sie zogen ihm geschickt die Kleider aus. Er fror und bibberte, und ihn befiel ein seltsames, unbekanntes Gefühl, das sich sogleich in seinem Gehirn zu einem Knoten der Empörung verhärtete. Zu spät! Sie hatte ihn schon in die Wanne gesteckt.

Sie krempelte sich die Ärmel hoch und seifte ihn ein. Dabei lud sie ihn zu einem schönen, heißen Tee mit Ananas ein. Dagegen war nichts einzuwenden. Eifrig knetete und rieb sie seinen Körper, während ein Schwall von hellen, lauten Worten aus ihrem Mund hervorsprudelte. Seine Empörung schwoll zur Wut an. Zu Hause wusch er sich schon ganz ohne Hilfe. Aber er fand keine Gelegenheit, Protest einzulegen. Sie verfügte über die große Überlegenheit der Erwachsenen, und schließlich hatte sie sich bisher stets als Freundin erwiesen.

»Da schau her, jetzt ist er wieder ganz blank und sauber! Mein Gott, sieh dir nur das Wasser an! Deine Mutter hätte sich mächtig aufgeregt. Ich bin froh, daß du zuerst zu mir gekommen bist... Ich binde dir dieses warme Handtuch um, und du mußt ein Jäckchen von mir anziehen, bis deine Kleider trocken sind.« Sie hatte ihn aus der Wanne gehoben und frottierte ihn kräftig. Sie kniete jetzt vor ihm und preßte ihre Brust gegen sein Gesicht.

Der Tee wollte ihm nicht schmecken, da er in der Frauenjacke dasitzen mußte. Irgend etwas hatte sich verändert. Er blickte unverwandt auf den Löwenmaulstrauß, der auf dem Tisch stand, aß schwerfällig und ernst und lehnte sogar die zweite Portion Ananas ab. Er war froh, als der Wirt ins Zimmer kam. Als seine Kleider trocken waren, bestand Miss Sanders darauf, ihn anzuziehen. Auf einmal blickte sie ihm scharf ins Gesicht und sagte:

»Du brauchst keine Angst zu haben, deine Mutter wird jetzt nicht mehr böse sein. Wenn du willst, werden wir ihr nichts sagen.«

Und dann drückte sie ihm noch zwei Pennies in die Hand. Er sah, daß sie besonders gut aufgelegt war. Ihre grauen Augen, unter denen sich rosige Flecken zeigten, strahlten wie geschliffene Diamanten. Die Wirtsstube stand offen, als er sie langsam, fast traurig durchschritt. Ein Entschluß reifte in einem verschwiegenen Kämmerchen seines Gehirns, ohne sich zu äußern. Er verließ das Haus mit einer leicht bekümmerten Empfindung.

Er kehrte nie wieder zum Wirtshaus zurück. Tag für Tag stand es vor ihm, strahlend und verlockend und voller Fröhlichkeit. Er drückte sich an seinen Treppenstufen vorbei, spielte Fußball auf dem Bürgersteig und Murmeln auf der Straße vor dem Wirtshaus. Abends war es hell erleuchtet, das Klavier im »Geschäftszimmer« klimperte manchmal seine schrillen Melodien, die Männer sangen, in der Wirtsstube wurden Geschichten erzählt; Bruchstücke von geheimnisvollen Sätzen, über deren Sinn er dann lange nachdachte, drangen an sein Ohr. All dies strafte er mit Verachtung, all dies gab er auf. Er bedauerte den Verlust. Das Wirtshaus war für ihn eine Welt der Wunder und der zauberhaften Entdeckungen gewesen, und daran erinnerte er sich gerne. Und dann war plötzlich etwas geschehen, was alles verdarb, das nie in diese Welt hätte eindringen dürfen. Als er eines Nachmittags den Bürgersteig entlangbummelte, öffnete sich im oberen Stockwerk ein Fenster, und Miss Sanders steckte den Kopf heraus.

»He, du da, hallo!« rief sie. »Warum hast du mich in der letzten Zeit nicht mehr besucht, du böser Junge?«

Zögernd schaute er nach oben, aber er gab keine Antwort.

Sie lächelte ihm zu. Es war ein freundlich-spöttisches Lächeln. Er erinnerte sich daran, daß er früher immer befürchtet hatte, ihr aufgetürmtes Haar könnte einmal umkippen. Sie lehnte sich eifrig ganz weit hinaus und warf ihm einladend ein herausforderndes Lächeln zu. Er blickte sie neugierig an, ohne etwas zu sagen. Sie bat ihn nochmals um eine Erklärung und fügte hinzu:

»Jetzt komm aber endlich herein! Ich möchte mit dir reden.«

Er rührte sich nicht. Plötzlich warf sie ihm ein Geldstück zu. »Da ist ein Sixpence für dich!« rief sie, und ihr Lächeln verwandelte sich in ein Lachen. »Jetzt komm rein zu mir!«

Er hob das Sixpencestück auf und setzte sich langsam in Bewegung, ohne ihr oder sich selbst eine Erklärung zu geben. Ihm fiel nur ein, daß er sich schon lange ein ganz bestimmtes Taschenmesser wünschte. Miss Sanders rief nicht noch einmal, und als er die Straßenecke erreicht hatte, entschwand er mit einem großen Satz ihren Blicken.

Der Weiße Prinz

Diese Geschichte gehört meinem Vater. Ich habe nichts damit zu tun. Ich schrieb sie eines Abends nieder, gleich nachdem er sie mir erzählt hatte; mir klang noch jedes Wort im Ohr. Mein Vater gibt sich nicht damit ab, etwas niederzuschreiben, es müßte denn eine Mitteilung sein, die an die Tür des Kuhstalls geheftet wird, oder ein Zettel für den Jungen, der die Hunde füttert. Er ist auch nicht sehr gesprächig, es sei denn, die Rede kommt auf Pferde und Rennen. Er erzählt sich meistens was für sich, wenn er in Meath über die Felder geht oder sich über den Zaun einer zum Mähen reifen Wiese lehnt. Wenn ich in Dublin bin, denke ich an ihn, wie ich ihn oft gesehen habe: wie er auf einem staubigen gelben Feld steht oder auf einem grünen Feld voll Kleebüschel oder wie er langsam einhergeht und mit einem Spazierstock Disteln köpft.

Die Hände meines Vaters sind immer beschäftigt. Sie binden einen herabhängenden Heckenrosenzweig hoch, der galoppierenden Füllen die Augen auskratzen könnte, oder ziehen eine Efeuranke von der Rinde eines jungen Baumes. In Meath mußte man das schöne, fruchtbare Land im Zügel halten, sonst überwuchert es alles mit seinem üppigen Grün. Aber in Roscommon, wo mein Vater geboren wurde, schauen die nackten Steine eigensinnig durch den Boden, und die Felder sträuben sich gegen die Bemühung des Menschen, sie ganz für sich zu gewinnen.

Die Armut hat in Westirland die Würde einer verlorenen Sache, um die tapfer gekämpft wird. Wenn mein Vater von seiner Kindheit spricht, als er in dem blauen Roscommon barfüßig herumtollte, scheint das alles weit weg zu sein. Er scheint dann ein ganz anderer zu sein als der Knabe, von dem er mir erzählt. Vielleicht sind wir alle anders als die Kinder, die wir einmal waren, wie wir uns auch von den Menschen unterscheiden, für die wir uns halten. Wenn wir dasitzen und an Dinge denken, die wir vor langer Zeit getan haben, so ist vielleicht gar keine eitle Ichsucht in unseren Träumereien, sondern wir denken wohl eher ganz unbeteiligt an eine andere Person – eine Person, die wir einmal gekannt haben.

Ich glaube, mein Vater kann sich nur schwer vorstellen, daß der Knabe, an den er denkt, einmal er selbst war, genauso schwer, wie es diesem Knaben geworden wäre, wenn er so weit hätte voraussehen

können, zu glauben, daß er eines Tages der weise und stille Mann sein würde, der nicht gern über einen Zauntritt steigt, wenn ein Tor in der Nähe ist, und der abends aufs Feld geht, nur um sich das Gras anzusehen, ohne sonst noch einen Wunsch zu haben.

Aber wenn er auch Zweifel hat, ob der Junge, an den er sich erinnert, er selbst gewesen sein könnte, ist doch diese Geschichte über diesen Jungen seine eigene. Ich habe damit nichts zu tun, wie ich schon gesagt habe. Sie gehört ihm, auch in der Art, wie ein Wort dem anderen folgt.

»Habe ich dir je von einem Hund erzählt, den ich einmal besessen habe?« fragte mein Vater. »Einen Hund, der Weißer Prinz hieß? Es war eine Kreuzung zwischen einem Drahthaarterrier und einem Schweißhund, der wunderbarste Hund der Welt, rein weiß, und sein Fell sträubte sich schon, sobald er nur eine Balgerei witterte. In jener Zeit konnte man wenig mit einem Hund anfangen, wenn er kein Draufgänger war. Hunde hielten wir nur, um sie aufeinanderzuhetzen. Jeder Junge im Dorf hatte einen, und wenn es einer war, der alle anderen aus dem Felde schlug, war der Besitzer in der ganzen Gegend hoch angesehen.

Ich hatte schon großartige Hunde gehabt, aber der Weiße Prinz war bei weitem mein bester. Eines Tages wurde ich über Land zu meiner Großmutter geschickt. Sie wohnte von dem Dorf, in dem meine Mutter lebte, so an die zehn Kilometer entfernt. Ich ging also über die Felder und vertrieb mir die Zeit, indem ich Klumpen trockener Grasbüschel mit den Füßen fortstieß. Sie rührten von einer Stute her, die gern ausriß und dann über die paar Morgen Land galoppierte, die irgendwem und jedem gehörten. Ich nahm den Hund zur Gesellschaft mit. Ich wollte die Strecke nicht ohne ihn zurücklegen, so gut ich auch wußte, daß meine Großmutter ihn nicht ausstehen konnte.

Um zwei Uhr nachmittags kamen wir bei meiner Großmutter an. Ich weiß noch, es ging auf den Winter zu, und die Tage waren schon sehr kurz. Obwohl es erst zwei Uhr war, kam schon der Abend am Himmel herauf. Meine Großmutter saß auf der Kante einer alten Holzbank mit hoher Lehne. Sie habe bereits zwei Stunden auf mich gewartet, sagte sie. Ich sollte für sie etwas aus dem nächsten Dorf holen. Dieses Dorf war ziemlich weit von ihrem Haus entfernt, lag aber doch näher als das, aus dem ich kam.

›Du willst doch wohl nicht diesen Satan von Hund mit ins Dorf nehmen?‹ sagte sie. Sie wußte, daß er mit jedem anderen Hund kämpfen

würde und nicht eher nach Hause kam, als bis er das getan hatte. Und ich auch nicht.

›Und hier kannst du ihn auch nicht lassen‹, fügte sie dann hinzu. Ich wußte nicht, was ich tun sollte. Ich überlegte mir die Sache wohl eine Minute lang. Ich dachte mir, es wäre tatsächlich nicht richtig, meinen Draufgänger mit in ein fremdes Dorf zu nehmen. Plötzlich kam mir eine Erleuchtung. Ich rief den Hund ins Haus und wartete, bis meine Großmutter zum Küchenschrank ging, um ihr Strickzeug zu holen. Dann ging ich schnell hinaus und hielt die Haustür mit dem Fuß zu, so daß der Hund nicht hinter mir herkommen konnte. Als ich draußen war und die Tür zugemacht hatte, schob ich den Riegel vor. Die meisten Häuser hatten damals einen Außenriegel, und wenn er vorgeschoben war, konnte keiner aus dem Haus heraus. Jetzt, wo ich dran denke, kommt mir das sonderbar vor, aber damals schien es uns das Natürlichste von der Welt zu sein.

Als die Tür verriegelt war, saßen meine Großmutter und der Hund hübsch in der Falle, und hierüber wenigstens war ich nun beruhigt. Meine Großmutter hatte ein gutes Herz, und selbst wenn sie keines gehabt hätte, war sie doch sehr schwach, und daher wußte ich, daß sie keine Hand gegen den Hund erheben würde. Es gab nur eines, was sie hätte tun können, ihn heraus- und hinter mir herlaufen lassen, und gerade das hatte ich verhindert.

Lustig pfeifend ging ich über den Kiesweg, ließ die Geldstücke in meiner Hosentasche klimpern und kam mir wunders wie wichtig vor. Ich war den Kiespfad noch nicht halb hinuntergegangen, als ich ein gewaltiges Klirren hinter mir hörte. Ich riß den Kopf herum und sah grade noch meinen Hund aus einem gähnenden Loch im Fenster springen. Die Glassplitter glitzerten in seinem Fell. Auf dem Fensterbrett blieben zwei umgerissene Töpfe roter Geranien zurück.

Ich nahm mir keine Zeit zum Stehenbleiben, sondern lief, so schnell ich nur konnte, weiter, aber jetzt pfiff ich nicht mehr, und der Weiße Prinz kam bellend und kläffend hinter mir her und schnappte mir vor Stolz, Freude und aus reiner Teufelei nach den Hacken. Je mehr ich lief, desto mehr Angst bekam ich, und je mehr der Hund lief, desto aufgeregter wurde er. Als das Dorf in Sicht kam, hörte ich zu laufen auf, setzte mich auf einen Zauntritt und zog den Silberschilling und die fünf schweren Kupfermünzen, die mir meine Großmutter mitgegeben hatte, aus der Tasche. So schnell wir auch gelaufen waren, das Geld hatte ich nicht verloren. Ich sah es mir lange an, und langsam bekam ich wieder Zutrauen zu mir, ja, ich kam mir fast wieder ebenso

wichtig vor wie kurz vorher, als ich den Riegel vorgeschoben hatte. Ich legte mir nun zurecht, was ich im Laden sagen wollte, aber als ich versuchte, mich zu erinnern, was ich mitbringen sollte, fiel mir nicht um alles in der Welt auch nur ein einziger Auftrag ein. Ich hatte Angst, zu meiner Großmutter zurückzugehen und sie noch einmal zu fragen, was ich holen sollte.

Ich werde ihr Tee und Zucker mitbringen, dachte ich bei mir, und einen Laib Brot, und wenn dann von dem Geld noch was übrig ist, will ich ihr ein Stück Speck kaufen. Sie wird eine solche Wut über das zerbrochene Fenster haben, daß sie die Sachen erst aufmacht, wenn ich weg bin. Schade, daß mir das zerbrochene Fenster einfiel, denn jetzt bekam auch ich es mit der Wut. Ich sah mich nach dem Hund um und wollte ihm zum Dank dafür, daß er mich in eine so scheußliche Lage gebracht hatte, einen Tritt geben. Aber er saß mitten auf der Straße und sah zu mir herauf, den Kopf nach der einen Seite gestreckt und ein Ohr nach der anderen. Ich brachte es nicht über mich, ihm weh zu tun. Es fiel mir nichts anderes ein, als wieder zu pfeifen und dem Hund ein Zeichen zu geben, mitzukommen. Wir gingen gemeinsam, gute Freunde wie immer, auf die Dorfstraße zu.

Es war nun schon dunkel. In den Schaufenstern wurden die Lampen angezündet. Ich konnte die dunklen Schatten der Lehrlinge sehen, wie sie in jedem Laden in den Schaufenstern knieten, den Docht hochschraubten, Streichhölzer anrissen und den Zylinder über die Flamme stülpten. Die Lampen schwangen an der Decke noch ein paar Minuten hin und her und warfen große, unnatürliche Schatten der Lehrlinge und der ausgestellten Sachen auf den Weg. Diese Schatten sahen so unheimlich aus, daß man kaum hinzublicken wagte. Ich schaute aber lieber in die Läden, in denen die gleichmäßigen gelben Lichter an den Wänden so beruhigend und heimlich wirkten. Die Reflektoren aus gewelltem Blech erinnerten mich an unsere Küche daheim.

Ich ging in den größten Laden an der Straße. Die eine Hälfte war ein Tuchladen, aber in der anderen wurden Tee, Zucker und Brot verkauft. Außerdem standen auf der Theke allerlei Süßigkeiten in Schachteln und Glasbehältern und viele andere gute Sachen, die ich nie wieder sonst gesehen habe. Im Fenster auf der Kolonialwarenseite drängten sich Schalen mit Rosinen, Mehl, Reis und Dörrpflaumen. Das Fenster auf der Tuchladenseite war mit Damenhüten und Mützen gefüllt, mit meterlangem Spitzenbesatz, bunten Bändern und Strängen brauner und schwarzer Schnürsenkel. In diesem Laden war gut einkaufen. In unserem Dorf hatten wir keinen so großen Laden. Ich

bewunderte die Glaskästen und die großen Lampen, solange sie still waren und nicht ihre Schatten über mich warfen. Am besten gefiel mir das Drehen und Schnurren des großen Bindfadenknäuels. Der Blechbehälter, in dem er sich drehte, hatte ein Loch, und jedesmal, wenn der Ladenjunge am Ende des Fadens zog, schnurrte der Knäuel herum. Es hörte sich auch wunderbar an, wie das Geld in der Schublade unter dem Ladentisch klimperte, wenn der Junge einem Kunden herausgab.

Es machte mir einen solchen Spaß, herumzuschauen und mir alles einzuprägen, daß ich gar nicht auf meinen braven Hund achtete. Als ich ihn zuletzt gesehen hatte, schnupperte er in den Ecken herum. ›Solange kein anderer Hund hereinkommt‹, dachte ich, ›soll er nur nach Herzenslust schnuppern.‹ Aber als ich mich über den Ladentisch lehnte, um dem Jungen zuzusehen, der meine Besorgungen zusammenrechnete, fühlte ich an meinen nackten Beinen eine stachlige Bürste, und als ich hinunterschaute, sah ich gerade noch, wie der weiße Schwanzstummel unter dem Ladentisch verschwand. Zwischen den beiden Theken war ein Zwischenraum, damit die Gehilfen ein und aus gehen konnten, aber über der Öffnung war ein Brett, das man hochheben mußte, wenn man hinaus oder hinein wollte. Dadurch sollten Leute abgehalten werden, die nichts hinter dem Ladentisch zu suchen hatten, denn man konnte das Brett nicht hochheben, ohne Aufmerksamkeit zu erregen. Es knarrte und warf dazu noch einen Schatten über die eine Ladenseite, wenn man es hochhob. Schloß das Brett die Öffnung, so konnte man sich darauf lehnen, ohne zu bemerken, daß unter ihm eine Öffnung war, es sei denn, man sah sehr genau hin. Aber es gab kein Loch, das mein Hund nicht entdeckte, und so fand er auch dieses. Er schlüpfte hindurch, und ich hielt den Atem an.

Ziemlich lange hörte man nichts, dann bückte sich einer der Gehilfen, um ein Geldstück aufzuheben, das er hatte fallen lassen. Er mußte wohl den weißen Schwanzstummel unter der Theke gesehen haben – für den Hund war die Dunkelheit da unten natürlich eine Wonne –, denn er schrie plötzlich auf. Er brüllte den armen Hund an und wollte ihn mit groben Worten unter der Theke wegjagen, stampfte mit den Füßen und schwang eine Kehrichtbürste, die er in seiner Wut ergriffen hatte. Ich weiß nicht, wobei er den armen Hund ertappt hatte, aber es war sicher etwas, was der Weiße Prinz nicht hätte tun sollen, sonst wäre der Bursche nicht so schrecklich wütend gewesen. Er brüllte den Hund an, um ihn unter der Theke loszuwerden, stand da-

bei aber vor der Öffnung, so daß der Weiße Prinz nicht heraus konnte und offenbar dachte, man wolle ihm den Ausgang versperren. Er glaubte auch sicher, der grobe Flegel wolle ihn mit dem Kehrbesen erschlagen, mit dem er ihn bedrohte. Man weiß nie, was so ein Tier denkt, aber sie sind sehr gescheit. Als der Weiße Prinz sah, daß es keinen richtigen Ausweg gab, faßte er wohl den Entschluß, einen unrichtigen zu suchen. Ich glaube, er sagte sich: Einen Streich, der mir einmal gelungen ist, kann ich auch ein zweites Mal machen. Was auch in ihm vorging, im nächsten Augenblick sah ich ihn mit einem Luftsprung im Fenster landen, wobei er die Damenhüte links und rechts umwarf, dann hörte man das Glas klirren. Es klirrte viel lauter, als ich es bei meiner Großmutter gehört hatte, und auch der Splitterregen war viel stärker, als der Hund, seine vier Beine steif unter sich, auf die Straße flog. Und hinter sich her schleppte er lange Streifen von Spitzen, Bändern und Schnüren in den gelben viereckigen Lichtstreifen, der durch den Schein der Lampen gebildet wurde. Ich war vor Schrecken gelähmt. Ich konnte keinen Fuß von den Dielen heben, noch weniger aus dem Laden flüchten. Bei Gott, ich dachte, man würde mich mein Leben lang ins Gefängnis sperren. Der ganze Laden war in hellem Aufruhr. Alle liefen, schrien und fuchtelten mit den Händen. Mit einem Atemzug pfiffen sie nach dem Hund, mit dem nächsten riefen sie Gott zum Zeugen dafür an, was sie ihm alles antun würden, wenn er zurückkäme. Sie legten die Hände als Scheuklappen an die Augen und sahen in die Richtung, in die der Hund in der Dunkelheit verschwunden war. Die Richtung konnte man leicht feststellen, weil er bis in die Mitte der Straße eine breite Spur schmutziger Fäden und Bänder hinterlassen hatte, vielleicht auch noch weiter, aber das konnte man in der Finsternis nicht sehen.

Der Kaufmann selbst verbrachte seine Zeit damit, daß er einmal die geballte Faust hinter dem verschwundenen Hund herschüttelte, dann erneut zum Fenster rannte und die Hüte und Blusen durch das Loch in dem Glas wieder ins Schaufenster zurückstopfte.

Man kann sich vorstellen, wie die Leute alle durcheinanderredeten. Sie fragten sich, wieviel wohl ein neues Schaufenster kosten würde, und die Frauen waren vor allem daran interessiert, ob die schmutzig gewordenen Sachen jetzt wohl billiger zu haben wären. Ich konnte das Gerede gut hören, es drang zur offenen Tür herein, und ich glaube, auch das Loch im Fenster ließ die Worte nach drinnen dröhnend anschwellen. Ich hörte alles, ohne hinauszugehen. Ich fürchtete mich, in Richtung der Tür oder des Fensters auch nur einen Schritt zu

tun. Ich konnte dieser Furcht, die meine Gedanken lähmte, nicht Herr werden, denn ich war fest davon überzeugt, daß ich in Handschellen ins Gefängnis abgeführt würde, sobald der Junge mit dem Hund zurückkam. Ich hätte mich davonmachen können wie der Hund, aber ich bekam noch Geld heraus. Es war ebenso schlimm, ohne Geld zu meiner Großmutter zu kommen, wie mit dem Hund ins Gefängnis zu wandern. So stand ich nur still da und wartete, und wenn die Leute etwas Nebensächliches sagten, verfluchte ich ihn und dachte mir aus, was ich ihm alles antun würde, wenn ich ihn wiederhätte. Aber der Gedanke, daß ich ihn vielleicht nie mehr sehen würde, milderte meine Rachegefühle, ja, ich streichelte ihn in Gedanken, und wenn ich nur mein Wechselgeld gehabt hätte und aus dem Laden kommen könnte, würde ich ihm kein Haar krümmen, wenn ich ihn fände. Nach einer Weile hörte ich Hammerschläge und sah, wie der Kaufmann Bretter über das zerbrochene Fenster nagelte. Dann kam er herein, legte mir ein Stück Papier vor, holte ein Tintenfaß mit einem darin steckenden Federhalter und sagte, ich sei sicher schon lange genug in der Schule, um schreiben zu können. ›So, schreib mal hin: *Verkauf geht weiter!*‹ Aber der Junge, der hinter dem Hund hergelaufen war, kam zurück, nahm mir die Feder aus der Hand und schrieb die Worte selbst. Der Brustkorb schien ihm zu bersten, so keuchte er, während er sich über den Ladentisch beugte und schrieb. Ich aber dachte bei mir, wenn ich jetzt nur mein Geld hätte, würde ich ausreißen, denn jetzt, solange der Junge außer Atem war, schien die richtige Zeit dazu. ›Warte, Kleiner‹, sagte er, ›ich werde dir sofort herausgeben.‹

Sein Ton deutete nicht darauf hin, daß er mich ins Gefängnis bringen wollte. Vielleicht wollen sie nur dem Hund zu Leibe, dachte ich und fühlte mehr Mitleid als je mit meinem Weißen Prinz. ›Hier ist dein Geld‹, sagte der Junge, ›sieh zu, ob es stimmt, ich weiß nicht mehr genau, was ich dir verkauft habe.‹

Er zählte die Sachen nach. Das Geld stimmte. Ich schritt auf die Tür zu, aber ich hatte sie noch nicht erreicht, da schrie der Kaufmann mir nach: ›Komm mal hierher, Kleiner – hierher! Welchen Weg gehst du jetzt nach Hause?‹ Ich war zu starr, um ihm antworten zu können. Also fuhr er fort: ›Es ist ja gleich, in welcher Richtung, aber wenn du einen Kesselflicker mit einem weißen Hund siehst, dann kommst du zurück und sagst es mir. Du bekommst sechs Pence dafür.‹

›Sechs Pence ist wenig, wenn er herausfindet, wem der Hund gehört‹, sagte einer der Draußenstehenden, als ich durch die Menge ging. ›Er war weiß mit einem schwarzen Fleck, glaube ich‹, rief der Kauf-

mann hinter mir her. ›Nein, ganz weiß‹, sagte ich. Ich erkannte erst, daß ich etwas Dummes gesagt hatte, als die Worte mir schon entwischt waren.

›So? Gut, daß ich das weiß. Du hast gute Augen. Dafür muß ich dir wohl was schenken.‹ Er hielt inne und sah die Leute an, da er vermutlich dachte, sie könnten noch etwas über den Hund sagen. ›Diese Mitteilung ist einen Beutel Bonbons wert‹, sagte er dann und füllte einen weißen Leinenbeutel so voll mit Bonbons, daß er sich nicht schloß und er ihn an den zwei Ecken mehrmals herumschwenken mußte, bis zwei Öhrchen herausstanden. Aber dieser Ohren wegen mußte ich nun wieder an den Hund denken, und ich sah ihn vor mir, wie er auf der Straße saß, als wir vor dem Dorf haltgemacht hatten, und jetzt wünschte ich, ich hätte ihn dort zurechtgestutzt, wie es meine Absicht gewesen war. Trotzdem nahm ich den Beutel an mich und machte mich auf die Socken, und ich kann dir sagen, ich schlug kein Schnekkentempo ein, als ich erst einmal um die Ecke war.

Je mehr die Entfernung zwischen mir und dem Laden wuchs, desto weniger quälte mich der Gedanke an die zerbrochene Ladenscheibe, doch je kürzer der Weg zwischen mir und dem Haus meiner Großmutter wurde, desto schwärzer drohte der Gedanke an ihr zerbrochenes Stubenfenster. Aber jedenfalls war ich froh, aus dem Dorf heraus zu sein, und ich war froh, daß der Hund den Heimweg eingeschlagen hatte: Alles wäre verloren gewesen, wenn er mir entgegengewedelt wäre, ehe ich aus dem Dorf heraus war, denn dann hätte jeder gewußt, daß der Hund mir gehörte, und alle wären mir nachgesetzt. So schnell hätte ich nicht laufen können, daß mich nicht einer von ihnen hätte erreichen können. Sicher hatten einige auch Fahrräder. ›Ich bin froh, daß er heimgelaufen ist‹, sagte ich mir, ›hoffentlich verläuft er sich nicht.‹

Darüber brauchte ich mir jedoch keine Sorgen zu machen. Als ich den letzten Baum hinter dem Dorf im Rücken hatte und auf das offene Feld kam, hörte ich auf dem kiesigen Weg ein Knurren und Scharren. Je näher ich kam, desto lauter wurde das Knurren, aber am lautesten knurrte mein Weißer Prinz. Meine Augen hatten sich jetzt an die Dunkelheit gewöhnt, und ich sah Prinz weiß gegen die Straßenhecke leuchten inmitten einer Schar wütender Hunde. Er war oben auf dem Graben, die anderen Hunde umstanden ihn im Halbkreis; er bellte und fletschte sie an. Keiner von ihnen rückte eine Handbreit vor, aber auch keiner um eine Handbreit zurück. Dann hörte der Weiße Prinz wohl meine Schritte, denn er faßte Mut. Er knurrte noch wütender,

nahm etwas aus dem Gras zwischen die Zähne und sprang damit auf die Straße. Alle anderen Hunde liefen mit einem Gebell, das Tote hätte aufwecken können, hinter ihm her. Ich weiß noch, was ich an jenem Abend bei mir dachte: Meinetwegen mögen sie jeden Leichnam aufwecken, der je begraben wurde, wenn sie nur nicht die Lebenden über mich bringen. Ich blickte auf die wenigen, durch die Hecken schimmernden Lichter des Dorfes zurück, lief dann den Hunden nach und holte sie bald ein. Der Weiße Prinz hatte wieder haltgemacht und war auf eine Erhöhung des Grabens gesprungen. Aufs neue umgaben ihn die anderen Hunde im Halbkreis. Er ließ seine anscheinend so kostbare Last fallen – ich konnte nicht feststellen, was es war – und blickte mich an, als wollte er sagen: Was stehst du denn da! Jag diese teuflischen Köter weg und schau, was ich hier habe! Ich fühlte, es war an der Zeit, die Sache zu beenden. Ich nahm einen Stock und begann, die Hunde zu verjagen. Das war nicht leicht, aber schließlich schlich sich einer nach dem anderen davon, nur ein magerer gelber Köter blieb zurück, der schwerer abzuschütteln war als zwanzig seiner Genossen. Vierzigmal wich er zurück, und vierzigmal kam er wieder her, bis mir endlich einfiel, ihm den Stock nachzuschleudern. Er kläffte jämmerlich zu den fliegenden Wolken auf und verschwand dahin, wo er hergekommen war.

›So, nun los, voran!‹ sagte ich zum Weißen Prinzen und eilte auf das Haus meiner Großmutter zu. Ich vergaß, daß er etwas im Maul gehabt hatte, aber nach einer Weile kam es mir sonderbar vor, daß er mir nicht vorausprang. Es war mir auch, als schleppe jemand etwas hinter mir her. Ich schaute mich um, und siehe da, der arme Hund zerrte an etwas Großem, Schwerem, das ihm aus den Kinnbacken hing.

›Was hast du da, du Hundskrüppel?‹ sagte ich. Er ließ es mir vor die Füße fallen. Was glaubt ihr, daß es war? Eine große Hammelkeule! Er glitzerte mich aus seinen kleinen blanken Augen an, und sein Schwanz ging hin und her wie ein Busch im Winde.

Ich hätte ihn am liebsten gleich auf der Stelle umgebracht, weil er ein solcher Räuber und Dieb war, als ich plötzlich an meine Großmutter dachte, die auf mich wartete. Mit Schrecken kam mir zum Bewußtsein, daß sie noch immer im Haus eingeschlossen war, da mußte sie sicher noch zehnmal wütender sein, als sie ohnehin schon auf mich war. Da kam mir ein Gedanke.

›Guter Hund‹, lockte ich und streichelte ihm den Kopf. ›Komm, komm!‹ rief ich, sprang auf den Grabenrand und setzte über den

Zauntritt mit meinen Päckchen unter dem einen Arm und der Hammelkeule unter dem anderen.

Mag Gott mir verzeihen, ich wusch die Hammelkeule in klarem Quellwasser und warf sie, bevor meine Großmutter überhaupt Zeit hatte, meine Anwesenheit zu bemerken, auf den Küchentisch. Während sie sich laut darüber verwunderte und wissen wollte, woher ich das hatte, lief ich wieder hinaus, wo der Hund schon auf mich wartete und dazu ein halbes Hundert Sterne, die am Himmel erschienen waren, ohne daß ich sie bisher gesehen hatte. Wir gingen wieder über die Felder heim, und ich erinnere mich gut, daß sich die von den Pferdehufen geschlagenen Erdlöcher mit Regen gefüllt hatten. Ein Schauer mußte niedergegangen sein, während wir im Laden gewesen waren. In jedem Loch schien ein Stern zu sein. Ich weiß auch noch, daß ich überglücklich war. Und der weiße Hund sprang mit mir über die im Wasser glitzernden Sterne. Wenn der Hund so glücklich war wie ich, hatte auch er kein Gewissen.«

FRANK O'CONNOR

Er hat die Hosen an

Als kleiner Junge war ich zuverlässig und treu wie Gold – solange ich meine Gedanken beisammenhatte. Doch immer war's die alte Leier: Gedankenlosigkeit! In der Schule und auch sonst – wenn ich einmal abgelenkt wurde, war's aus!

Genauso ging es mir, als meine Mutter ihren schlimmen Husten bekam. Sie saß in einem kleinen Korbstuhl vor dem Feuer und hielt sich beim Husten die Seite. Sie hatte versucht, das Feuer anzuzünden, aber sie hatte es nicht fertiggebracht.

»Geh nur wieder ins Bett«, sagte ich, »ich werde das Feuer schon anzünden!« Komisch, wie die Frauen sich von allem, was Hosen hat, kommandieren lassen – und wenn auch nur ein Zehnjähriger drinsteckt. »Wenn du dir deinen Tee selbst machen könntest«, sagte sie und schlurrte langam auf die Treppe zu, »in einer Stunde oder so wird's mir schon bessergehen.«

Ich holte noch mehr Holzscheite – sie war immer so sparsam, daß sie nie genug nahm –, und bald hatte ich das Feuer im Gange, und der Teekessel hing darüber.

Auch Röstbrot machte ich für sie; für Röstbrot mit Butter hatte ich von jeher viel übrig.

»Hoffentlich kommst du nicht zu spät zur Schule?« rief sie ängstlich.

»Ich gehe heute nicht in die Schule«, antwortete ich. (Ich war ganz stolz, wie kühl ich das herausgebracht hatte.) »Und jetzt will ich Besorgungen machen, wenn du sie mir auf einen Zettel schreibst. Soll ich den Doktor holen?«

»Gott behüte!« rief meine Mutter erschrocken, »das tust du auf keinen Fall. Der würde mich nur ins Krankenhaus schicken. Du kannst beim Apotheker vorbeigehen und ihn bitten, dir eine Flasche guten, starken Hustensaft zu geben.«

Als ich zurückkam, sprang ich sofort nach oben. Minnie Ryan war bei ihr. Minnie war eine Frau in mittleren Jahren, fromm und eine Klatschbase, aber sehr gescheit.

»Wie geht's dir jetzt, Mammi?« fragte ich.

»Tausendmal besser«, sagte sie und griff nach dem Hustensaft, den ich ihr gebracht hatte.

»Aber aufstehen kann sie heute noch nicht«, sagte Minnie sehr energisch.

Am Nachmittag sollte ich spielen gehen, doch ich wollte nicht fort. Ich dachte an meinen alten Fehler. Der Abend kam, und ich kaufte eine Zeitung, zündete die Lampe in der Küche und die Kerze im Schlafzimmer an und las meiner Mutter die Spalte »Unglücksfälle und Verbrechen« vor.

Nachher kam Minnie Ryan wieder, und als sie ging, begleitete ich sie bis an die Tür.

»Wenn es ihr morgen früh nicht bessergeht, muß man, finde ich, den Doktor holen«, sagte sie und sah mich nicht an.

»Warum?« fragte ich erschrocken. »Glauben Sie, es geht ihr schlechter, Miss Ryan?«

»Ach, das sicher nicht«, sagte sie und zupfte an ihrem alten Umschlagtuch, »aber ich hätte Angst wegen Lungenentzündung. Wenn ihr ein bißchen Whisky habt, gib ihr den heiß mit ein paar Tropfen Zitronensaft!«

Als es ihr am nächsten Morgen nicht besserging, war ich ganz unglücklich. Nachdem ich ihr das Frühstück gebracht hatte, ging ich zu Minnie Ryan.

»Ich würde sofort den Doktor rufen!« sagte sie ernst.

Um den Doktor rufen zu können, mußte ich erst eine Karte von der

Armenkasse holen, auf der bescheinigt stand, daß wir nicht bezahlen konnten, und damit zur Armenapotheke gehen.

Der Doktor kam erst nach dem Nachtessen. Es war ein dicker Mann, der laut sprach. Wie von allen Ärzten, die gern eins trinken, hieß es auch von ihm, er sei der klügste Mann in Cork, »wenn er sich nur etwas in acht nehmen würde«. Wenn man danach ging, wie er aussah, hatte er sich heute nicht besonders in acht genommen.

Er saß auf der Bettkante, schrieb auf den Knien das Rezept auf seinen Block und knurrte: »Und wie soll das jetzt herkommen? Nur die Nordapotheke hat noch offen.« – »Ich gehe hin, Herr Doktor«, rief ich sofort. »Gut so«, sagte er. »Sorge du für deine Mutter, solange du sie noch hast. Die Mutter ist letzten Endes das Beste, was der Mensch haben kann.« Und, zu meiner Mutter gewandt, fuhr er fort: »Wir kümmern uns nicht um sie, wenn wir sie noch haben – und das tut uns dann den ganzen Rest unsres Lebens leid!«

Die Straße zur Apotheke führte zuerst durch ein dicht bevölkertes Armenviertel bergauf bis zur Polizeistation, die oben auf dem Hügel thronte. Ich war ganz voll von edlen Gedanken. Ich hatte mir vorgenommen, daß ich den Fünfer, den meine Mutter mir gegeben hatte, für eine Kerze ausgeben wollte. Die Heilige Jungfrau in der großen Kathedrale sollte sie haben und Mutter schnell gesund machen. Ich war überzeugt, daß ich in einer feinen Kirche, die so hoch in den Himmel hineinragte, mehr für mein Geld bekäme.

Die Nordapotheke war ein schmutziger Korridor mit einer Bank auf der einen Seite. Am andern Ende war ein Fenster, das wie ein Fahrkartenschalter aussah. Auf der Bank saß ein kleines Mädchen mit einem grünkarierten Tuch um die Schultern. Sie blickte rasch auf, und ich sah, daß ihre Augen auch grün waren. Ich klopfte ans Fenster, und ein schäbiger, mürrischer Mann öffnete. Ohne auf das zu hören, was ich sagen wollte, riß er mir Flasche und Rezept wortlos aus der Hand und schlug das Fenster wieder zu.

»Du mußt warten, Kleiner«, sagte das Mädchen schnell.

»Warum muß ich warten?« fragte ich.

»Er muß es erst zurechtmachen. Es kann eine halbe Stunde dauern. Setz dich doch, komm!«

Es war ein nettes, gesprächiges kleines Mädchen. Die Zeit verging mir wie im Fluge. Das Schiebefenster ging hoch, und eine Flasche wurde derb auf das Fensterbrett gestellt.

»Dooley!« schrie der schäbige Mann, und das Fenster ging wieder zu.

»Das ist für mich«, sagte das kleine Mädchen. »Deine wird wohl noch sehr lange dauern. Ich kann dir aber Gesellschaft leisten.«

»Ich hab einen Fünfer«, sagte ich und zeigte ihr mein Geldstück. »Denk mal, was für 'ne Tüte Bonbons wir dafür bekommen!«

Das kleine Mädchen gefiel mir großartig. Sie gab mir solch Selbstvertrauen. Es wurde mir auf einmal klar, daß ich mich unnötig aufgeregt hatte und daß meine Mutter auch ohne Opfer von meiner Seite gesund würde. Wir saßen auf der Treppenstufe und aßen die Bonbons. Dann bekam ich die Medizin.

»Laß uns mal einen Schluck von deiner Flasche kosten, du!« sagte sie.

»Kannst du nicht von deiner kosten?« fragte ich mißtrauisch.

»Ach, meine schmeckt scheußlich«, sagte sie und zuckte bedauernd die Achseln. »Versuch, wenn du möchtest!«

Ich kostete und spuckte es schnell wieder aus. »Scheußlich« war der richtige Ausdruck. Aber nun blieb mir nichts weiter übrig, als sie auch von meiner kosten zu lassen. Sie tat einen tüchtigen Zug, so daß ich ganz unruhig wurde.

»Wunderbar!« rief sie begeistert. »Hustensaft mag ich zu gern! Probier mal selber!«

Ich kostete und mußte zugeben, daß sie auch darin recht hatte. Er war sehr süß und klebrig, wie Sirup, nur etwas herzhafter.

»Laß uns noch mal!« sagte sie und griff zu. Ich konnte es ihr nicht gut abschlagen. Meine Mutter war weit weg, und ich war von Anker getrieben – weit fort in eine fremde Welt, wo es Türme und Türmchen, Bäume und Treppenstufen und kleine Mädchen mit roten Haaren und grünen Augen gab. Wir nahmen wieder jeder einen kräftigen Schluck – aber dann bekam ich furchtbar Angst.

»Sie ist fast leer«, sagte ich und fing an zu weinen. »Was tu' ich jetzt bloß?«

»Trink sie ganz leer und sag, der Korken sei herausgefallen«, antwortete sie, als ob es die natürlichste Sache von der Welt sei, und – Gott verzeih mir die Sünde! – ich hörte auf sie. Wir tranken sie zusammen aus, und dann, als ich die leere Flasche niedersetzte, dämmerte es mir allmählich, daß meine Mutter krank war und ich die Heilige Jungfrau beleidigt hatte, und das Herz wurde mir schwer. Beide hatte ich für ein kleines Mädchen hingegeben, und sie machte sich nicht mal etwas aus mir. Die ganze Zeit war sie nur auf meinen Hustensaft scharf gewesen. Zu spät durchschaute ich ihre Falschheit und fing jämmerlich an zu schluchzen.

Jetzt blieb mir nur noch eine Hoffnung und Zuflucht: ein *Wunder!* In der Kathedrale ging ich vor den Altar der Heiligen Jungfrau, und nachdem ich ihr mein Verbrechen gebeichtet hatte, versprach ich ihr von dem ersten Fünfer, den ich bekommen konnte, eine Kerze – wenn sie nur machen würde, daß es meiner Mutter besserginge, wenn ich nach Hause käme. Dann schlich ich unglücklich über den Hügel heim. Wie freudlos das Leben auf einmal geworden war!

Als ich nach Hause kam, in die stille Küche, wo kein Feuer im Kamin brannte, begriff ich sofort, daß die Heilige Jungfrau mich im Stich gelassen hatte. Die Mutter war noch im Bett! Das war zuviel, und ich fing an zu heulen.

»Was ist denn nur los, Kind?« rief meine Mutter ängstlich von oben.

»Ich hab' die Medizin verloren«, jammerte ich am Fuß der Treppe, und dann stürzte ich blindlings nach oben und vergrub mein Gesicht in ihrer Bettdecke.

»O je, o je, o je, du armes Kind, wenn das dein ganzer Kummer ist«, rief sie erleichtert und fuhr mir mit der Hand übers Haar. Dann fragte sie besorgt: »Oder fehlt dir sonst noch etwas? Du bist so erhitzt?«

»Ich habe die Medizin getrunken«, schrie ich und versteckte mein Gesicht von neuem in der Bettdecke.

»Und wenn schon, was schadet das denn!« flüsterte sie tröstend. »Du armes Kind! Gehst den weiten Weg allein und ohne richtiges Essen im Leibe, und dann noch die ganze Reise umsonst gemacht! Zieh dich jetzt aus und ruh hier ein Weilchen!«

Sie stand auf, zog sich Pantoffeln und Mantel an und schnürte mir die Schuhe auf, während ich auf dem Bett saß. Noch ehe sie fertig war, schlief ich schon fest. Ich sah nicht mehr, wie sie sich anzog und hinausging. Aber etwas später fühlte ich eine Hand auf meiner Stirn und sah Minnie Ryans Gesicht blinzelnd und lachend über mir.

»Ach wo, es fehlt ihm nichts«, sagte sie heiter. »Bis morgen früh hat er sich's vom Herzen geschlafen. Sind's nicht Teufelskerle? Und dabei weiß er, daß eigentlich Sie im Bett liegen sollten, Mrs. Sullivan.«

Ja, ich wußte es. Und ich wußte, was sie von mir hielt: daß ich eher ein Heide als ein Christ war. Aber als meine Mutter nach oben kam und sich mit der Zeitung neben mein Bett setzte, da fühlte ich, ich konnte es mir leisten, daß sie mich alle verachteten – denn *eine* tat's nicht! Mein Gebet war erhört worden. Es war ein Wunder geschehen.

SEAN O'FAOLAIN

Der schielende Kesselflicker

Der Gerichtssaal war voll besetzt. Der letzte Fall war an der Reihe. In der Anklagebank stand der schielende Kesselflicker. Er war so schwarz wie ein Kaminhaken. Eine Nase hatte er – rasiermesserscharf. Seine Kehle war lang und dürr wie bei einem verhungerten Gänserich. Er wurde der schielende Kesselflicker genannt, weil das rechte Auge geradeaus blickte, während das linke Auge aufs rechte sah, als frage es: Was schaust *du* dir denn an? Das gerade Auge blickte soeben zum Bezirksrichter.

Von den schrägen Schultern des Kesselflickers fiel ein schwarzer Priesterrock bis auf die Absätze seiner Stiefel, und die Ärmel waren so lang, daß er sie aufgekrempelt tragen mußte, wobei das Futter hervorkam, und selbst dann waren seine Klauen noch halb versteckt. An seinem unrasierten Kinn hätte man ein Zündholz abstreichen können, und aus den Ohren wuchsen ihm Gemüsebeete.

Der Schutzmann neben ihm stand so weit von ihm entfernt, wie er nur irgend konnte.

»Euer Gnaden«, sagte der Kesselflicker, »ich hab die Kuh nicht gestohlen. So was würde ich nie tun. 's liegt einfach nicht in meiner Natur, so was zu tun.«

»Ha!« rief der Oberwachtmeister. »War Ihr Vater nicht ein Hammeldieb?«

»Bewahre, nein!« widersprach der Kesselflicker und stand so ungerührt da wie ein riesengroßer Kohlebrocken. »Das war doch mein Großvater!«

»Und wurde er dafür nicht deportiert?« verhörte ihn der Oberwachtmeister.

»Ist das etwa seine Schuld?« rief der Kesselflicker beleidigt. »*Er* wollte lieber gehängt werden.«

»Eine Minute, Euer Gnaden«, unterbrach der Mann, dem das Tier gestohlen worden war. »Darf ich eine Erklärung abgeben?«

»*Silentium!*« donnerte der Gerichtsschreiber, der beweisen wollte, daß er sein Gehalt zu Recht verdiente.

»Aber es ist wichtig!« jammerte der Kläger.

Weiter kam er nicht, denn der Gerichtsschreiber rief wieder: »*Silentium!*«, und der Richter blickte von dem Roman auf, den er gerade las, und fragte: »Was soll denn all der Unsinn?« Und zum Kesselflicker

sagte er: »Man hat doch das gestohlene Tier in Ihrem Besitz gefunden?«

»Das ist eine ganz nebensächliche Einzelheit«, sagte der Kesselflicker. »Es war meine eigene Kuh!«

»Euer Gnaden!« brüllte der Mann, dem das Tier gehörte. »Er ist ein himmelschreiender Lügner! Ich hatte das Tier am vergangenen Martinstag gekauft...«

»Kann schon sein«, gab der Kesselflicker gelassen zu. »Doch *davor* wurde es *mir* gestohlen!«

»Wollen Sie um Vertagung einkommen?« fragte der Richter hoffnungsfroh. Er dachte an sein Abendessen und fand, es sei besser, bald heimzugehen. Dann fiel ihm ein, daß ja Freitag sei, und das Abendessen verlor an Reiz.

»Ich bitte nicht um Vertagung«, erwiderte der Kesselflicker. »Wenn Sie meine Geschicht gehört haben, werden Sie überzeugt sein, daß es *meine* Kuh war!«

»Dann weiter!« seufzte der Richter, und der Oberwachtmeister winkte dem Gerichtsschreiber zu, und die Faulpelze auf der Galerie lümmelten sich über die Brüstung und sperrten erwartungsvoll Mund und Nase auf, so daß der Richter dem Gerichtsdiener zuflüsterte, wenn sie den Mund zumachen und jemand das Fenster aufmachen würde, bekämen sie alle ein wenig frische Luft.

»Ich hatte die Kuh schon, als sie noch ein Kalb war, Euer Gnaden«, sagte der Kesselflicker, und er rief es mit so wilder Entschlossenheit, daß seine beiden Wangen durch das tiefe Atemholen vollkommen eingedellt wurden. »Ich will Euer Gnaden von dem Kalb erzählen.«

»Gott sei Dank beginnen Sie nicht bei der Mutter des Kalbs«, seufzte der Richter, und der Oberwachtmeister blickte auf seine Uhr.

»Darauf komme ich noch zu sprechen«, erwiderte der Kesselflicker. »Es ist nämlich eine lange Geschichte.«

»Euer Gnaden«, flehte der Oberwachtmeister, »ich kenne seine Kniffe! Er will uns festhalten!«

»Ich will Sie gar nicht aufhalten«, beruhigte ihn der Kesselflicker. »Bis vor zwei Monaten noch hatte ich das Kalb in meiner Küche in der Gemeinde Ballyalley in der Freiherrschaft Mushera in der Grafschaft Cork, und es war gesund und wohlgeborgen. Ich wollte mir eine Kuh aufziehen.«

»Was denn sonst?« schnauzte ihn der Oberwachtmeister an. »Sie reden wie der Mann, der erzählte, er wolle eine Frau heiraten.«

»Ein Kalb aufzuziehen ist nun aber keine Kleinigkeit, Euer Gnaden«,

erklärte der Kesselflicker und stierte mit dem Schielauge den Oberwachtmeister an, während das gute Auge sich an den Richter wandte,
»vor allem nicht heutzutage! Bedenken Sie nur die Preise fürs
Mehl...«

»Fällt mir nicht ein«, erwiderte der Richter. »Mit den Mehlpreisen
geraten wir in die Politik, und eine Kritik der Regierung kann ich im
Gerichtshof nicht dulden. Beeilen Sie sich gefälligst mit Ihrer Kuh!«

Doch ergab sich eine neue Unterbrechung von seiten des Klägers.

»Euer Gnaden«, bat er, »darf ich vielleicht sprechen?«

»Hinaus mit ihm!« schrie der Richter, »sonst können wir uns die Geschichte nie in Ruhe anhören.«

Drei Schutzleute beförderten ihn nach draußen, und als sie ihn draußen hatten, blieben sie auch draußen, was ihnen sehr behagte, denn
draußen war die Kneipe, im Saal aber war der Oberwachtmeister.

Der Kesselflicker fuhr mit seinem Lügengespinst fort – und zog es so
sehr in die Länge, wie er nur wagte.

»Um die fragliche Zeit war die Kuh noch keine Kuh«, sagte er. »Aber
sie war auf dem besten Wege dazu – doch da mußten sich ja die Feen
einmischen.«

»Das ist kein rechtsgültiges Beweismittel«, rief der Oberwachtmeister streng. »Der Mensch hält das Gericht zum Narren.«

»Gott soll mich strafen, wenn ich das tue!« entgegnete der Kesselflik-
ker. »Bin ich nicht auf die Bibel vereidigt?«

»Allerdings nicht«, murmelte der Richter nachsichtig und blickte in
den Oktoberabend hinaus, der schon die Dämmerschleier über den
Himmel zu ziehen begann. Bei diesem Tempo, dachte er, würde der
ganze Himmel verhüllt sein, ehe der schielende Kesselflicker sein
Garn gesponnen hatte. »Sie sind nicht auf die Bibel vereidigt, und
ohne Eid wird's schneller gehen.«

»Danke bestens, Euer Gnaden«, sagte der Kesselflicker stirnrunzelnd,
denn er wußte nicht recht, was hinter dieser Bemerkung steckte. »Es
war am dreizehnten Sonntag nach Trinitatis, als es passierte. Eine bit-
terkalte Nacht war's, Gott sei gepriesen, und ich saß gemütlich am
Feuer und drusselte so vor mich hin. Meine Alte...« Sein hagerer
Räuberkopf stach durch die Luft zu seiner Frau, die im Gerichtssaal
saß; sie hatte rote Backen und leuchtend fuchsrotes Haar, und sie war
rund und dick wie ein kleiner grauer Pilz. Es war seine Frau, und dem
Namen und Aussehen nach war sie allgemein als Fuchs-Norry bekannt. »Meine Alte lag sternhagelvoll hinten im Dunkeln, und neben
mir vorne am Feuer lag das Kalb und schnaufte munter und friedlich

über die Asche weg. Und da saß ich also und sinnierte und überlegte und dachte, was für eine Menge Geld ich für das Kalb bekommen würde, wenn es erst mal eine Kuh war und selber ein Kälbchen im Bauch hatte, und wie ich dann mein Reißen mit der Erstmilch kurieren wollte, als ich plötzlich, um es kurz zu machen...«

»Ach du lieber Himmel«, stöhnte der Oberwachtmeister, der genau wußte, was die Redewendung bedeutete.

»... als ich plötzlich«, wiederholte die schwarze Sibylle in der Anklagebank, »mir nichts, dir nichts einschlief – mit dem Kopf auf dem Arm, und nicht gerappelt und gerührt, bis ich die Stimme hörte! Es war ein schauriges, tiefes Brummen, das durch den Kamin herunterkam. Es klang wie das Brummen von einem wütenden Bullen, und die Stimme sagte – so deutlich, wie ich jetzt hier mit Ihnen spreche, Euer Gnaden –, ›Bist du da, Powlraddy?‹ Und schon springt mein Kalb auf die Knie und sieht zu den Balken auf und stellt den Schwanz so steil wie ein Schornstein, und es ruft, ruft es, ›Ja, ich bin's. Ist das mein Pappi?‹ Donnerlüttchen, da hab ich wirklich das Zittern bekommen, Euer Gnaden, das streit ich gar nicht ab!«

»Wer war betrunken, sagten Sie vorhin. Sie oder Ihre Frau?« fragte der Oberwachtmeister höhnisch.

Doch diesmal lächelte kein Mensch im Saal, wie der Kesselflicker feststellte, und der Richter, der zwar noch immer aus dem Fenster sah und das Zwielicht und die Abendnebel beobachtete (die übrigens auch der Kesselflicker bemerkte) – der Richter blickte mit nadelscharfen Pupillen.

»Und da, Euer Gnaden«, fuhr der Kesselflicker ernst fort, »da springt mir doch das Kalb vollends auf die Füße und rennt in meiner kleinen Küche herum. Und draußen konnte ich die andern Hufe hören, die auch immer rundherum, rundherum rasten. Ich lief an die Tür und wollte nachsehen, was für ein Luder mein Kalb bei seinem Namen ruft, und als ich's tat, da wischt es mir zwischen den Beinen durch. Und das nächste, was ich dann begriff«, schnarrte der Kesselflicker, »– ich lag längelang auf dem Rücken, und der kalte Wind wühlt mir im Haar, und ich hör die Hufe, die rund um die Hütte klappern, di-klapp, di-klapp, Donner und Doria, und als sie das nächste Mal an der offenen Tür vorbeikommen, da mach ich ein Auge auf – und was seh ich? Ich sah was – och, Euer Gnaden, fragen Sie mich bloß nicht, was ich da sah. 's hat mir einfach den Rest gegeben. Unterm blauen Morgenhimmel bin ich erst wieder zu mir gekommen, und halbtot, wie ich war, bin ich doch noch aufs Feld getorkelt und hab mein Kalb gesucht.

Und bei Gott, ich hab's gefunden, wo ich's nie gesucht hätte. Da stand es auf der Kuppe eines kleinen Hügels, neben dem Schwarzdorn, und wissen Sie, was es da machte?«

Der ganze Gerichtssaal beugte sich noch weiter vor.

»Da war eine kleine Wolke, so dünn wie ein Nebel, die lag in der Ackerfurche, und mein braves Powlraddy stand davor und leckte dran herum, so, wie Euer Gnaden oder ich vielleicht am Bierschaum lekken. Ich duck mich hinter den Schwarzdorn und hab aufgepaßt und aufgepaßt«, erzählte der schwarze Kesselflicker und rührte sich zum ersten Mal, denn nun kauerte er sich hinter die Anklagebank, um zu zeigen, wie er sich geduckt und wie er aufgepaßt hatte. Der Richter drehte sich herum und starrte ihn an, und im ganzen Gerichtssaal war kein Mensch, der Oberwachtmeister nicht ausgenommen, der nicht seinen Kopf geduckt hätte, um zu zeigen, daß er verstand, wie der Kesselflicker aufgepaßt hatte. »Und so stand ich da und hab aufgepaßt und nicht mit der Wimper gezuckt, bis mein Kalb das letzte Fleckchen Wolke aufgeschleckt hatte, ratzekahl geschleckt bis auf den ersten Morgentau. Da hab ich mein Kälbchen ganz sachte angerufen, und es hat sich umgedreht und übers weite Heideland geblickt und sich die Lippen geleckt. Ich sagte, sagt ich: ›Bist du da, Powlraddy?‹ Es sagt, sagt es: ›Ja, hier bin ich. Ich hab meinen Pappi aufgeschleckt.‹ Und dann ist es wie ein Lamm mit mir heimgegangen.

Und jetzt, Euer Gnaden, will ich die reine Wahrheit sagen, auch wenn Sie mir fünf Jahre Loch dafür geben. Sechs Eimer voll Milch hab ich bei dem Kälbchen gemolken, am ersten Tag, als es eine Kuh war. Und von dem Tage an ist kein Tropfen Alkohol über meine Lippen gekommen, bloß die Milch von meiner Kuh: kein Whisky und kein Bier, kein Wein und kein Wasser nicht.«

Jetzt riß dem Oberwachtmeister die Geduld: »Euer Gnaden«, mischte er sich angewidert ein, »als der Mann verhaftet wurde, konnte man seinen Hauch mit einer Zündholzflamme zum Brennen bringen!«

»Streite ich's etwa ab, Euer Gnaden?« ächzte der Kesselflicker. »Leider Gottes ist es wahr. Denn als ich meine Kuh verlor, verlor ich auch die Besinnung. Und so wär's Ihnen auch ergangen, Euer Gnaden, deshalb lassen Sie mich meine Geschichte beenden. Es verhielt sich so: Der erste Schluck von Powlraddys Milch hat einen andern Menschen aus mir gemacht. Er verlieh mir das zweite Gesicht und seltsame Weisheit. Ich konnte in die Zukunft sehen. Ich konnte Ratschläge geben. Ich konnte voraus- und hintenraussehen. Ich konnte nachdenken und ausdenken. Ich konnte gesund und krank machen. Hab ich

nicht das lahme Mädchen von Ballyallinan kuriert, das seit zwanzig Jahren in einem Rollstuhl rumkutschiert ist, nach Knock und nach Lourdes, zum Berg Argus und zum See Derg und ans Grab der heiligen Nelly, gar nicht zu reden von jedem Doktor am Merrion-Platz und auf Saint Patrick's Hill? Hab ich nicht entdeckt, wo die Bankräuber von Knockane den Geldsack versteckt hatten, den sie dem Bankdirektor gestohlen haben?«

»Das ist ja verrückt«, schrie der Oberwachtmeister. »Ich erinnere mich noch gut an den Fall. Das Geld wurde niemals gefunden.«

»Streite ich's etwa ab?« fragte der Kesselflicker und rührte sich nicht. »Allerdings war kein Geld im Sack – aber war das meine Schuld?«

»Vielleicht war's Ihr Pech?« meinte der Richter, und der ganze Saal lachte.

»Und hab ich nicht dem Gemeindepfarrer von Galloping Green gesagt«, fuhr der schielende Kesselflicker fort, »was es für eine Sünde in ihm war, die sein Pferd vor der Furt von Avonbeg zum Stolpern brachte, und dabei wollte er nach der Insel Man in die Ferien? Hat er mir nicht als Belohnung für mein zweites Gesicht den Stein von seiner Uhrkette geschenkt, der bei Neumond zu schwitzen anfängt? Holen Sie doch Ehrwürden hier vor den Gerichtshof, und ich wette, daß er alles als wahr bestätigen wird, was ich sage.«

»Der Gemeindepfarrer von Galloping Green ist schon ein halbes Jahr tot«, sagte der Oberwachtmeister trübselig, »und das wissen Sie auch ganz genau.«

»Hab ich nicht Mann, Frau und Kind in der Grafschaft Limerick«, fuhr der Kesselflicker fort, »den Namen des Pferdes genannt, das unweigerlich beim November-Hindernisrennen siegen wird, und bekommen sie dann nicht etwa zweihundert zu eins, so daß sie lebenslänglich genug haben?«

»Aber jetzt ist ja erst Oktober«, seufzte der Oberwachtmeister, und der ganze Saal seufzte vor gieriger Erwartung mit ihm.

»Das war mein Kalb und meine Kuh«, sagte der Kesselflicker, »und dann«, leierte er kläglich weiter, »wurde mir mein armes Powlraddy gestohlen.«

»Oh!« fiel ihm der Richter ins Wort, »konnten Sie das nicht voraussehen?«

»Ja-ha!« nickte der Oberwachtmeister und lachte den Richter an, und der Gerichtsdiener zwinkerte dem Schutzmann zu, und der Schutzmann gab dem Kesselflicker einen Fußtritt, um ihm zu zeigen, was für ein verdammter Lügner er sei.

»Ich komme gleich darauf zurück«, sagte der Kesselflicker mit großer Geduld.

Draußen war es Nacht geworden, und der Richter war hungrig, aber er wollte den Schluß der Geschichte hören.

»Ich habe eine wichtige Zeugin beigebracht«, sagte der Kesselflicker und rief seiner Frau aufmunternd über die Schulter zu: »Steh auf, Norry, mein Herz!«

Die rothaarige Frau erhob sich, und als sie stand, schnupfte sie auf, zog sich das Schultertuch fester um die Brust und stieß sich mit der Zungenspitze eine Haarsträhne aus dem Mund.

Der Kesselflicker nahm sie ins Verhör, sah aber, wie auch vorher schon immer, nur den Richter an: »Habe ich dir befohlen, daß mir von dieser Kuhmilch niemals ein Tropfen in eine andere Kehle als meine eigene kommt – oder nicht?«

»Doch, das hast du gesagt«, antwortete sie und starrte den Richter an, um zu sehen, wie er es hinnahm.

»Hast du meinen Befehl zwei Wochen vor dem letzten Martinstag befolgt oder nicht, du schlechtes Weib?«

»Ich hab ihn nicht befolgt«, sagte sie, »und du hast mich wacker dafür versohlt, du Sündenknochen!«

»Was hast du gemacht, du Lügenbrut?«

»Ich hab einen Becher voll in den Kuchenteig geschüttet«, sagte Norry und fuhr mit hohem Leierton fort, »und ich will's bezeugen, was mit dem Kuchen geschah. Ich hatte das Auge auf dem Kuchen, der im Korb in der Glut stand, und auf einmal höre ich eine Stimme, die kommt wie der erste Winterwind den Kamin herunter. Eine grausige Stimme war's. Sie konnte einen an die Stimme vom Auktionator Cahirlan erinnern, wenn er schlechtes Heu verkauft und bis in den siebenten Himmel lobt. Und die Stimme sagte: ›Bist du's, Powlraddys Pappi?‹ Und der Kuchen im Backkorb stand auf, Euer Gnaden, und er fing an zu piepsen und sagte: ›Ja, das bin ich – bist du's, Opa?‹«

Der Richter schlug mit der Faust auf den Tisch.

»Jetzt aber Schluß! Das kann ja nicht ewig so weitergehen!«

»'s ist gleich fertig«, rief der Kesselflicker und streckte langsam den Arm aus, daß der aufgekrempelte Ärmel zurückfiel und die Fingernägel hervorschauten, die schwarz wie Teufelskrallen waren. »Sprich weiter, Norry, mein Schatz!«

»Und im Nu«, erzählte sie, »war der Kuchen aus dem Backkorb gesprungen. Er rannte in der Küche herum. Ich hinterdrein. Ich warf mit dem großen Teller nach ihm. Ich warf mit dem kleinen Schemel

nach ihm. Ich warf ihm das Nudelholz nach. Ich warf ihm die Axt nach. Aber die Axt flog durch die Fensterscheibe, und der Kuchen sprang durchs Loch im Glas und holterdiepolter die Straße entlang.«

»Haha«, rief der Richter, »jetzt hab ich Sie. Denn Sie rannten dem Kuchen nach. Ist's nicht so in der Geschichte?«

»Ja«, gab Norry zu.

»Und er kam Ihnen mit einer alten Frau entgegen, die Kleider ausklopfte. Stimmt das nicht?«

»Doch«, gab Norry niedergeschlagen zu.

»Und«, unterbrach der Oberwachtmeister das Gespräch, »der Kuchen rief: ›Ich bin ausgerissen vor der Kesselflickerfrau und dem großen Teller und dem kleinen Schemel und dem Nudelholz und der Axt – sollt ich nicht auch vor dir ausreißen können?‹ So ist's doch in der Geschichte, nicht?«

»Ja«, gestand Norry und wurde rot vor Scham.

»Und danach«, schrie der Richter, beugte sich vor und war ganz wütend, weil ihm der Oberwachtmeister die Geschichte weggeschnappt hatte, »danach kam eine alte Frau, die ihre Haube *tollte*. Ist's nicht so in der Geschichte?«

»Ja, so ist's«, flüsterte Norry, drückte sich aber schon seitlich zur Türe hinaus.

»Und er sagte«, schrie der Gerichtsschreiber, bevor ihm jemand den Kehrreim wegschnappen konnte, »er sagte: ›Ich bin vor der Kesselflickerfrau ausgerissen und vor dem großen Teller und vor dem kleinen Schemel und vor dem Nudelholz und vor der Axt und vor der Kleiderpeitsche – sollt ich nicht auch vor dir ausreißen können?‹ Ist's nicht so in der Geschichte?«

Aber Norry war schon hinter den Glastüren verschwunden.

»Und was kam danach?« schrie der Richter den unbeweglichen Kesselflicker an.

»Was kam danach?« heulte der Oberwachtmeister.

»Was kam danach?« kreischte der Gerichtsschreiber – und alle Faulpelze und Schutzleute und Rechtsanwälte und Zeugen standen auf.

»Und womit kam er dann an?« fragte der Richter.

»Oh«, bemerkte der Kesselflicker höflich, »er kam natürlich mit seinem Pappi an, das heißt, mit Powlraddys Opa.«

»Und wer war das?« fragten alle wütend.

»Ich erkläre es gleich«, sagte der Angeklagte.

»Antworten Sie ohne Umschweife!« befahl der Oberwachtmeister.

»Wir wollen wissen, mit wem der Kuchen angelaufen kam?«

»Aber ja«, sagte der Kesselflicker, und es klang, als ob er dachte: Ja, wißt ihr denn das nicht?, »er kam doch mit dem *Anfang der Welt* an!«

»Und wer war das?« flüsterte der Richter.

Im gleichen Augenblick flogen die Glastüren auf und die drei Schutzleute und der Mann, der ein Tier verloren hatte, stürzten in den Gerichtssaal, und alle vier strahlten sie nur so vor guter Laune.

»Euer Gnaden!« rief der Mann.

»Ruhe!« riefen sie alle gemeinsam.

»Euer Gnaden!« schrie der Mann eigensinnig und drängte sich nach vorne, »ich muß sprechen! Ich habe überhaupt keine Kuh verloren.«

»Wie?« fragte der Richter.

»Was ich verloren habe, ist ein Bulle.«

»Stimmt das?« fragte der Richter den Oberwachtmeister. »Stimmt das?« fragte er den Gerichtsschreiber. »Stimmt das?« fragte er den reglosen Kesselflicker.

»Ich bin ein Städter«, sagte der Oberwachtmeister, »und ich habe das in Frage stehende Tier nicht genau inspiziert. Außerdem glaubte ich immer, Bullen seien erwachsene Kühe.«

»Unsinn«, sagte der Richter säuerlich. »Und die ganze Geschichte von der Kuh...?« schalt er den Kesselflicker.

»Ich erkläre es gleich«, antwortete der Kesselflicker.

»Das werden Sie *nicht* tun«, bestimmte der Richter. »Es ist spät genug, und es ist Zeit, daß wir alle nach Hause gehen. Die Sache ist erledigt.«

»Und ich?« fragte der Kesselflicker. »Wer gibt mir meinen Glücksbullen wieder?«

»Ja, ja«, sagte der Richter und erhob sich. »Früher gab's noch Zeiten in Irland, da konnte ein Mann vierzig Bullen für so eine Geschichte bekommen! Aber, gerechter Gott, die guten Tage sind vorbei!«

»Da geraten wir in die Politik«, sagte der Kesselflicker.

»Durchaus nicht«, entgegnete der Richter, »denn ich bezog mich auf Englands Falschheit.«

»Davon könnte ich Ihnen auch ein Lied singen«, erbot sich der Kesselflicker.

»Lieber nicht«, sagte der Richter, schüttelte die Falten aus seinem Talar und dachte an den Wind, der ihm in den offenen Wagen blasen würde. »Denn das wäre Patriotismus. Und davon hab ich auch genug!«

Daraufhin gingen sie also alle hinaus, und der Gerichtsdiener löschte

die Lampen, und als der Kesselflicker und seine Frau über den Marktplatz gingen, stahl er einen Esel, und sie stahl ein Hemd. Dann schlugen sie sich westlich vom Schilfufer des Shannon durch, in die sternfunkelnde Nacht hinein. Ein oder zwei Meilen außerhalb holte sie der Richter in seinem Wagen auf der Landstraße ein. Er hielt und fragte ganz nebenbei und ein bißchen gönnerhaft, als ob er's eigentlich nicht wissen wollte: »Was war der *Anfang der Welt?*«

»*Aengus Oge*«, antwortete der Kesselflicker, und ein Auge sah nach Westen und eins nach Osten.

»Ist das der Name einer Whiskysorte?« fragte der Richter.

»Nein«, sagte der Kesselflicker stirnrunzelnd. »Es ist der Name des Gottes der Dichtkunst!«

»Aha!« rief der Richter bewundernd.

Er steckte die Hand in seinen Beutel und gab dem Kesselflicker eine halbe Krone.

»Du bist ein großartiger Lügner! Gott befohlen!« sagte er.

Und er fuhr in einer rotleuchtenden Staubwolke von dannen, als ob er selber ein Göttchen sei.

Hinter ihm trabte der Esel flott dahin, und die Karrenräder knarrten durch die Herbstluft, daß die Landstraße und das Heidemoor wie ein hohles Faß widerhallten. Leere. Dunkel. Ganz in der Ferne bellte ein Hund. *Hau-wau!... Hau-wau!* Das war alles. Dann leiser: *Hau-wau!... Hau-wau!* Die ganze Nacht hindurch. *Hau-wau!* Bis zum andern Morgen, als es im Osten zu tagen begann.

LIAM O'FLAHERTY

Der rote Rock

Mrs. Deignan saß mit ihren vier Kindern um das offene Herdfeuer in der Hütte. Sie waren unglücklich, weil es nämlich ein kalter Tag Mitte Februar war und weil sie nichts mehr zu essen hatten. Am Morgen hatten sie das letzte Stückchen Haferbrot gegessen, und jetzt war kein Hafer mehr da, mit dem man wieder hätte backen können. Das Mehl war schon vor einer Woche zu Ende gegangen. Der Stockfisch, den Coleman, der einzige Sohn und der Älteste, von einer Mauer wegstibitzt hatte, wo er nach der Salzlake zum Trocknen lag, hatte ihnen

dreimal ein Mittagessen geliefert. Jetzt war kein Krümchen mehr im Haus. Nicht einmal eine Kartoffel.

»Also«, rief die Mutter, »was machen wir jetzt? Etwas müssen wir unternehmen! Gott ist gut, selbstverständlich, aber nur zu denen, die auf Nahrung ausgehn. Was machen wir also? Kinder, hat denn keins von euch einen guten Einfall? Es heißt doch immer, daß die Engel den unmündigen Kindlein Worte der Weisheit in den Mund legen. Obwohl, daß Gott erbarm, meine vier ›Kindlein‹ größer sind als ich – wenigstens ihre Mägen! Ja, ja, das stimmt!«

Trotz Hunger und Elend mußten die Kinder lachen. Es war eine erstaunliche Familie. Die Mutter war erstaunlich, und die Kinder waren erstaunlich. Seit der Vater, der alte Mick Deignan mit der Warze auf der Nase, der immer Influenza gehabt hatte und weiße Frieshosen trug, die immer irgendwo eine verbrannte gelbe Stelle hatten, seit der also vor zehn Jahren gestorben war, war die Familie sehr, sehr arm geworden. Sie besaßen zehn Acker Land, aber sie hatten keine Saat zum Aussäen, darum verpachteten sie es immer für wenige Pfund im Jahr. Die Mutter übernahm jede Gelegenheitsarbeit, die sie bekommen konnte: Sie wusch, rauhte Fries und ging zum Putzen in andrer Leute Häuser. Die Mädchen flickten Netze für die Dorfgemeinschaft, und der siebzehnjährige Sohn war Arbeiter. Aber was die Arbeit betraf, so waren sie, offen gesagt, eine faule und träge Familie. Sie mochten eine Zeitlang ganz tüchtig schaffen, doch plötzlich ergab sich die ganze Familie der Faulheit und saß den lieben langen Tag in der Hütte, machte Verse, erzählte Witze, trank Tee und vergnügte sich königlich. Dann wurden die Dorfleute, die an der Hütte vorüberkamen und schallendes Gelächter hörten, natürlich verrückt vor Wut über die armen Teufel, die der gütige Gott, der alle Dinge lenkt, mit der Gabe bedacht hat, ihr Leben und ihre Gesundheit zu genießen. Denn gesund waren die Kinder – trotz der Hütte, die nur eine Schlafkammer enthielt, in der die Mutter mit den drei Töchtern schlief, und der kleinen Küche, in der der Sohn auf der Holzbank schlief. Und die Mutter war auch gesund, außer bei kaltem Wetter, wo sie zuviel Tee trank und so schrecklich unter Blähungen und Schmerzen in Magen und Gedärm litt, daß sie immer dem Tode nahe war und wie eine Besessene jammerte.

Aber in diesem Winter war alles schiefgegangen, und jetzt waren sie mit ihrer Weisheit am Ende. Kredit hatten sie nirgends mehr. Ihr einsames Ferkel war ihnen aus dem Stall fortgeholt worden, weil sie Flanagan Geld schuldeten, dem Kaufmann in Kilmurrage, »und Gott's

Fluch über ihn und seine verfaulte Fettleber!«, wie Mrs. Deignan bemerkte.

Arbeit hatte keiner von ihnen finden können. Bis jetzt hatten sie alle
den Kopf tapfer hochgehalten, gelacht, gesungen und Verse geschmiedet – Spottverse auf ihre Feinde –, aber der Hunger überwäl-
tigte sie, als sie an diesem bitterkalten Wintertag ums Feuer saßen.

Barbara, die Älteste, jetzt Sechzehnjährige, bemühte sich, ihre kleinen dicken Beine am Torffeuer zu rösten. Sie hockte auf einem niedri-
gen Schemel in der Kaminecke. Ihr kurzes, dickes schwarzes Haar war
in einen Zopf geflochten, der ihr über die Schulter fiel. Ihre weichen
roten Lippen standen offen. Mit ihren großen schwarzen Augen
blickte sie auf die bis zum Knie nackten Beine, und ihre kurzen, molli-
gen Hände fuhren die Schienbeine auf und ab und zählten die »Fische« darauf, das heißt die komischen blauen Flecken, die man davon
bekommt, wenn man sie ständig nackend an die Torfglut hält.

Die fünfzehnjährige Mary war ein Mädchen, das der älteren Barbara
in Gestalt und Aussehen fast aufs Haar glich, nur war sie etwas dünner. Sie hatte sich das linke Bein in den Schoß gelegt und zog dauernd
an der großen Zehe; sie bildete sich nämlich ein, wenn sie nur lange
genug daran ziehen würde, dann könnten ihre Zehen so lang und
schlank wie ihre Hände werden, und dann wäre sie eine vornehme
Dame.

Die kleine vierzehnjährige Margaret war die Ernsteste in der Familie.
Sie war's, die immer das richtige Wort wußte, wenn alle übrigen beim
Dichten festsaßen. Ernsthaft schaute sie ins Feuer; die kleinen Hände
lagen gefaltet im Schoß, und die schwarzen Locken hingen ihr um das
blasse Gesichtchen.

Coleman, ein hübscher siebzehnjähriger Junge mit großen blauen
Augen und mädchenhaft langen Wimpern, lag auf der Holzbank ausgestreckt, auf der auch seine Mutter saß. Er starrte ins Feuer und
dachte nach. Immer grübelte er und atmete laut durch die Nase, und
plötzlich klatschte er sich aufs Bein, brach in lautes Gelächter aus und
sprang hoch, und wieviel Leute ihn auch fragen mochten, worüber er
lache und was ihm in den Sinn gekommen sei – er zuckte bloß die
Achseln und antwortete nicht.

Die Mutter saß Barbara gegenüber in der andern Kaminecke. Sie war
ungefähr sechzig Jahre alt und sehr dünn. Wegen der gelben Farbe ihres verrunzelten Gesichts sah sie ganz alt aus, und die Farbe hatte sie
wohl vom vielen Teetrinken und der schlechten Verdauung. Wenn
sie alle Kleider auf dem Leibe hatte und herumschwatzte, schien sie

ganz stattlich zu sein, aber wenn sie sich abends auszog und zu Bett ging, war sie so klein und mager, daß Margaret sich immer wundern mußte, wieso sie noch nicht in der Mitte durchgebrochen war. Im Dorf und auf der ganzen Insel Inverara hieß sie »Mary mit den schlechten Versen« – aber nicht, weil ihre Verse schlecht gereimt waren, sondern weil sie gemein und schändlich und manchmal sogar unanständig und in gewissem Sinne unmoralisch waren.

»Wie ist's, Coleman«, fragte die Mutter wieder, »hast du dir etwas ausgedacht?«

Coleman sah seine Mutter ernsthaft an und senkte die langen Wimpern; sein runder roter Mund stand ein wenig offen. Dann fing er an zu kichern und kuschelte sich noch mehr auf die Bank zusammen, wie ein Kind, das mit seiner Mutter spielt.

»Wenn Pläne geschmiedet werden sollen«, sagte er und kicherte noch immer, »dann mach du sie nur allein. Ich bin zu hungrig, als daß mir etwas einfiele.«

»Ja, Mutter, denk dir etwas aus!« riefen die anderen drei Kinder und wurden plötzlich ganz aufgeregt.

»Gut«, sagte die Mutter, setzte sich breitbeinig auf den Schemel und stützte das Kinn in die Handflächen, »dann will ich mir etwas ausdenken. Wolln mal sehen! Was könnte denn wohl gehn?«

Fast eine Minute lang herrschte Schweigen. Man konnte deutlich hören, wie schwer Coleman atmete. Dann richtete die Mutter sich plötzlich auf, schlug sich mit den Händen auf die Knie und rief:

»Kinder, ich hab's! Ich habe es! Gebt mir schnell mein Umhängetuch! Springt, Kinder, und gebt mir mein Tuch! Gebt mir mein Tuch und auch die neue karierte Schürze!«

Sie sprang hoch, faßte rechts und links je einen winzigen Zipfel ihres fadenscheinigen schwarzen Rockes zwischen Daumen und Zeigefinger, legte den Kopf auf die Seite und fing an, in der Küche herumzutanzen und dazu zu singen:

»Ein Bettler, der war verliebt in 'ne Nonn' – Gott vergeb's ihm.«

Sie brachten ihr das Tuch und die karierte Schürze und quälten sie mit Fragen, was sie denn tun wolle, aber sie verriet kein Wörtchen.

»Laßt mich in Ruhe, Kinder«, sagte sie, »damit das Blut allein auf *mein* Haupt komme! Bleibt ihr schön still im Haus, und wenn ich nicht innerhalb von zwei Stunden mit Essen und Trinken zurück bin, dann wißt ihr, wo ihr nach mir suchen könnt – nämlich auf der Polizeistation!«

Dann band sie sich die Schürze und das schwarze Tuch um, das sie

dreieckig gefaltet trug; der Zipfel stippte wie ein Steuer hinter ihren Hacken auf den Boden. Sie ging fort und zog durchs Dorf, ohne eine Menschenseele anzuschauen. Das Tuch hatte sie sich über den Kopf und tief ins Gesicht gezogen. So ging sie etwas vornübergebeugt die Landstraße entlang bis zum nächsten Dorf, das eine Meile entfernt lag. Und dort hatte Mrs. Murtagh einen kleinen Kramladen, in dem sie alles verkaufte, was ein Bauer nur kaufen mochte, und wo sie alles kaufte, was man einem Bauern nur abschwatzen konnte, ausgenommen natürlich Rindvieh und unsterbliche Seelen. Es war ein zweistöckiges Steinhaus, und obgleich es erst drei Jahre stand, sah es schon verwittert und schmutzig wie ein Schiff aus, das eine lange Seereise hinter sich hat und nun muschelbewachsen und zerschrammt und heruntergekommen in den Hafen einläuft.

Mrs. Deignan trat munter in den Vorflur und dann links in den langen, dunklen Raum, der als Laden diente. Ein schwerer Dunst von Zucker, Seife, gesalzenem Speck und altbackenem Biskuit hing in der Luft. Hinter dem Ladentisch stand Mrs. Murtagh und hatte die Arme vor der Brust verschränkt. Sie war eine fünfundvierzigjährige hübsche Frau, aber mit einem Paar harter, habgieriger Augen, die voll Hinterlist waren. Ihr Gesicht wäre sogar schön gewesen, hätte sie nicht so falsch ausgesehen und solch gelblichen Teint gehabt. Nur die Wangen waren rosig angehaucht wie bei einem jungen Mädchen. Sie warf Mrs. Deignan einen flüchtigen Blick zu und nickte gerade eben mit dem Kopf, als wäre sie durchaus nicht erbaut, die gute Frau in ihrem Laden zu sehen.

»Oh«, sagte sie ganz trocken und strengte sich mächtig an, ihrer Stimme einen humorvollen Klang zu geben, »Sie sind wohl gekommen, um die kleine Summe zu begleichen, die Sie mir schulden? Ja, ja, ich hab's ja immer gesagt: Sie sind eine ehrliche Frau, Mrs. Deignan. Aber beeilen Sie sich doch nicht so damit – warten Sie ruhig noch fünf Jahre länger!« Und sie lachte ihr komisches Lachen, das, wenn der Vergleich erlaubt ist, fast wie das Gegacker einer Henne klang.

Doch das Lachen erstarb ihr in der Kehle, als sie den Ausdruck in Mrs. Deignans Gesicht bemerkte. Mrs. Murtagh war eine harte Frau und von solcher Energie, daß sie selbst mit einem Priester einen zähen Kampf ausfechten konnte, aber jetzt erschreckte sie Mrs. Deignans Mienenspiel. Noch hatte Mrs. Deignan kein Wort gesagt. Sie hatte nur das Umschlagtuch von der Schulter gleiten lassen, so daß es nachschleppte. Ihre mageren, runzligen, gelben Hände hingen schlapp herunter. Das Gesicht war matt und schlaff geworden und begann

sich allmählich zu verkrampfen und zu kräuseln wie Milch, wenn sie im Kochtopf über kleinem Feuer steht und im Begriff ist, hochzuwallen. Nach und nach straffte es sich. Sie schluckte ein paarmal. Die Brust hob sich, als dränge etwas Teuflisches gewaltsam vom Magen aufwärts und könne sich nicht den Weg durch die Kehle erzwingen. Tatsächlich, Mrs. Deignan sah so aus, als ob sie etwas Scheußliches zur Welt bringen wolle. Und das tat sie auch. Sie fing an zu sprechen. Das erste Wort brachte sie nur mit der größten Schwierigkeit heraus. Es entrang sich ihren faltigen, gelben Lippen in Kurven und Spiralen und mit einem Ton, wie wenn ein Messer auf dem Wetzstein geschliffen wird. Dann aber nahm der Wortschwall an Geschwindigkeit zu, bis er ihr in dem hellen, grellen Tonfall eines Brausebachs nur so aus dem Munde strömte.

»Heuchlerin, Diebin, Hehlerin!« schrie sie. »O du Weibsbild du, du hast Gott und Tugend und Barmherzigkeit und allen guten Werken der Heiligen abgeschworen, du Teufelin! Die Hölle hat dich ausgespien, weil sogar Luzifer nicht unter dem gleichen Dach mit solchem Greuel schlafen wollte! Du Drache mit sieben Zungen, und alle sieben pestzerfressen, solche Ladung von gemeinen Worten kriecht ihnen über den giftigen, schleimigen Buckel! Du Sprößling von sieben Vätern, die alle sieben besoffene Landstreicher waren! Du Ungeheuer, du – oh!« Sie schöpfte Atem, hob die Hände und hielt sie vors Gesicht wie ein feilschender Orientale, der einen Handel abschließt. Ihre Augen weiteten sich, und Schaum trat ihr vor den Mund: »Meine Zunge ist mir zu schade, dir zu sagen, was du bist, du –« Plötzlich plumpste sie auf einen Stuhl, der neben der Theke stand, und fächerte sich mit einem Zipfel ihres Tuchs Luft zu. Sie flog am ganzen Körper, als ob sie hysterisch sei.

»Bist du vollkommen verrückt?« ächzte Mrs. Murtagh leise. Sie war vor Wut außer sich, aber da sie eine vorsichtige Frau war, behielt Furcht die Oberhand. Sie stand hinter dem Ladentisch, zitterte und warf Blicke umher und aus dem Fenster, ob auch keine Kundin käme und hörte, was Mrs. Deignan sagte. »Bist du vollkommen verrückt geworden, du? Was hast du gegen mich? Was hast du, frag ich dich? Sprich, du!«

Mrs. Deignan schüttelte noch ein Weilchen den Kopf und versuchte dann den Mund aufzumachen, unterließ es aber. Dadurch ermutigt, stürzte Mrs. Murtagh hinter dem Ladentisch hervor, verschränkte die Arme und funkelte Mrs. Deignan wütend an.

»Sprich«, zischte sie, »und sag, was los ist, oder deine Knochen wer-

den dir im Gefängnis verfaulen, so wahr ich noch ein Goldstück übrig habe, um den Richter zu bestechen, daß er dich nicht wieder freiläßt!«

»Ah!« Mrs. Deignan brachte endlich den Mund auf und stieß einen Knurrton wie ein bissiger Hund aus. Ihr Gesicht belebte sich wieder und ballte sich bedrohlich zusammen. Ihr schlaffer kleiner Körper wurde so flink und beweglich wie ein Eichhörnchen. Mrs. Murtagh trat schnell zurück und kreischte unwillkürlich auf.

»So etwas willst du tun, du?« schrie Mrs. Deignan. »Bist selbst eine Witwe und willst auf einer armen Witwe herumtrampeln? Das werden wir aber seeehen, das werden wir aber seeehen!« lachte sie laut, und ihr Gelächter endete mit einem schrillen Ton, aus dem sie eine Art Triumphgeheul machte. Dann stemmte sie die Hände auf die Knie, streckte den Kopf vor, blickte Mrs. Murtagh scharf an und fragte leise und sehr deutlich: »Wo ist der rote Rock hin, den du letzten Sonntagabend beim Schneider anhattest?«

»Gott im Himmel!« keuchte Mrs. Murtagh und preßte die Hände auf die Lippen. Dann lachte sie kalt und hart und vollkommen unnatürlich und wich den Blicken aus. Aber Mrs. Deignan starrte sie fortgesetzt an. Mrs. Murtagh ging auf Mrs. Deignan zu, bückte sich und zischte ihr ins Gesicht: »Du Lügnerin, ich hab letzten Sonntag gar keinen roten Rock getragen!«

»Das-ist-glatt-gelogen!« sagte Mrs. Deignan so abgehackt wie ein Lehrer, der einem dummen Jungen etwas erklärt. »Ich habe dich mit meinen eigenen Augen gesehen, als du aus seiner Hütte kamst, und du hattest einen roten Rock an! Streite es ab, wenn du kannst!«

»Es ist gelogen«, schrie Mrs. Murtagh und richtete sich auf und stampfte mit den Füßen. Sie war puterrot bis an die Haarwurzeln. »Es ist gelogen«, schrie sie wieder ganz atemlos. »Ich habe gar keinen roten Rock angehabt, sondern meinen schwarzen Miederrock.«

Mrs. Deignan stieß einen triumphierenden Schrei aus und sprang hoch. Ihr Gesicht strahlte vor Entzücken.

»Hah«, schrie sie mit leiser, schneidender Stimme und wie ein Mann, der an einem sehr heißen Tag gerade eine tüchtige Flasche Guinness-Bier hinuntergekippt hat, »jetzt – jetzt hab ich dich! Du warst es also! Du bist bei ihm gewesen! Ich habe den schwarzen Miederrock gesehen, als ich die Gasse entlangkam, aber ich war nicht ganz sicher. Hahaha! Hab ich dich nicht fein erwischt? Bist schön in die Falle gegangen!«

»Uhhh!« stieß Mrs. Murtagh zwischen den Zähnen hervor und

stürzte sich auf Mrs. Deignan. Sie rauften sich und schrien und fluchten, fuhren sich an die Kehle und rissen sich an den Haaren wie zwei Katzen, die sich nachts bei Mondschein im Küchengarten begegnet sind. Gegenstände flogen umher, und es gab einen gehörigen Lärm, bis Mrs. Murtagh schließlich ihre Feindin von sich schleuderte, daß sie torkelnd bis ans andre Ende des Ladens auf ein paar Säcke Mehl fiel. Beinahe wäre Mrs. Murtagh ihr gefolgt, um ihren Vorteil wahrzunehmen, doch die gewohnte Vorsicht gewann wieder die Oberhand. Sie hielt inne und blickte unschlüssig auf Mrs. Deignan. Mrs. Deignan war keine Spur verletzt: Mit halbem Auge erspähte sie die Unentschlossenheit der andern, sprang prompt auf, warf die Hände in die Luft und ließ sich wie tot zu Boden fallen. Im Fallen flüsterte sie deutlich hörbar: »Ich sterbe!«

»Lieber Himmel, was hab ich getan?« schrie Mrs. Murtagh. »Ich habe sie umgebracht!« Sie stürzte auf Mrs. Deignan zu und hob sie auf. Im gleichen Augenblick erschienen zwei Frauen in der Ladentür, die der Lärm angelockt hatte.

»Gott steh uns bei in allem Übel!« riefen sie, »was ist denn?«

»Sie hat einen Anfall, die Arme«, flüsterte Mrs. Murtagh, »kommt, wir wollen sie ins Wohnzimmer tragen! 's ist ihr übel im Magen!«

»Gott sei ihr gnädig, der Armen!« riefen die beiden und sahen sich ungläubig an. Ihre Blicke sagten deutlicher als Worte, daß Mrs. Murtagh ihr wohl nichts mehr hatte borgen wollen und daß die arme Mrs. Deignan sie für solche Grausamkeit mit vollem Recht angegriffen habe.

Als die beiden Nachbarinnen aber Mrs. Deignan, die nun auf dem Sofa lag, mit etwas Riechsalz und einem Kognak wieder zu sich gebracht hatten, waren sie schwer enttäuscht: Die Arme sprach in dankbaren Worten von der guten Mrs. Murtagh! Sie setzte sich auf, fuhr sich über Gesicht und Augen, streckte dann Mrs. Murtagh beide Hände entgegen und sagte mit dicken Tränen in den Augen: »Ach, Gott im Himmel soll's dir lohnen, wie gut du zu einer armen Frau bist!«

Und, zu den Nachbarinnen gewandt, fuhr sie fort:

»Ich komme hierher und sage ihr, daß wir seit einer Woche keinen Bissen zu essen im Haus haben und nicht mal ein paar Kartoffeln für die vier armen Waisenkinder, die mir der Herr als Bürde gegeben hat. Und gutherzig, wie sie ist, dreht sie sich um und sagt: ›Mrs. Deignan‹, sagt sie, ›legen Sie Ihr Umschlagtuch auf den Ladentisch, Gott zuliebe will ich Ihnen alles geben, was den Hunger in Ihrem Haus für ein paar

Tage stillen soll – Tee und Zucker und Mehl und was Sie sonst noch haben wollen –, und auf sechs Monate Kredit!‹ Uhuhu, 's war zuviel für mich! Es war einfach zuviel, buhuhu, und 's wurde mir schwindlig!« Und dabei preßte sie die Hände auf den Magen.

Die beiden Frauen gingen wieder fort und tuschelten draußen miteinander, daß da etwas nicht stimme. Aber was es war, das konnten sie nicht herausbringen. Und schlechter Laune zogen sie nach Hause.

Zehn Minuten später erschien Mrs. Deignan. Ihr Umschlagtuch hatte sie sich wie einen Rucksack über die Schultern gehängt, und in seinem dicken, schwarzen Bauch lagen jetzt zwei Pfund Zucker, ein Pfund Tee, vier Büchsen Kondensmilch, zwanzig Pfund Mehl und vier Laib Brot, die ein bißchen altbacken waren. In der Ladentür stand Mrs. Murtagh und warf ihrer Kundin einen haßerfüllten Blick nach. Aber größer als ihr Haß war ihre Furcht. Den einzigen schwarzen Fleck auf ihrer Ehre, ihre Liebschaft mit dem Schneider, hatte dieses Mannweib von einer Dichterin entdeckt. Und Mrs. Murtagh dachte, wie unzählige Male Mrs. Deignan noch mit einem Tuch voll Waren von hier fortgehen würde...

Doch dann dachte sie auch an den Schneider.

VICTOR SAWDON PRITCHETT

Das rote Motorrad

Am Samstag fing es an. Ich arbeitete in einer neuen Gegend und beschloß, über das Wochenende im Hotel zu wohnen und mich in der Kirche zu zeigen.

»Ganz allein?« fragte das Mädchen an der Kasse. Es hatte seit zehn Uhr geregnet.

»Mr. Good ist schon gegangen«, sagte sie, »und Mr. Straker auch. Meistens bleibt er hier, aber er ist fort.«

»Da liegt ihr Fehler«, sagte ich. »Sie glauben, sie wissen alles, weil sie ihr ganzes Leben gefahren sind.«

»Sie sind nicht von hier, nicht wahr?« sagte sie.

»Jawohl«, sagte ich. »Und Sie auch nicht.«

»Wieso wissen Sie das?«

»Ganz klar«, sagte ich. »Ihre Art zu sprechen.«

»Ich mache besser Licht«, sagte sie.

»Damit ich Sie sehen kann«, sagte ich.

So begann es. Es regnete in Strömen auf das Glasdach des Büros. Auf einem Ordner dampfte eine Tasse Tee. Ich sagte, ich hätte gern auch eine.

»Was möchten Sie denn, ich kann's den Herren ja ausrichten«, sagte sie, aber ich sagte, daß ich nichts weiter möchte als eine Tasse Tee.

»Ich bin Abstinenzler«, sagte ich. »Es fahren sowieso schon zu viele Säufer auf der Straße.«

Ich blieb das Wochenende über dort, um pünktlich am Montag morgen mit meiner Arbeit anfangen zu können. Mehr noch – es rentiert sich, sich in solch kleinen Städten in der Kirche zu zeigen, am Morgen bei den Presbyterianern, am Abend bei den Methodisten. Man muß guten Morgen und guten Abend zu den Leuten sagen. »Aha«, sagen sie. »Der geht zur Kirche! Sehr erfreut, das zu sehen. Und dazu noch Abstinenzler!« Am nächsten Morgen sehen sie sich Ihre Ware zweimal an. »Hat Ihnen unser Gottesdienst gefallen, Mr... Mr...?« »Ich heiße Humphrey.« – »Mr. Humphrey.« Sehen Sie – es rentiert sich.

»Kommen Sie ins Büro, Mr. Humphrey«, sagte sie und brachte mir eine Tasse. »Hören Sie nur, wie das regnet.«

Ich trat ein.

»Zucker?« sagte sie.

»Drei Stück«, sagte ich. Eine äußerst nette Unterhaltung fing an. Sie erzählte mir alles über sich selbst, und dann sprachen wir von unseren Familien.

»Mein Vater war bei der Eisenbahn«, sagte sie.

»Sie kennen doch diesen bekannten Unsinn-Vers«, sagte ich, »'nen Quietscher die Lokomotive tat, der Führer holt sein Messer raus und kratzte ihn vom Rad.«

»Ja«, sagte sie. »Und was für ein Geschäft hat Ihr Vater? Sie sagten, er hätte ein Geschäft.«

»Hat ein Bestattungsinstitut«, sagte ich.

»Ein Bestattungsinstitut?« sagte sie.

»Und warum nicht?« sagte ich. »Gutes Geschäft. Hat seine Chance wie jedes andere Geschäft. Erstklassiges Bestattungsunternehmen«, sagte ich.

Sie sah mich die ganze Zeit über an und wußte nicht, was sie sagen sollte, und plötzlich brach sie in stürmisches Lachen aus.

»Inhaber von einem Bestattungsinstitut«, sagte sie, bedeckte ihr Gesicht mit den Händen und lachte weiter.

»Hallo«, sagte ich. »Was ist denn nur los?«

»Bestattungsinstitut!« lachte und lachte sie. Mir kam es vor, als sei das ein recht armseliger Scherz.

»Nehmen Sie mir's nicht übel«, sagte sie. »Ich bin Irin.«

»Haha, so ist es«, sagte ich. »So ist das also, was? Ausgesprochener Sinn für Humor.«

Dann klingelte es, und eine Frau rief »Muriel! Muriel!«, und ein Motorrad machte vor der Haustür Krach.

»Schon gut«, rief das Mädchen. »Entschuldigen Sie mich einen Augenblick, Mr. Humphrey«, sagte sie. »Halten Sie mich nicht für ungezogen. Es ist mein Freund. Da soll man immer gleich fliegen.«

Sie ging hinaus, aber ihr Freund schaute übers Fenstersims ins Büro. Er war hereingekommen. Er trug einen Umhang, der vom Regen triefte, und in Perlen hing der Regen in seinem Haar. Er hatte blondes Haar. Es war zerzaust. Er hatte Brillantine gespart. Er trug keine Mütze. Er sah mich an, und ich sah ihn an. Mir gefiel er nicht. Und ich gefiel ihm nicht. Ein Geruch von Öl, Benzin, Regen und Regenmantel ging von ihm aus. Er hatte einen großen Mund mit dicken Lippen. Sehr rot. Ich erkannte ihn sofort, er war der Sohn des Mannes, der die Kounty Garage führte. Ich hatte den Burschen gesehen, als ich meinen Wagen wegstellte. Den Wagen der Firma. Eine abgeschlossene Garage – wegen der Muster. Es hatte mich zehn Minuten gekostet, ihm das einzutrichtern. Er machte ein Gesicht, als hätte er noch nie was von Mustern gehört. Kein großes Licht – wie sie eben in der Provinz sind. Schwer von Begriff.

»Ach, Colin«, sagte sie. »Was willst du denn?«

»Nichts«, entgegnete der Bursche. »Ich bin gekommen, um dich zu sehen.«

»Um mich zu sehen?«

»Nur um dich zu sehen.«

»Du warst doch heute morgen hier.«

»Jawohl«, sagte er. Er errötete. »Du hast was zu tun gehabt«, sagte er.

»Na ja, aber ich hab jetzt auch zu tun.«

Er biß sich auf die Zunge, leckte seine dicken Lippen und sah mich an. Dann fing er an zu grinsen.

»Ich hab das neue Motorrad, Muriel«, sagte er. »Es steht draußen.«

»Es kommt direkt von der Fabrik«, sagte er.

»Der junge Mann möchte, daß Sie sich sein Motorrad anschauen«, sagte ich. Sie ging also hinaus und sah es an.

Als sie wiederkam, war sie ihn losgeworden.

»Hören Sie nur, wie es regnet«, sagte sie.

»Herrgott, ich hab genug von dem Geschäft«, sagte sie.

»Was für ein Geschäft?« sagte ich. »Der Hotelarbeit?«

»Ja«, sagte sie. »Es wächst mir zum Hals heraus.«

»Dabei haben Sie schöne Zähne«, sagte ich.

»Es ist nicht mehr dieselbe Art Leute, die früher in diesem Fach gearbeitet haben«, sagte sie. »Wir haben alle gute Zähne in unserer Familie.«

»Nicht dieselbe Art Leute?«

»Seit fünf Jahren steck ich drinnen, und es ist ganz und gar nicht dieselbe Art Leute. Nie trifft man einen netten Kerl.«

»Ja, ja«, sagte ich. »Wenn sie alle wie der Halbidiot in der Garage sind, gibt's niemand, der einem imponieren könnte. Und schließlich sind Sie mir doch auch begegnet.«

Ich sagte das nur so obenhin zu ihr.

»Na«, sagte sie, »so schlimm ist's noch nicht.«

Es war kalt im Büro. Sie saß den ganzen Tag im Mantel da. Sie war ein fesches Mädel mit einem freundlichen Kinn und den ersten Spuren eines Doppelkinns, und ihre Nase und Stirn waren übersät mit Sommersprossen. Ihr Haar war auch kupferrot. Sie kaufte ihre Schuhe direkt vom Großhändler, bei dem Reisenden von Duke, und ihre Kleidung bezog sie in der gleichen Weise von dem Mantelvertreter von Hollenborough. Ich sagte zu ihr, ich könnte ihr bessere Strümpfe besorgen als die, die sie anhatte. Sie bekam auf alles ordentlichen Rabatt, fünfundzwanzig oder dreiunddreißigeindrittel Prozent. Das verringerte ihre Ausgaben ganz wesentlich. Am Abend fuhren wir mit meinem Wagen ins Kino. Ich bat Colin, den Wagen für mich aus der Garage zu holen.

»Der Bursche wollte, daß ich mich hinten auf sein Motorrad setzen sollte. An so einem Abend wie heute!« sagte sie.

»Nein«, sagte sie, als wir am Kino ankamen. »Zwei Schilling ist zuviel. Gehn wir doch lieber auf die Anderthalb-Schilling-Plätze an der Seite, und wenn das Licht ausgeht, schleichen wir uns auf die Zwei-Schilling-Plätze.«

»Wenn man sich's vorstellt – Ihr Vater hat ein Bestattungsinstitut«, sagte sie mitten in der Vorführung. Und sie fing wieder an, genauso zu lachen wie vorher.

Sie war ein ganz vernünftiges Mädchen.

»Manche Mädels haben gar keinen Stolz mehr, wenn das Licht ausgeht.«

Jedesmal, wenn ich in diese Stadt kam, brachte ich ihr etwas mit. Meistens Muster, die mich nichts kosteten.

»Bedanken Sie sich nicht bei mir«, sagte ich. »Danken Sie der Firma.«

Jedesmal, wenn ich mit ihr ausfuhr, ließ ich den Sonnenvorhang hinter dem Rücksitz herunter, um die Muster zu verstecken. Der Bursche Colin gab uns Öl und Benzin. Er warf mir einen seltsamen Blick zu. Er hatte merkwürdige kleine Fischaugen. Sah immer unglücklich aus. Dann fuhren wir los. Sonntags hatte sie ihren freien Tag. Fahren ist keineswegs eine Erholung für mich. Und natürlich zahlte die Firma. Sie nahm mich für den ganzen Tag mit zu ihrer Familie. Wenn wir morgens losfuhren und zum Tee und Abendessen blieben, kostete uns der Tag überhaupt nichts. Ihr Vater war irgend etwas bei der Eisenbahn gewesen und pensioniert. Irgendwo hatte er einen langen Sparstrumpf, aber ihre Schwester, die verheiratete Schwester, hatte ihren Anteil schon bekommen.

Nach dem Tode seiner Frau bekam er eine Geschwulst, und die Töchter trieben ihr Spiel mit den Gefühlen des alten Mannes. Es war nicht recht. Sie wollte nichts zu tun haben mit ihrer Schwester, und ich kann sie nicht tadeln, wo die das Geld einfach genommen hatte. Sie hatte ganz einfach mit den Gefühlen des alten Mannes gespielt.

Jedesmal, wenn ich in der Stadt war, kam Colin, um sie zu besuchen.

»Na, Colin«, sagte ich dann, »sind Sie schon fertig mit meinem Wagen?« Er wußte, woran er mit mir war.

»Jetzt nicht, ich kann nicht, Colin. Ich sag dir ja, ich geh mit Mr. Humphrey aus«, sagte sie zu ihm. Ich hörte es.

»Er hört nicht auf, mir zuzusetzen«, sagte sie zu mir.

»Überlaß ihn nur mir«, sagte ich.

»Nein, er ist ja ein ganz netter Kerl.«

»Sag mir, wenn es Schwierigkeiten mit Colin gibt«, sagte ich.

»Er scheint ein recht rücksichtsloser Halbidiot zu sein«, sagte ich.

»Und er gibt jeden Pfennig aus, den er verdient«, sagte sie.

Na, bemerkte ich, das ist ja ganz schön, solange es anhält, aber das Schlimmste ist, daß es nicht hält.

Immer begegneten wir Colin auf der Straße. Zuerst fiel es mir nicht auf, und dann schöpfte ich Verdacht und fühlte mich unbehaglich, weil wir ihn immer trafen. Er hatte ein neues Motorrad. Es war eine Indian, eine scharlachrote Maschine, mit der er meist über das Moor dahinjagte, so schnell es nur ging. Muriel und ich fuhren über das

Moor nach Ingley Wood in dem kleinen Morriswagen der Firma – ich hatte dort einen Kunden.

»Wenn man schon drauf und dran ist, kann man auch was Geschäftliches erledigen«, sagte ich.

»An was?« sagte sie. »Haha«, sagte ich.

»Das möchte Colin wohl auch gerne wissen«, sagte ich.

Und wir konnten ganz sicher sein, daß wir ihn auf dem Rückweg hören würden, wie er hinter uns herknallte und -ratterte, und ich streckte dann meine Hand heraus, damit er nicht überholte, sondern uns folgte und den Staub, den wir aufwirbelten, schlucken mußte.

»Ich durchschau sein Spielchen«, sagte ich. »Er will uns auf der Spur bleiben.«

Ich tat mein möglichstes, damit er hinter uns blieb. Wir konnten den Lärm hören, den er hinter uns machte, und dabei herrschte am Nachmittag lebhafter Verkehr auf der Straße nach Ingley.

»Laß ihn doch vorbei«, sagte Muriel.

»Ich kann es nicht vertragen, wenn diese scheußlichen Dinger mir in die Ohren knallen.«

Ich gab ihm ein Zeichen, und er überholte uns, wobei sein Schal in der Luft flatterte, ein leuchtend roter Fleck mitten im Verkehr. »Wir haben selbst fast neunzig Kilometer drauf«, sagte sie und beugte sich zur Seite, um ihm nachzuschauen.

»Stark wie ein Autobus, diese Wagen«, sagte ich. »Jeder Narr bringt das fertig, wenn der Wagen stark genug ist. Paß auf, wie ich Gas gebe.«

Aber wir holten Colin nicht ein. Eine halbe Stunde später kam er zurück und flitzte an uns vorbei. Zwängte sich genau zwischen uns und einen Lastwagen – ich mußte hart bremsen. Ich war verdammt nahe daran, ihn totzufahren. Seine Ohren waren vom Wind gerötet. Er trug keine Mütze. Ich fuhr ihm nach, so gut ich konnte, aber ich holte ihn nicht ein.

Fast jedes Wochenende, wenn ich in jener Stadt war, um mein Mädel zu besuchen, war dieser Kerl in der Nähe. Am Samstagabend kam er in die Bar, und am Sonntagmorgen steckte er seinen Kopf ins Büro. Wir konnten wetten, daß er uns auf der Straße überholen würde, wenn wir ausfuhren. Jedesmal hörten wir, wie die scharlachrote Maschine vorbeiratterte – wie eine aufsässige Pferdemücke.

Es war ganz egal, wo wir waren. Er überholte uns auf der Hauptstraße, und er begegnete uns auf den Nebenstraßen. Unter den Eichen am Mai-Teich war eine kleine Klippe, von der aus, sagte sie, der Blick

sehr hübsch sei. Und kaum waren wir dort angekommen, war auch Colin da, auf der andern Seite des Wassers, und beobachtete uns. Einmal trafen wir ihn, wie er auf seinem Motorrad saß, als wartete er auf uns.

»Seid ihr mal im Wagen hergekommen?« sagte ich.

»Nein, auf dem Motorrad«, sagte sie und wurde rot. »Auf diesen Wegen können Wagen nicht fahren.«

Sie wußte gut Bescheid in der Gegend. Einige Straßen waren eigentlich gar keine Straßen und schadeten den Reifen, und ich wollte auch nicht, daß der Firmenwagen von den Büschen zerkratzt wurde, aber man hätte meinen können, Colin könnte ihre Gedanken lesen. Denn neun- von zehnmal war er da. Das Motorrad ging mir auf die Nerven. Es war eine rote, knatternde und starke Maschine, und er ließ sie möglichst laut rattern.

»Ich werde mit Colin reden«, sagte ich. »Er soll dich nicht belästigen.«

»Er belästigt mich doch nicht«, sagte sie. »Ich hab doch Humor.«

»Colin«, sagte ich eines Abends, als ich den Wagen fortstellte.

»Was soll das bedeuten?«

Er zog gerade seinen Arbeitsanzug aus. Er tat, als wisse er nicht, wovon ich redete. Während er mit mir sprach, rollte er seine Augäpfel in seltsamer Weise, als ob sie feucht geworden seien und sich in seinem Kopf losgelöst hätten, und man wußte nie, ob sein Gesicht von Schweiß oder Öl bedeckt war. Er war immer blaß, aber Wangen und Lippen waren sehr rot.

»Miss MacFarlane hat es nicht besonders gern, wenn man ihr pausenlos folgt«, sagte ich.

Er riß den Mund auf und starrte mich an. Ich wußte nicht, ob er sehr überrascht oder besonders schlau war. Ich nannte ihn »Marmeln«, denn wenn er redete, schien er einen Haufen Marmeln im Mund zu haben.

Dann sagte er, er sei immer nur zufällig dagewesen, wo wir waren. Er folge uns überhaupt nicht, sagte er, sondern wir verfolgten ihn. Wir ließen ihn nie in Ruhe, sagte er. Wo immer er hinging, sagte er, waren wir auch. Zum Beispiel letzten Samstag, sagte er, da folgten wir ihm kilometerlang auf der Umgehungsstraße, sagte er. »Aber Sie sind zuerst an uns vorbeigefahren und haben dann vor uns gewartet«, sagte ich. »Ich fuhr nach Ingley Wood«, sagte er. »Und Sie sind mir gefolgt.« – »Nein, das haben wir nicht getan«, sagte ich. »Miss MacFarlane wollte hinfahren.«

Er sagte, er wolle sich nicht beklagen, aber Anstand bliebe Anstand. »Ich nehme an, Sie wissen«, sagte er, »daß Sie mir mein Mädel weggeschnappt haben. Aber *mich* können Sie doch wohl in Frieden lassen, was?«

»Halt«, sagte ich. »Einen Augenblick! Nicht gar so rasch! Sie sagten, ich hätte Ihnen Miss MacFarlane weggeschnappt. Aber sie war gar nicht Ihr Mädel. Sie war nur mit Ihnen befreundet.«

»Sie war mein Mädel!« war alles, was er sagte.

Er goß Öl in meinen Motor. Er hatte etwas Watte in der einen Hand und die Ölkanne in der anderen. Er wischte das grüne Öl fort, das übergelaufen war, schraubte den Deckel fest, zog die Kühlerhaube herunter und pfiff vor sich hin.

Ich ging zu Muriel zurück und erzählte ihr, was Colin gesagt hatte.

»Ich mag keinen Ärger«, sagte ich.

»Keine Angst«, sagte sie. »Ich mußte irgend jemand haben, um all diese Orte zu sehen, ehe du kamst. Ich konnte nicht den ganzen Sonntag hier herumsitzen.«

»Aha«, sagte ich. »So ist das also? An all diesen Orten bist du mit ihm gewesen?«

»Ja«, sagte sie. »Und er fährt nach wie vor hin. Er ist sentimental, was mich angeht.«

»Guter Gott«, sagte ich. »Gefühlvolle Erinnerungen.«

Mir tat der Bursche leid. Er wußte, daß es hoffnungslos war – und dennoch liebte er sie. Wahrscheinlich konnte er nicht anders. Na ja, es muß solche und solche geben in der Welt, wie meine alte Mutter immer gesagt hat. Wenn wir alle gleich wären, wär's auch nicht richtig. Es gibt Leute, die können kein Geld sparen. Es rinnt ihnen zwischen den Fingern durch. Er konnte nicht sparen, und so verlor er sie. Wahrscheinlich dachte er nur immer an seine Liebe.

Ich hätte mich mit dem Burschen anfreunden können. Wie die Dinge liefen, bekam er ganz viel zu tun durch mich. Ich wollte nicht, daß er etwas Falsches von mir dachte. Schließlich sind wir alle Menschen.

Danach gab es keine weiteren Schwierigkeiten mehr mit Colin bis zum Bankfeiertag. (Am ersten Montag im August bleiben in England die Banken geschlossen; seit 1871 gesetzlicher Feiertag.) Ich wollte sie abholen und zu meiner Familie mitnehmen. Dem alten Herrn ist es etwas zuviel geworden, und er hat es aufgegeben, über dem Geschäft zu wohnen. Er wohnt jetzt an der Barnumstraße, etwas hinter der Straßenbahnhaltestelle. Wir wollten wie gewöhnlich im Wagen der

Firma fahren, aber irgend etwas mit dem Zünder war nicht in Ordnung, und Colin hatte es vor dem Feiertag nicht repariert. Ich war wütend darüber. Wozu nutzt einem eine Garage, wenn sie eine dringende Arbeit nicht rechtzeitig vor den Feiertagen erledigen kann! Wozu ist man ein alter Kunde, wenn man im Stich gelassen wird! Unbekümmert um die Folgen ging ich auf Colin los.

»Sie haben genau gewußt, daß ich den Wagen haben wollte«, sagte ich. »Sie brauchen gar nicht zu versuchen, mir vorzumachen, daß das Ersatzteil nicht aus der Fabrik gekommen ist. Solches Zeug hab ich schon früher gehört.«

Ich sagte, er müsse mir einen andern Wagen leihen, weil er mich im Stich gelassen hatte. Ich sagte, ich würde seine Rechnung nicht bezahlen. Ich sagte, ich ginge woanders hin mit meinem Wagen. Aber in der ganzen Stadt gab es keinen Wagen wegen des Feiertags. Ich hätte den Kerl zusammenhauen können. Nachdem ich so ein guter Kunde geworden war!

Dann durchschaute ich sein Spiel. Er wußte, daß Muriel und ich meine Familie besuchen wollten, und er hatte es getan, um uns daran zu hindern. Sowie ich das gemerkt hatte, brachte ich ihm bei, daß man schon ein ganz anderer Kerl sein müßte, um mich von meinem Vorhaben abzubringen.

Ich sagte: »Also gut. Ende des Monats werde ich den Preis der Eisenbahnfahrkarten für Miss MacFarlane und mich von der Rechnung abziehen.«

Ich sagte: »Eine Garage können Sie führen, aber mit der Bahn haben Sie nichts zu tun.«

Ich war verflucht ärgerlich, daß wir mit dem Zug fahren mußten. Ich fühlte mich ganz verloren auf der Bahn, da ich an den Wagen gewöhnt war. Und außerdem die vielen Ausflügler! Die Fahrt dauerte lange – überall hielt der Zug. Leute kommen herein, trampeln einem auf den Füßen herum, zwingen einen zusammenzurücken, bis man gegen das Fenster gepreßt wird, und Frauen stoßen mit den Ellbogen und zappeln hin und her. Und die Kosten! Eine Rückfahrkarte für zwei Personen kostet über zwei Pfund. Ich hätte Colin umbringen können.

Endlich kamen wir an. Von der Straßenbahnhaltestelle gingen wir zu Fuß nach Haus. Mutter war am Fenster und machte uns auf.

»Das ist Miss McFarlane«, sagte ich.

Und Mutter sagte: »Ich freue mich, Sie kennenzulernen. Wir haben schon viel von Ihnen gehört.«

»Ach«, sagte Mutter zu mir und gab mir einen Kuß. »Bist du müde?

Ihr habt doch noch nicht Tee getrunken, nicht wahr? Nimm Platz. Setz dich auf diesen Stuhl, mein Lieber, der ist bequemer.«

»Na, mein Junge«, sagte mein Vater.

»Willst du dir die Hände waschen?« sagte mein Vater. »Wir haben jetzt unten ein Waschbecken«, sagte er. »Früher machte es mir nichts aus, zum Waschen hinaufzugehen. Jetzt könnte ich nicht ohne das Waschbecken unten leben. Seltsam, wie anders man denkt, wenn man älter wird.«

»Wie geht's Geschäft?« sagte er.

»Kann nicht klagen«, sagte ich. »Und deins?«

»Du weißt doch«, sagte er, »daß wir die Pferde abgeschafft haben: mit Ausnahme von zwei oder drei alten Familien sind wir jetzt alle motorisiert.«

Aber das hatte er mir schon bei meinem letzten Besuch erzählt. Jahrelang hatte ich ihm geraten, Autos als Bestattungswagen anzuschaffen.

»Du hast vergessen, daß ich sie gefahren habe«, sagte ich. »Du lieber Himmel, das hast du wirklich.«

Er kam mit mir nach oben in mein Zimmer. Er zeigte mir alles, was er im Haus gemacht hatte. »Deiner Mutter gefällt's«, sagte er. »Der Verkehr leistet ihr Gesellschaft. Und du weißt ja, wie gerne deine Mutter Gesellschaft hat.«

Dann sah er mich merkwürdig an: »Wer ist das Mädel?« sagte er.

Da kam meine Mutter rein und sagte: »Sie ist hübsch, Arthur.«

»Natürlich ist sie hübsch«, sagte ich. »Sie ist Irin.«

»Aha«, sagte der alte Herr, »Irin! Da hat sie wohl Humor, was?«

»Wenn sie ihn nicht hätte, würde sie mich nicht heiraten«, sagte ich. Und dann sah *ich* die beiden merkwürdig an.

»Heiraten, sagtest du?« rief mein Vater aus.

»Hast du was dagegen?« sagte ich.

»Aber Ernst, mein Lieber«, sagte meine Mutter. »Laß den Jungen in Ruh. Kommt runter, ich setz den Kessel auf.« Sie war schrecklich aufgeregt.

»Miss MacFarlane«, sagte der alte Mann.

»Keinen Zucker, danke sehr, Mrs. Humphrey. – Oh, Verzeihung, Mr. Humphrey.«

»Sie kennen wohl nicht das Glen-Hotel in Swansea?« sagte mein Vater.

»Ich dachte, es könnte doch sein, da Sie im Hotelfach arbeiten.«

»Daraus folgt doch nicht, daß sie alle Hotels kennt«, sagte meine Mutter.

»Vor vierzig Jahren«, sagte der alte Mann, »wohnte ich im Glen in Swansea, und der Oberkellner...«

»O nein, erzähl das nicht. Gewiß will Miss MacFarlane die Geschichte gar nicht hören«, sagte meine Mutter.

»Wie geht Ihr Geschäft, Mr. Humphrey?« sagte Muriel. »Wir sind bei einem großen Friedhof am Bahnhof vorbeigekommen.«

»Das ist Vaters Hauptbuch«, sagte ich.

»Das ganze Geschäft hat sich geändert, seit ich es habe, und man kann es kaum noch wiedererkennen«, sagte mein Vater. »Silberne Beschläge werden überhaupt nicht mehr verlangt. Alle Leute sehen heutzutage auf Einfachheit, Zurückhaltung und Würde«, sagte mein Vater.

»Die Preise sind daran schuld«, sagte mein Vater.

»Und der Krieg«, sagte er.

»Man konnte kein Holz bekommen«, sagte er. »Nehmen Sie Mahagoni, ein ganz gewöhnliches Stück Mahagoni. Oder Teakholz«, sagte er. »Nehmen Sie Teakholz. Oder Nußbaum.«

»Du kannst sicher sehen, was in der Welt vorgeht, hier vom Zimmer aus«, sagte ich zu meiner Mutter.

»Es gibt immer was Neues«, sagte sie.

Nun waren's meistens Fahrräder, die über die neue Asphaltstraße von der Waffenfabrik her kamen. Dann Trecker und Autos. Sie kamen über den kleinen Berg, wo der Mann vom Automobilklub steht, und blockierten die Straße um die Trambahnhaltestelle. Es war fast alles Sonntagsverkehr. Man hatte jedes Fahrzeug herausgeholt, das nur Räder hatte.

»Auf diesem Stück«, erzählte mein Vater, »passieren drei Unfälle in der Woche.«

An der Kreuzung war eine Unfallstation. Kaum war unser Gespräch zu Ende, ja, der alte Mann sagte gerade noch, daß etwas getan werden müsse, als das Telefon läutete.

»Heißen Sie MacFarlane?« sagte eine Stimme am anderen Ende des Drahtes.

»Nein, Humphrey«, sagte mein Vater. »Aber eine Miss MacFarlane ist gerade hier.«

»Ein Mann namens Colin Mitchell ist bei einem Unfall schwer verwundet worden und liegt hier im Krankenhaus. Er hat den Namen MacFarlane als den seiner nächsten Verwandten angegeben.«

Das war die Polizei. Also schnell zum Polizeirevier. Der Bursche Colin war uns auf der Straße nachgefahren.

Weinen! – nie hab ich ein Mädchen weinen hören wie Muriel, als wir aus dem Krankenhaus kamen. Er war im Krankenwagen gestorben. Hatte sich dazwischengedrängt – das alte Spiel, das er auch mit mir gespielt hatte. Flog aus dem Sattel und direkt unter den Bus nach Birmingham. Überall war Blut, hieß es. Die Leute betrachteten die Stelle noch, als wir vorbeikamen. Raste direkt in den Autobus. Schreckliche Sache! Man kann gar nicht darüber reden.

Sie wollte ihn sehen, aber man erlaubte es nicht. Es gab auch nichts zu sehen, was man hätte erkennen können. Sie legte die Arme um meinen Hals und rief »Colin, Colin«, als ob ich Colin wäre, und sie klammerte sich an mich. Mir war selbst übel. Ich drückte sie an mich und küßte sie und dachte: Verdorbener Feiertag. Verflucht verrückter Mensch, dachte ich. Armer Kerl, dachte ich.

»Ich hab gewußt, daß er so was tun wird.«

»Ruhig, ruhig«, sagte ich zu ihr. »Denk nicht an Colin.«

Liebte sie denn nicht mich, sondern Colin? sagte ich. Hatte sie denn nicht mich? Ja, sagte sie, das hätte sie. Und sie liebte mich. Aber sie rief: »Ach Colin, ach Colin.« – »Und Colins Mutter«, rief sie. »Ach, es ist entsetzlich.« Sie weinte und weinte.

Wir steckten sie ins Bett, und ich saß bei ihr, und von Zeit zu Zeit kam meine Mutter herein.

»Überlaß sie mir«, sagte ich. »Ich versteh's mit ihr.«

Ehe sie zu Bett gingen, kamen sie beide herein und sahen sie an. Sie hatte ihr Gesicht in die Kissen gedrückt und weinte.

Ich verstand sehr gut, daß sie aufgeregt war. Colin war ein anständiger Bursche. Er hatte immer dies und das für sie getan. Er reparierte ihre elektrische Lampe und nietete den Stiel eines Weinglases, so daß man nicht sehen konnte, wo es zerbrochen war. Er machte auch Sachen für sie. Er hatte sehr geschickte Hände.

Sie lag auf der Seite, ihr Gesicht glühte fiebrig von all dem Jammern und Weinen, und war vom Salz der Tränen wie verbrüht, und ihre Lippen waren trocken. Ich legte meinen Arm unter ihren Nacken und streichelte ihre Stirn. Sie stöhnte. Manchmal zitterte sie, und manchmal klammerte sie sich an mich und weinte. »Ach Colin! Colin!«

Ich hatte einen Krampf im Arm, der mir weh tat, und einen Hexenschuß, weil ich in so unnatürlicher Weise auf dem Bett saß. Es war spät. Ich konnte nichts tun, als die Schmerzen zu leiden, dazusitzen, sie zu beobachten und nachzudenken. Es ist seltsam, wie die Gedan-

ken wandern. Während ich sie küßte und beobachtete, überlegte ich mir, wem ich unsere neue Herbstkollektion zuerst zeigen sollte. Ihre Hand umklammerte krampfhaft mein Handgelenk, und wenn ich sie küßte, spürte ich ihre Tränen auf meinen Lippen. Sie brannten und stachen. Ihr Hals und ihre Schultern waren weich, und ich fühlte den heißen Atem aus ihrer Nase auf meinem Handrücken. Haben Sie je bemerkt, wie heiß der Atem einer Frau wird, wenn sie weint? Ich zog meine Hand zurück und legte mich neben sie, und sie schluchzte: »Ach Colin, Colin«, drehte sich um und klammerte sich an mich. So lag ich da, lauschte auf den Verkehr, starrte an die Decke und schauderte jedesmal, wenn ich mir vorstellte, wie Colin von der verdammten roten Maschine gradewegs vor den Autobus flog – bis ich den Verkehr nicht mehr hörte, die Decke nicht mehr sah und nicht mehr nachdachte, bis sich etwas änderte, ich weiß nicht mehr, wann. Diese Geschichte mit Colin schien allem den Boden ausgeschlagen zu haben, und ich hatte das komische Gefühl, daß wir sanken und sanken und sanken wie in einem Aufzug. Und je tiefer wir sanken, desto heißer und weicher wurde sie. Vielleicht geschah es, als meine Hände fühlten, daß sie sehr starke Brüste hatte. Ich war wie auf einem Postdampfer, wo man merkt, wenn die Motoren unter den Füßen einsetzen und lauter und lauter stampfen. Man kann es in jeder Faser seines Körpers spüren. Ihr Mund öffnete sich, und ihre Tränen trockneten. Sie atmete mit offenem Mund, und ihre Stimme war dunkel und heiser. »Colin, Colin, Colin«, sagte sie, und ihre Finger hakten sich in meine. Ich stand auf und schloß die Tür zu.

Am Morgen stand ich auf, als sie noch schlief.

Es war mir gleichgültig, was mein Vater vielleicht in der Nacht gehört hatte, aber dennoch hätte ich es gern gewußt. Vorher durfte ich sie kaum anrühren. Ich entschuldigte mich bei ihr, aber sie hieß mich schweigen. Ich fürchtete mich vor ihr. Ich hatte Angst, Colin zu erwähnen. Am liebsten wäre ich sofort ausgegangen und hätte jemand alles erzählt. Hatte sie Colin die ganze Zeit über geliebt? Dachte sie, ich sei Colin? Und jedesmal, wenn ich an den armen Teufel dachte, der unter einem weißen Tuch in der Leichenhalle des Krankenhauses lag, sah ich vor mir ein Bild von uns zweien in Liebesumarmung unter den Bettüchern. Ich konnte die beiden Dinge nicht trennen. Es war, als sei alles von Colin ausgegangen.

Ich möchte lieber nicht darüber reden. Ich habe bei Muriel nie etwas davon erwähnt. Ich wartete, daß sie etwas sagen würde, aber sie sagte nichts. Sie sagte kein Wort.

Der nächste Tag war ein schlechter Tag. Es war grau und heiß, und die Luft roch nach öligen Abgasen von der Straße. Man muß immer Ordnung in die Dinge bringen, wenn so etwas passiert. Das war meine Aufgabe. Ich mußte die Mutter des Burschen anrufen. Aber ich drückte mich davor, Gott sei Dank, indem ich die Garage anrief und sie bat, jemand zu der alten Dame zu schicken. Mein Vater ist in solchen Dingen nicht zu gebrauchen. Ich verbrachte den ganzen Vormittag am Telefon: Ich telefonierte mit dem Krankenhaus, der Polizei, dem Leichenbeschauer – und er stand neben mir, machte Bemerkungen und hüpfte hin und her wie ein dicker Gummiball.

Ich fand meine Mutter am Spülstein, wo sie abwusch, und sie sagte: »Die Mutter des armen Jungen! Ich muß immer an sie denken.« Dann kommt mein Vater herein und sagt – gerade als wäre ich ein Kunde: »Natürlich können wir, falls es Mrs. Mitchell wünscht, die sterblichen Reste des Dahingegangenen in einem unserer neuen Wagen mit erstklassiger Federung in sein Haus überführen und sind, wenn nötig, bereit, alles für die Beerdigung zu arrangieren.«

Ich hätte ihn schlagen können, denn während er das sagte, kam Muriel ins Zimmer. Aber sie blieb stehen, als ob nichts geschehen sei.

»Das ist das wenigste, was wir für die arme Mrs. Mitchell tun können«, sagte sie. Sie hatte kleine Schattenfalten unter den Augen, die einen weichen und doch starken Glanz hatten, den ich nie vorher gesehen hatte. Ihr Gang war so, als sei sie noch immer im Zimmer mit mir und schliefe. Gott, war ich in das Mädel verliebt! Gott, wünschte ich, daß das alles vorbei wäre, diese verdammte Geschichte mit Colin, die so mitten in alles hineingeplatzt war, und ich wollte sofort heiraten. Ich wollte mit ihr allein sein. Soweit hatte Colin mich gebracht.

»Ja«, sagte ich. »Wir müssen es ordentlich machen für Colin.«

»Wir werden manchmal um Voranschläge für Überführungen nach auswärts gebeten«, sagte mein Vater.

»Es wird schon was kosten«, sagte meine Mutter.

»Vater und ich werden es besprechen«, sagte ich.

»Komm mit ins Büro«, sagte mein Vater. »Ich dachte mir, es wäre nett, es richtig zu machen für euren Freund.«

Wir besprachen es. Wir rechneten die Kosten aus. Man mußte die Rückfahrt einkalkulieren. Wir rechneten aus, daß es die alte Mrs. Mitchell nicht teurer käme, als wenn sie den Zug nehmen und ihren Jungen hier begraben würde. Das heißt, sagte mein Vater, wenn ich fuhr.

»Es sähe gut aus«, sagte mein Vater.

»Es spart Geld und wäre eine freundschaftliche Geste«, sagte mein Vater. »Du hast es früher auch getan.«

»Na ja«, sagte ich, »ich werde wohl die Rückfahrkarte von der Eisenbahn vergütet bekommen.«

Aber es war nicht so einfach, wie es aussah, denn Muriel wollte mitkommen. Sie wollte mit mir im Bestattungsauto zurückfahren. Meine Mutter machte sich große Sorgen darüber. Sie dachte, es könnte Muriel aufregen. Vater meinte, es sähe wohl nicht gut aus, wenn ein junges Mädchen neben dem Sarg eines erwachsenen Mannes säße.

»Es muß würdevoll sein«, sagte mein Vater. »Verstehst du, wenn sie dabeisäße, würde es vielleicht aussehen, als wollte sie nur herumfahren – wie die jungen Frauen auf den Bäckerwagen.«

Mein Vater zog mich auf den Vorplatz, um mir das zu sagen, weil er nicht wollte, daß sie es hörte. Aber sie wollte nichts davon wissen. Sie wollte mit Colin zurückfahren.

»Colin hat mich geliebt. Es ist meine Pflicht ihm gegenüber«, sagte sie. »Außerdem«, sagte sie plötzlich mit voller Stimme – ihre Stimme schien vorher zugeschnürt, abgehackt, gebrochen und leise geworden zu sein –, »hab ich noch nie in einem Leichenwagen gesessen.«

»Und sie spart auch das Geld für die Rückfahrt«, sagte ich zu meinem Vater.

In der Nacht ging ich wieder in ihr Zimmer. Sie war wach. Ich sagte, es täte mir leid, sie zu stören, aber ich ginge sofort wieder und wollte nur sehen, wie sie sich fühle. Mit einer Stimme, die wieder zugeschnürt war, sagte sie, es ginge ihr gut.

»Bist du sicher?« sagte ich.

Sie gab keine Antwort. Ich machte mir Sorgen. Ich trat zu ihr ans Bett.

»Was ist los? Sag mir, was los ist«, sagte ich.

Lange schwieg sie. Ich hielt ihre Hand und streichelte ihren Kopf. Sie lag steif im Bett. Sie war nicht zu einer Antwort zu bewegen. Ich ließ meine Hand auf ihre kleine, weiße Schulter fallen. Sie bewegte sich, zog die Beine an, wandte sich halb um und sagte: »Ich hab an Colin gedacht.«

»Wo ist er?« fragte sie.

»Man hat ihn hergebracht. Er liegt unten.«

»Im Vorderzimmer?«

»Ja, es ist alles fertig für morgen früh. Sei doch vernünftig und fahr mit der Bahn zurück.«

»Nein, nein«, sagte sie. »Ich will mit Colin fahren. Armer Colin. Er hat mich geliebt, aber ich hab ihn nicht geliebt.« Und sie legte meine Hand auf ihre Brüste.

»Colin hat mich geliebt«, flüsterte sie.

»Aber nicht so«, flüsterte ich.

Es war ein warmer, grauer Morgen wie alle anderen, als wir Colin zurückbrachten. Der Sarg war aufgeladen worden, ehe Muriel herauskam. Sie kam herunter in dem leuchtend blauen Hut, den sie von Dromers Hütevertreter gekauft hatte, und sie küßte meine Mutter und meinen Vater zum Abschied. Sie tat ihnen sehr leid. »Kümmere dich um sie, Arthur«, sagte meine Mutter. Muriel setzte sich neben mich, ohne sich nach dem Sarg umzudrehen. Ich ließ den Motor anspringen. Sie lächelten uns zu. Mein Vater zog den Hut, aber ob es Muriel galt oder mir oder Colin oder uns allen dreien, weiß ich nicht. Sie verstehen – er trug keinen Zylinder. Aber das will ich zugunsten des alten Mannes sagen, dreißig Jahre in diesem Geschäft haben ihm beigebracht, was Takt ist.

Wenn man vom Haus meines Vaters kommt, muß man zur Straßenbahnhaltestelle fahren, ehe man zur Umgehungsstraße gelangt. Dort waren immer ein bis zwei Fahrer, Schaffner und Inspektoren, die ihre Fahrscheine zählten oder die Oberleitung der Trolleybusse verstellten. Als wir vorbeifuhren, sah ich, wie zwei von ihnen den Mund aufrissen, sich die Bleistifte hinter die Ohren steckten und die Mützen zogen. Ich war darüber so erstaunt, daß ich beinahe meinen Hut zum Dank gezogen hätte und vergaß, daß wir den Sarg hinter uns hatten. Jahrelang hatte ich keinen von meines Vaters Leichenwagen gefahren.

Leichenwagen fahren sich merkwürdig. Es sind gut gefederte, leicht laufende Wagen mit ruhigen Motoren, und wenn man gewohnt ist, einen kleineren Wagen zu fahren, überschreitet man die Geschwindigkeitsgrenze, ehe man sich's versieht. Man weiß, daß man langsam fahren müßte, sagen wir mit einem Maximum von vierzig bis fünfundvierzig Kilometern, und es ist schwierig, die Geschwindigkeit so zu drosseln. Auf der Rückfahrt, ohne Sarg, kann man mit über hundert Kilometer fahren, wenn man will. Es ist wie bei einer Feuerspritze: man muß schnell hinfahren, langsam zurück, nur umgekehrt. Auf dem Land muß man rasch fahren, aber wo Häuser sind, muß man sein Tempo verringern. So ist das mit dem Fahren von Leichenwagen. Mein Vater nahm es sehr genau damit.

Muriel und ich sprachen zuerst sehr wenig. Wir lauschten auf den

Motor und die Erschütterungen des Sarges hinter uns, die es gelegentlich gab, wenn wir über ein Schlagloch fuhren. Wir kamen an der Stelle vorbei, an der der arme Colin – aber ich sagte nichts zu Muriel, und selbst wenn sie es gemerkt hatte, was ich bezweifle, sie sagte nichts zu mir. Wir fuhren durch Cox Hill, Wammering und Yodley Mount, alles flaches Land, das mir nicht besonders gefällt. »Da wird großartig gebaut«, sagte Muriel endlich.

»In fünf Jahren wird man diese Orte nicht wiedererkennen«, sagte ich.

Aber meine Gedanken schweiften von der Straße ab und den grünen Feldern und der Langweiligkeit – zurück zu Colin. Vor fünf Tagen war er diesen Weg gekommen. Ich wartete darauf, daß an jeder Kreuzung diese Indian auf uns zuschösse. Aber sie war jetzt völlig verbogen und kaputt. Ich hatte das verfluchte Ding gesehen.

Er hatte sein altes Spiel gespielt und war uns gefolgt, und das war das Ende dieser Verfolgung geworden. Aber doch nicht ganz: Jetzt gerade folgte er uns, lag hinter uns im Sarge. Dann wanderten meine Gedanken weiter, und ich dachte an jene Nächte in meinem Elternhaus und an Muriel. Man weiß nie, wie eine Frau wirklich sein wird. Ich dachte auch daran, daß ich mich verrechnet haben könnte. Ich meine, falls sie ein Baby bekäme. Wissen Sie, ich hatte damit gerechnet, daß wir ungefähr achtzehn Monate warten könnten. Bis dahin würde ich achthundert Pfund im Jahr verdienen. Aber wenn wir sofort heiraten müßten, müßten wir uns sehr einschränken. Dann wurde ich den Gedanken nicht los, daß es seltsam war, wie sie in der Nacht »Colin!« gesagt hatte; es war seltsam, daß sie gerade solche Gefühle für mich hatte und auch, wie ich reagierte, als sie mich Colin nannte. Nie hätte ich so an sie gedacht. Auch das gehörte noch irgendwie zu Colin.

Ich sah sie an, und sie sah mich an, und sie lächelte, aber trotzdem sprachen wir nicht viel, nur lächelten wir immer wieder. Ich war überrascht, als wir schon bei Dootheby an der Kleinbahnbrücke ankamen, und mir kam es vor, als würde der Sarg hochgeschleudert, als wir darüberfuhren.

Colin beobachtet uns noch immer, hätte ich beinahe gesagt.

Sie hatte Tränen in den Augen.

»Was hattest du gegen Colin?« sagte ich. »Ich hielt ihn für einen netten Kerl. Warum hast du ihn nicht geheiratet?«

»Ja«, sagte sie, »er war ein netter Kerl, aber er hatte gar keinen Humor.«

»Und ich wollte fort von der Stadt«, sagte sie.

»Ich bleibe nicht da, nicht in dem Hotel«, sagte sie.

»Ich will fort«, sagte sie. »Ich hab genug davon.«

Sie konnte sich sogar über die Luft ärgern, nur so. »Du mußt mich fortbringen«, sagte sie. Allmählich näherten wir uns dem Stadtkern von Muster; vor uns war eine Straßenbahn, und die schmalen Bürgersteige wimmelten von Menschen, die die Fahrbahn überschreiten wollten. Als wir auf dem Marktplatz angelangt waren, wo viele herumstanden, bemerkte man den Sarg. Sie zogen die Hüte. Plötzlich lachte Muriel. »Wie beim König und der Königin«, sagte sie.

»Sie ziehen ihre Hüte«, sagte sie.

»Nicht alle«, sagte ich.

Sie drückte meine Hand, und ich mußte sie davon abhalten, wie ein Kind auf dem Sitz herumzuhüpfen, als wir durch die Menge fuhren.

»Da gehen sie und grüßen nicht.«

»So sind eben die Burschen«, sagte ich.

»Und noch einer.«

»Mal sehen, was der Polizist tut.«

Sie fing an zu lachen, aber ich brachte sie zum Schweigen. »Jetzt behalte deinen Humor für dich«, sagte ich.

Durch all diese Städte hindurch, die, man möchte sagen, ineinander übergehen, zogen wir die Aufmerksamkeit auf uns. Wir fuhren wie die königliche Familie hindurch, wie sie sagte. Es war so viele Jahre her, daß ich einen Leichenwagen gefahren hatte, daß ich vergessen hatte, wie es ist.

Ich war stolz auf sie, ich war stolz auf Colin, und ich war stolz auf mich. Und nach dem, was in den letzten Nächten geschehen war, war es wie eine Hochzeit. Und obgleich wir wußten, daß alle Ehrenbezeugungen Colin galten, galten sie uns doch auch, denn Colin war bei uns beiden. Es blieb den ganzen Weg über so.

»Schau den Mann da drüben an. Warum zieht er nicht den Hut? Die Leute sollten den Toten ihren Respekt erweisen«, sagte sie.

WILLIAM SANSOM

Zwischen den Dahlien

Der Zoo war fast menschenleer. Es war später September, ein trockener, warmer Tag, ruhig im Sonnenlicht. Die Schulferien waren vorüber. Und es war Montag nachmittag – die meisten Menschen waren in Gedanken noch bei ihren Wochenendvergnügungen und dachten vor Dienstag nicht daran, den Zoo zu besuchen.

John Doole war die Ausnahme. Ihn konnte man ungefähr um zwei Uhr an den Eulenkäfigen vorübergehen sehen. Doole war ein Mensch, den man vielleicht voreilig einen durchschnittlichen Mann genannt hätte, ein Mann, der sich gewissen gesellschaftlichen Regeln und Verhaltensweisen, die dem Wohl aller dienten, eingefügt hatte. Aber er war auch ein Mann, in dem dennoch Träume, Wünsche, Schrullen, Liebhabereien, Haß und Liebe lebten, wenn auch keine dieser Regungen besonders stark oder häufig auftrat. Bei einem solchen Leben der ruhigen Übereinstimmung mit der Welt kam es darauf an, derartige Impulse als Träume und Wünsche an ihren Platz zu verweisen und sie als unausführbar abzuschreiben.

Man hätte Doole vielleicht auch phlegmatisch nennen können. Zum mindesten war er das Gegenteil eines nervösen Typs. Wenn Doole gewohnheitsmäßig vor sich hin pfiff oder wenn er seine Hosenträger mit der linken Hand hochzog, während seine rechte über den Hinterkopf fuhr, oder wenn er unnötig tief atmete, während er auf den Zug wartete, so daß es sich anhörte, als sage er ständig »Ham-heee, hamheee«, wobei er den Mund zu einer äußerst eigentümlichen Form verzerrte, oder wenn er im Laufe eines Tages ein Dutzend weiterer sonderbarer Akrobatiken vollführte, so sah niemand in diesen Gebärden die Symptome einer nervösen Gleichgewichtsstörung, denn zu viele andere Menschen taten genau das gleiche. Und auch Doole selbst fand nichts Absonderliches an solchen Mätzchen. Er besaß genauso viel oder wenig Nerven wie eine Lady in Mayfair, die sich mit Schlaftabletten füttert, nur waren seine Symptome wesentlich leichter zu kontrollieren, da er in ihnen nichts Neurotisches sah.

Doole war vierzig Jahre alt. Er hatte ein zufriedenes, rosarotes Gesicht und zurückweichendes, helles Haar. Er war ein wenig dicklich und hatte faltiges Babyfett um die Handgelenke. Er besaß drei Grübchen, zwei an den Wangen und eines am Kinn, und ihnen verdankte er sein frohes, zufriedenes Aussehen. Doch seine gelben Augenbrauen streb-

ten steil über farblosen Wimpern empor wie die Fühler einer Garnele. Dies wiederum verlieh ihm das Aussehen eines scheuenden Pferdes. Seine Augäpfel rollten, während die Grübchen bewirkten, daß sich die Lippe über seinen Zähnen zu einer fast tierhaften Starrheit dehnte. Er trug einen unauffälligen braunen Anzug, der sich über seinem gedrungenen Körper ein wenig rundete. Ein Kneifer tanzte an einem schwarzen Band vor seinem Bauch. Seine lohgelben Schuhe waren auf Hochglanz poliert. Der Bauch schien ihn nach vorn zu ziehen, und er warf beim Gehen die Arme zurück, die Finger ausgestreckt, und sein ganzer Körper bekam Halt durch ein sehr gerades, durchgedrücktes Rückgrat. Man konnte sich ihn unschwer im Badekostüm vorstellen: man wußte, er hatte dünne, behende Beine.

Er handelte mit Öfen. Am Nachmittag pflegte er zwischen zwei und drei Uhr einen Spaziergang zu machen. »Vor drei Uhr kommt ohnehin niemand vom Lunch zurück«, sagte er oft, »da weiß ich etwas Besseres, als drinnen zu sitzen wie ein ausgestopfter Strohmann, während die anderen Leute sich selbst vollstopfen.« Er selbst war im großen ganzen Vegetarier, aß leichte Speisen und oft allein. Er liebte die Tiere. Er besuchte oft den Zoo, obwohl es ihn beim Anblick der rohen Fleischrunken, die aus den Schnäbeln der Geier hingen, und der roten Knochen, die im Löwenkäfig herumlagen, ein wenig schauderte.

Nun blieb er einen Augenblick stehen und erging sich in Betrachtungen über eine große weiße Eule. Die beiden taxierten einander. Dooles Augen mit dem Ausdruck falschen Seelenschmerzes, die der Eule mit ihrer falschen Weisheit. Die Eule hatte ihre behosten Beine hübsch nebeneinandergestellt. Unbewußt brachte Doole die seinen in eine ähnliche Position: die beiden hätten jeden Moment die Hacken zusammenschlagen und sich verbeugen können.

»Eine fliegende Katze«, sagte Doole zu sich selbst und musterte das Katzengesicht der Eule, die Nachtaugen, die buschigen Ohren und die gefiederten runden Wangen. Frißt auch gern Mäuse, wie die Katze, dachte er befriedigt und vergaß in der Freude über seine Beobachtung alle vegetarischen Prinzipien. Und Doole blähte sich für einen Augenblick und nickte: »Wie wahr!« Und als wolle sie ihm eine besondere Freude machen, öffnete die Eule den Schnabel und holte aus einer fernen Tiefe einen dünnen, miauenden Ton.

Doole lächelte und ging weiter. Alles schien sehr in Ordnung zu sein mit der Welt. Die Tiere waren in der Tat außergewöhnlich. Besonders die Vögel. Und er blieb wieder stehen, diesmal vor einem zarten, blauen Geschöpf, das auf einem langen, zerbrechlichen Bein stand. Es

trug seinen nußartigen Kopf stolz aufgerichtet unter einem komplizierten Hut aus bunten Federn. Dieser Vogel blickte Doole nicht an. Er bewegte den Kopf ruckartig vor und zurück wie eine geschäftige kleine Lady, die mit einem Frühjahrshut die Halsbewegungen eines indonesischen Tanzes übt.

Doole zog seine Uhr heraus. Noch fast eine halbe Stunde, bis er wieder ans Büro denken mußte. Herrlich! Und was für ein ganz und gar prächtiger Tag! Nicht eine einzige Wolke am strahlend blauen Himmel. Und so ruhig – beinahe unheilvoll ruhig, dachte er und stellte sich für einen Augenblick den unfrohen Frieden der Großstadtparks vor, öde und verlassen. Der panische Mittag, dachte er – vielmehr der panische Nachmittag. Zeit der Sonnengeister. Bemerkenswert auch, wie übermächtig die Vegetation wird, wenn man mit ihr allein ist! Wenn ein paar Menschen in der Nähe stünden, würde all ihre Kraft schwinden. Der Mensch ist ein Herdentier, wiederholte er im stillen, und fürchtet sich davor, allein zu sein. Und wie zauberhaft sind die Zinnien! Wie leuchtend, wie ein Konsortium nationaler Flaggen die Dahlien!

Die farbenprächtigen Blumen glühten hell im Septemberlicht. Rot, gelb, purpur und weiß, die großen Blumenmonde blickten wie Kleckse aus einem Malkasten, hart wie die Farben von bunten Glasfenstern. Die Späte des Jahres hatte alles weggetrocknet, was grün an ihnen gewesen war. Die Blätter waren eingeschrumpft, aber noch nicht abgefallen, so daß alle Blüten deutlicher hervortraten, als es in der vollen, grünen Üppigkeit des Frühlings und Sommers je möglich gewesen wäre. Und die Erde war trocken und der Kiesweg staubig. Nichts regte sich. Die Blüten blickten starr. Die Sonne bohrte herab. Die lebhaften, reglosen Farben verliehen dem Weg etwas Magisches, er schien nicht real zu sein.

Doole schritt langsam an den vergitterten Vogelkäfigen entlang, dankbar für die Gesellschaft ihrer gackernden und pfeifenden Insassen. Zuweilen blieb er stehen und las interessiert eine kleine weiße Tafel, die den staunenswerten lateinischen Namen des betreffenden Vogels und sein Ursprungsland verzeichnete: Uganda, Brasilien, Neuseeland – und bald hörten diese Orte auf etwas zu bedeuten. Die Vielfalt des Lebens erwies sich als zu groß, jedes Wesen konnte von überall herkommen.

Ein Vogel mit einer dicken Hose und einem großen, rosaroten Klumpen auf dem Kopf krächzte Doole an und schwenkte dann den Kopf nach der Seite, um sein ganzes Gesicht in Federn zu vergraben und

mit geschlossenen Augen wütend zu knabbern. Der Nachbarkäfig sah verlassen aus. Zerbrochene Schoten und alter, getrockneter Mist lagen umher. Die Wasserschale war fast trocken. Erst nach geraumer Zeit erspähte Doole einen grauen Vogel, der wie aufgeheftet in einer Ecke saß, die Echsenlider halb geschlossen. Vielleicht schlief er oder ruhte sich aus, vielleicht hatte er auch einfach alles satt. Doole empfand Mitleid mit diesem Vogel. Er sah so einsam und bekümmert aus, er würde eher angekrächzt werden als selbst krächzen.

Doole ging weiter und gelangte zu den Pfauen. Ihr grelles Blau blendete ihn, und die kleinen Köpfe ruckten so geschäftig hin und her, daß er wieder lächelte und sich zufrieden zum Weg zurückwandte – und abrupt war das Lächeln von seinem Gesicht wie weggewaschen. Doole stand im warmen Sonnenlicht gefroren vor Schreck.

Der breite Kiesweg, auf der einen Seite von Dahlien eingemauert, auf der anderen von Käfigen, lag gelb vor ihm im Sonnenschein. Einen Augenblick zuvor war er völlig leer gewesen. Jetzt aber stand genau in der Mitte und nur ein paar kümmerliche Meter von Doole entfernt ein vollmähniger, ausgewachsener Löwe.

Er starrte Doole an.

Doole stand still, so still ein Mann nur stehen kann. Aber in jener ersten Sekunde prägten seine Augen und anderen Sinne wie eine ungeheuer leistungsfähige und komplizierte Maschine blitzlichtartig jedes Detail der umgebenden Szenerie in sein Bewußtsein. Er wußte sofort, daß zur Rechten hohe Drahtkäfige standen. Er schätzte ab, ob er sich mit den Händen an den Drahtmaschen emporziehen könnte, doch er fühlte sogleich die stumpfen Kappen seiner Schuhe hilflos pendelnd nach einem Halt suchen. Er sah die hellen Dahlienbälle zur Linken und hinter ihnen eine hohe grüne Hecke. Konnte man sie durchdringen? Und wenn, wer würde folgen? Hinter dem Löwen durchschnitt eine weitere Hecke den Weg wie eine Mauer – es spielte zwar kaum eine Rolle, was hinter dem Löwen war, doch der Anblick verstärkte noch das Gefühl, in der Sackgasse zu sein. Und hinter ihm selbst? Der Weg führte zurück, an all den Käfigen entlang, an denen er noch vor ganz kurzer Zeit in solcher Muße vorübergeschlendert war. Der flüchtige Gedanke daran trieb ihm Tränen des Mitleids in die Augen. Und es war weit, weit bis zu der kleinen, strohgedeckten Hütte mit dem Schild »Rollstühle zu vermieten«. Er glaubte, daß er in Sicherheit wäre, wenn er wenigstens zwischen diese großen, alten Stühle mit ihren Decken und Kissen gelangen könnte. Aber er wußte, es war zu weit. Ehe er dort angelangt wäre, hätten ihn längst die hammer-

starken Pranken gepackt, seine Kleider zerrissen, und sein eigenes rotes Fleisch würde den gelben Kies flecken.

Zu gleicher Zeit, da seine animalischen Sinne dies alles in sich aufnahmen, ließ irgendein anderer Instinkt ihn still stehen, so still wie ein Fels, statt zu laufen. War auch dies ein animalischer Trieb? War er, Doole, in seinem braunen Anzug wie ein Strauß, der glaubt, er hätte den Feind genarrt, wenn er den Kopf in den Boden steckt? Oder war es ein durch die Zivilisation anerzogener Sinn? Wie oft hatte man ihm gesagt, daß die Wilden und die Tiere Furcht riechen können, und man müsse stehenbleiben und ihnen ins Gesicht sehen? Wie dem auch sei, dies tat er – er blieb stehen und starrte dem Löwen direkt in die großen, tiefen Augen. Und da überkam ihn ein schrecklicher Gedanke: Das ist geschehen. Das geschieht mir. Doole hatte dieses Gefühl in Alpträumen erlebt, und als Kind, ehe er Prügel bekam – ein furchtbares Gefühl: kein Ausweg, jetzt nicht und nie, nie. Es füllte ihn vollständig aus. Die Gegenwart dröhnte laut und durchdringend, als wäre alle Zeit in diesem einen Augenblick zusammengepreßt.

Der Löwe sah mit seinem wachsamen, hocherhobenen Kopf sehr groß aus. Seine Mähne umrahmte wuchtig sein mächtiges Gesicht, und er war so nahe, daß Doole sehen konnte, wie dicht und kräftig das Haar wucherte. So viel Haar hatte etwas ausgesprochen Schreckliches an sich. Von seinen schweren, verdrossenen Backen hingen muskulöse Fleischfalten, so groß wie Schinken, herab. Seine Augen waren viel zu groß und eckig geformt. Sie glichen eher großen, konvexen Linsen als Augen, und von irgendwo, weit im Innern, so fern und weit wie die uralte Weisheit des Tieres, flackerten ihn die schwarzen Pupillen durch die goldgelben Linsen an. Die O-Beine darunter waren grob, athletisch. Das ganze Geschöpf strotzte vor Muskeln, die rollten und zitterten, wenn es sich bewegte – was es nun plötzlich tat. Er patschte einen einzigen, lautlosen Schritt vorwärts.

Dooles ganzes Inneres war in Aufruhr. Er hatte Angst. Er wollte sich umwenden und laufen. Aber er stand still. Und auf einmal überkam ihn das Gefühl dafür, wie weich sein Fleisch war. Und er kam sich wieder klein und schutzlos vor wie ein Kind.

Der Löwe hatte trotz seiner Größe immer noch ein wenig das Aussehen einer Katze, obwohl sein mürrisches Maul nach unten gebogen war, gelassen, wie jedes menschliche Gesicht mit einer langen Oberlippe. Doch in der Kopfhaltung lag die eigentümlich fragende Überlegung der Katze. Da war ein Gehirn oder eine Masse Instinkt, die langsam dachte und doch immer zu den gleichen alten Entschlüssen kam.

Auch der beleidigte Katzenblick lag in seinen Augen. Und weit hinter ihm schwang ein mit einem Knauf versehener Schwanz langsam und regelmäßig wie ein Uhrpendel.

Doole betete: »Lieber Gott, bitte rette mich.«

Und dann dachte er: Wenn ich nur mit ihm sprechen könnte. Dann würde ich ihm sagen, wer ich bin und daß ich weiterleben muß, und ich könnte ihm von meinem Haus erzählen und von meinem Ausstellungsraum, der dort drüben liegt, nur ein paar Straßen weiter, jenseits der Hecke außerhalb des Zoos, und von all den tausend Dingen, die von mir abhängen und von denen ich abhänge. Ich könnte ihm sagen, daß ich nicht nur einfach Fleisch bin, sondern eine Person, ein Klubmitglied, ein Goldfischfütterer, ein Liebhaber von Blumen und Kriminalromanen – und ich will versprechen, meinen Profit an den Öfen zu reduzieren, ich verspreche es, von vierzig auf dreißig Prozent. Ich werde das ohnehin eines Tages tun müssen, aber ich will nun nicht mehr nach Ausreden suchen...

Sein Geist trommelte durch die schrecklichen Sekunden. Aber über allem herrschten zwei voneinander unabhängige Empfindungen: einmal eine athletische, beinahe jugendliche Spannkraft – als ob er seinen Körper überallhin und mit höchster Geschwindigkeit springen lassen könnte, und dann ein überwältigendes Schuldgefühl und mit ihm die unbestimmte Hoffnung, daß er sich irgendwie heraushandeln könnte, daß er irgendwie sühnen und so der Strafe entgehen könnte. Er hatte dieses zweifache Gefühle schon früher erlebt, wenn er im Geschäft etwas zu verbergen hatte und die Angelegenheit erfolgreicher verbarg, indem er die Hälfte seiner Unlauterkeit zugab. Aber solche Behendigkeiten waren nun ungeheuer gesteigert: Hier ging es um Leben und Tod, und er wollte um sein Leben handeln, er wollte alles tun und alles sagen... und das allerdringlichste seiner Angebote war, daß er nie, nie wieder irgend etwas Schlechtes denken oder tun wollte...

Und die Sonne brannte gelb herab, und die Blüten mit ihren wütenden Farben blickten starr, und der Löwe stand regungslos und hart wie ein vorderlastiger König. Und Doole dachte an seinen kühlen und schattigen Ausstellungsraum, in dem ihn sonst all die glänzenden, feuerfesten Fliesen umgaben, der Überfluß von echtem und imitiertem Marmor, die sahnebonbonfarbenen Bogen, und nie, nie wieder wollte er sich zwischen ihnen langweilen – nie wieder...

Aber es gab kein Nie-wieder. Das Immer war Immer, jeden Augenblick konnte er tot sein. Und wie lange würde es dauern, bis er starb? Wie langsam töten Löwen den Menschen?

Plötzlich schrie er auf.

»Nein!« brüllte er. »Nein, ich kann es nicht ertragen! Ich kann keinen Schmerz ertragen! Ich kann es nicht aushalten...« Und er bedeckte das Gesicht mit den Händen, damit er nicht das Zittern sah, das den Löwenkopf überlief, vom Kopf bis zum langsam pendelnden Schwanz.

Die Abendzeitungen berichteten lediglich in wenigen Zeilen, daß im Zoologischen Garten ein Löwe entkommen war. Seltsamerweise – vielleicht weil gerade kein Journalist zugegen war oder weil die Behörden nicht viel Aufhebens davon machen wollten – wurde der Vorfall nie in der ihm angemessenen Weise verbreitet. Der Löwe war infolge eines Defekts am Riegel des Käfigs entkommen. Die Wahrscheinlichkeit, daß dies geschehen konnte, stand eins zu einer Million, und mehr als eins zu einer Million, denn es mußte außerdem eine momentane Lücke in der Aufmerksamkeit des Wärters dazukommen und ein Stück hergewehten Kartons – es mußten in der Tat verschiedene regelwidrige Umstände zusammentreffen, die Fehlzündung eines Lastwagens eingeschlossen, die den Wärter an einen ganz bestimmten einzelnen Gewehrschuß aus den vier Jahren des Ersten Weltkrieges erinnerte. Es war eines jener Geschehnisse, die niemals richtig bekanntwerden und nie richtig erklärt werden können, und ganz gewiß nicht in der Zeitung. Wie dem auch sei: Das Resultat war gewesen, daß der Löwe erschossen werden mußte. Die Situation war zu gefährlich, als daß man Netze und Käfige hätte benützen können. Das Tier mußte sterben. Damit war der Fall abgetan.

Dooles Leiche wurde nie gefunden, denn der Löwe hatte ihn gar nicht angesprungen. Was er statt dessen getan hatte, war in einer abschließenden Bewertung über die Jahre hinweg wahrscheinlich schlimmer für Doole, jedenfalls schlimmer für seinen Seelenfrieden, der vollkommen gewesen wäre, wenn sein Körper dahingegangen wäre. Nun aber litt er für alle Zeit unter dem Schock. Wenn wir keine Tiere sind, wenn der menschliche Geist dem animalischen Körper überlegen ist, dann kann man wohl sagen, daß Doole dadurch, daß er nicht getötet wurde, schließlich unter einem schlimmeren Übel litt.

Denn es war folgendes geschehen: Doole öffnete sehr langsam die Finger, die seine Augen bedeckten, und sah durch seine Tränen und durch den schmalen Spalt zwischen seinen Fingern – durch den gleichen Spalt, durch den er in der Kirche einmal während des Gebetes die

Leute neben sich beobachtet hatte, den Priester und sogar den Altar –, wie der Löwe den Kopf abwandte! Er sah, wie er den Kopf abwandte, und zwar in der müden, überdrüssigen Weise, in der sich Katzen von etwas Langweiligem oder Widerwärtigem abwenden, als hätte er etwas wahrgenommen, was kaum zu ertragen ist. Er neigte sich dabei nach der Seite, als hätte er einen empfindlichen Schlag erhalten. Und dann hatte sich das Tier vollends umgewandt und war den Weg entlanggestapft und hinter der Hecke verschwunden.

Doole war verschmäht worden. Eine Sekunde lang fühlte er ein unerträgliches Gefühl der Isolierung. Von allen Geschöpfen der Welt war er allein nicht begehrenswert.

Im nächsten Augenblick rannte er, so schnell ihn seine Beine tragen wollten, davon, denn der Löwe konnte zurückkehren. Außerdem mußte um der Sicherheit der anderen willen sofort Alarm geschlagen werden.

Es dauerte einige Tage, ehe sich seine Nerven erholt hatten. Aber er war danach nie mehr ganz der alte. Er gewöhnte es sich an, sich lange im Spiegel zu betrachten. Er ging zum Zahnarzt und ließ sich nach seinen Zähnen sehen. Er besuchte regelmäßig das türkische Bad in der vagen Hoffnung, sich selbst aus sich herauszuschwitzen. Und heute noch kann man ihn an Sommerabenden nach Einbruch der Dunkelheit sehen, wie er in den großen, von Bäumen gesäumten Avenuen nördlich des Regent's Park schwerfällig vom Schatten ins Lampenlicht und wieder in den Schatten läuft – ein Mann, der sich in Form hält. Oder ein Mann, der vor etwas davonläuft? Vor sich selbst?

HUGH WALPOLE

Miss Thom

Es wäre natürlich widersinnig, wenn man behaupten wollte, Polchester habe sich im Laufe der Zeiten nicht verändert. Im Augenblick zum Beispiel bedroht uns das abscheuliche Problem einer Verkehrsumleitung.

Die Verstopfung durch Motorfahrzeuge am Ende der High Street, wo sie in den Marktplatz einmündet, und auch am Ende der Orange Street ist wirklich beschämend. Jene Stelle der High Street zu über-

queren ist trotz aller Verkehrsampeln und Polizisten geradezu lebensgefährlich.

Wenn man bedenkt, daß innerhalb einer Generation der Zirkus Marquis gemütlich die Straße hinunterziehen konnte und daß ein Elefant dem Archidiakon Brandon den Hut von seinem verehrungswürdigen Haupt riß und ihn zertrampelte! Früher war's ein Elefant, ein prachtvolles, edles Dschungelgeschöpf – jetzt ein motorisierter Raupenschlepper! Würde jedoch Archidiakon Brandon oder Kanonikus Ronder heute auf die Erde zurückkehren, dann müßten sie zugeben, daß der Domplatz und das Arden-Tor und die Vorstadt nur wenig anders als zu ihrer Zeit sind. Und doch änderte sich manches!

Vor fünf Jahren zum Beispiel kaufte Miss Carrie Falkner die Häuser Nr. 23 und Nr. 24 in der Vorstadt, brach die Zwischenwände heraus und machte mit Hilfe eines jungen Innenarchitekten, der extra aus London gekommen war (ein ganz komischer war das!), aus beiden ein hübsches und modernes Haus, denn er brachte den Tudor-Stil, die alte Treppe und die echten Adam-Kamine wunderbar in Einklang mit dem Badezimmer aus Stahl und Glas. Alles wurde in Einklang gebracht, und das war schließlich ganz bestimmt der außergewöhnlichen Persönlichkeit Miss Falkners zu verdanken.

Über Miss Falkners Einfluß auf Polchester könnte man ein ganzes Buch schreiben (und eines Tages wird's bestimmt auch noch geschrieben werden), denn während ihrer Anwesenheit ereigneten sich ein paar aufsehenerregende Vorfälle; in diesem Fall jedoch dreht es sich um Miss Thom, und ich muß so bald wie möglich von ihr sprechen. Die Geschichte handelt nämlich davon, wie Miss Thom Miss Falkner beeinflußte, und nicht so sehr von Miss Falkners Einfluß auf Polchester. Miss Thom war zehn Jahre alt und noch ein bißchen mehr, und Miss Falkner – nun ja, wer würde sich schon erdreisten, es genau zu sagen? –, Miss Falkner war zwischen einundfünfzig und siebenundsechzig.

Zuerst muß hervorgehoben werden, daß Miss Falkner ungeheuer reich war, und wir haben in Polchester nicht viele reiche Leute. Miss Falkners Vater war ein Antiquitätenhändler gewesen und hatte so geschickt mit Antiquitäten gehandelt, daß er seiner einzigen Tochter ein großes Vermögen hinterließ.

Kein Mensch behauptete, daß er Antiquitäten fabrizierte, aber jeder wußte, daß es so gewesen war, und bewunderte ihn insgeheim um so mehr. In Polchester war man allgemein der Ansicht, wenn die Leute so verrückt waren, kupferne Bettpfannen und mottenzerfressene

Stühle und morsche Schränke zu kaufen, dann geschah's ihnen ganz recht.

Keiner hat je herausgebracht, weshalb Miss Falkner nach Polchester zog. Sie war so dünn wie ein Gartenrechen und hatte ein Gesicht wie ein wißbegieriges Pony – eins, das glaubt, man habe vielleicht Zucker in der Tasche. Ihre Stimme war tief und männlich. Sie hatte einen leichten Anflug von Schnurrbart auf der Oberlippe und liebte fröhliche Farben.

Sie war eine gute Seele, freigebig und dumm. Wenn jemand freigebig ist, dann nehmen's ihm die Leute nicht übel, daß er dumm ist. Es gibt so viele dumme Leute, die nicht freigebig sind. Miss Falkner war es wirklich. Sie gab Gesellschaften über Gesellschaften – doch die prächtigste von allen Gesellschaften war das Fest, das sie vor Weihnachten für die Kinder veranstaltete.

Dieses Fest wurde sofort berühmt, und zwar aus zwei Gründen. Erstens wegen der ungewöhnlich herrlichen Geschenke, die sie den Kindern gab, und zweitens, weil es eigentlich Vornehmtuerei war. Miss Falkner lud nur Kinder von Leuten ein, die sie für vornehm hielt.

Sie war eine wahnsinnige Vornehmtuerin, aber es war nicht weiter unangenehm. Wer weiß, wie sie sich früher um die Leaths im Schloß bemüht haben würde, aber jetzt, seit der junge Leath und seine Großmutter (sie war die Tochter von Archidiakon Brandon) soviel im Ausland waren, weil der junge Mann eine schwache Lunge hatte, war das Schloß meistens nicht bewohnt, und da war also nicht viel für sie zu holen.

Und sonst war ja ihre Vornehmtuerei unschuldig und harmlos genug. Sie mochte eben die feinsten Leute am besten leiden und sagte es auch offen. Deshalb war es so erstaunlich, daß die kleine Miss Thom eine Einladung zu der Weihnachtsgesellschaft erhielt.

Denn die Thoms waren durchaus nicht etwa die feinsten Leute. Der alte Major Thom war ein pensionierter Soldat, der in Indien gedient hatte, und seine Aussprache hatte manchmal noch einen verdächtigen Anklang ans gewöhnliche Londoner Cockney. Mrs. Thom war immer für irgendeine gute Sache tätig, eine eifrige Henne von Frau, die sich ewig an alle Leute heranmachte, sie sollten etwas für ihre gute Sache tun.

Die kleine Gladys Thom war ihr einziges Kind, und da sie von ältlichen Menschen stammte, hatte sie etwas Altmodisches an sich, das man bei solchen Kindern häufig antrifft. Ihre Mutter kümmerte sich wenig um sie. Auf den ersten Blick hätte man sie für einen Jungen

halten können, denn ihre Mutter ließ ihr einen kurzen Stehkopf schneiden, vielleicht, um sich so die Mühe zu ersparen, das Haar der Kleinen zu pflegen.

Miss Thom hatte auch einen knabenhaften Körper: mager und behende. Aber davon abgesehen hatte sie etwas erstaunlich Jungfräuliches und Besonderes an sich: jedem fiel es auf, daß sie sich von anderen Kindern durch das »Besondere« unterschied. »Besonders« war sie zum Beispiel auch in ihren feinen, altmodischen Manieren.

Als alter und bestimmt schwatzhafter Junggeselle könnte ich lang und breit über die Manieren der Kinder von heute schreiben. Seit dem Kriege ist es ja in England Mode, daß die Kinder von der Wiege an mit ihren Eltern auf kameradschaftlichem Fuß stehen.

Väter und Mütter nehmen ihre Kinder überallhin mit, sprechen in ihrer Gegenwart über all und jedes und geben ihnen alles, was sie nur haben wollen. Man ist allgemein der Auffassung, daß es so richtig sei, und die alte Sitte, daß Kinder nicht wie Erwachsene behandelt werden, daß sie nur sprechen dürfen, wenn sie aufgefordert werden, daß ihnen jeder Luxus abgeschlagen wird und daß sie spartanische Gewohnheiten und erst recht spartanisches Essen lieben müssen, wird heute verspottet.

Der wunde Punkt an der ganzen Sache ist nämlich der, daß die Kinder viel zu früh die Freuden und Aufregungen eines späteren Lebens kennenlernen, so daß sie, wenn sie erwachsen sind, gar nichts mehr genießen können; und da Kinder auf den Einfluß von Erwachsenen viel schneller reagieren, ist der Schaden getan, ehe man's recht gewahr wird. Daher kam auch alles Unheil, das Miss Falkner in Polchester anrichtete.

Sie hatte Kinder leidenschaftlich gern, das heißt Kinder, die ihr gehörig schmeichelten.

Alle kleinen Mädchen in der Vorstadt entdeckten sehr bald, daß es nirgends so viel Spaß gab wie bei Miss Falkner. Sie nahm sie mit ins Kino, stopfte sie voll Schokolade und Eis, gab ihnen Geschenke und lud sie zu kleinen Tanzereien in ihr Haus ein, die bis in die halbe Nacht hinein währten. Die Eltern widersetzten sich nicht, weil Miss Falkners Reichtum ihnen Eindruck machte, und sie waren auch zu schwach und zu gutmütig. Wenn *ein* kleines Mädchen oder *ein* kleiner Junge zu Miss Falkner ging, dann mußten auch die andern gehen, denn ein modernes Kind will sich nichts entgehen lassen, was ein anderes Kind hat, und es ist überaus reif und erfahren in der Kunst, unfreundlich zu schmollen.

Miss Thom ging in Polchester in die höhere Schule, und jeder betrachtete sie als Witzfigur: nicht nur, weil sie einfach gekleidet war, sondern ihre altmodische Höflichkeit zu Erwachsenen erschien natürlich jedermann einfach lächerlich. Merkwürdigerweise ließ sie sich weder durch Spott noch durch Drohen in ihrer Art beirren. Sie war wie ein kleiner Felsen: in ihrem Wesen war etwas, das keiner berühren und antasten konnte. Ihre Sprechweise war gewählt und altjüngferlich.

Doch sie war nicht etwa eingebildet, und sie war auch nie unglücklich. Man sah sie niemals weinen, ständig hatte sie ein strahlendes Lächeln, als habe sie ein heimliches Wissen und verlasse sich darauf, daß alles gut sei. Sie muß oft sehr einsam gewesen sein, und doch hätte man sie nie ein einsames Kind genannt. Immer war sie mit irgend etwas sehr emsig beschäftigt. Sie machte gern bei Spielen mit, verstand sich aber so schlecht darauf, daß jedes andere Kind sich deshalb geschämt hätte. Doch *sie* schämte sich kein bißchen.

Sie war nicht klug, und die Lehrerinnen schalten sie und behielten sie bei schönem Wetter in der Klasse zurück. Doch konnten sie niemals von ihr behaupten, sie sei faul oder träge, denn sie versuchte mit zusammengezogenen Augenbrauen und verkrampften Händen alles zu lernen, was ihr beigebracht werden sollte. Es war nur seltsam, daß sie, obwohl sie an sich selbst so ordentlich und sauber war, in ihrer Arbeit nicht ordentlich war, sondern eine greuliche Handschrift und auf allen Heften Tintenkleckse hatte.

Sie beklagte sich nie über etwas. Sie mochte niemand etwas über sich selbst anvertrauen. Sie war auch nicht schwach: oft war sie sehr gefällig, manchmal auch nicht, und wenn sie etwas abgelehnt hatte, konnte man sie nicht zwingen.

Wenn sie in Gesellschaft war, wo sie freundlich behandelt wurde, war sie strahlend glücklich – ja, strahlend ist das treffende Wort. Doch war sie bei solchen fröhlichen und seltenen Anlässen nie laut. Sie schrie nicht laut, lachte nicht laut und kicherte nicht. Sie vergnügte sich nur ungeheuer auf ihre eigene stille Art.

Über ihr Leben im Elternhaus wußte keiner etwas. Andere Kinder wurden nie dorthin eingeladen, und Mrs. Thom hätte auch gar nicht gewußt, was sie mit ihnen anstellen sollte, wenn sie erschienen wären.

Hin und wieder wurde Miss Thom zu anderen Kindern eingeladen, und hinterher sagten die Eltern von ihr:
»Was für ein wunderliches Kind!«

Aber sie war alles andere als wunderlich: sie war einfach zurückhaltend.

Dann – in dem Jahr, von dem ich erzähle – faßte sie doch eine Zuneigung zu einem andern Mädchen: zu Nancy Bolitho. Die Bolithos waren ein Ehepaar, das unbekümmert über seine Verhältnisse lebte und sich jeden Luxus leistete. Mrs. Bolitho war eine sehr hübsche, törichte Frau, und Mr. Bolitho war ein sehr hübscher, törichter Mann. Sie hatten drei Kinder, zwei Jungen und ein Mädchen, und solange alles gutging, genossen sie ihr Glück.

Nancy war so alt wie Miss Thom und eine Schönheit: sie hatte goldenes Haar, blaue Augen, eine makellose Pfirsichhaut und ein Herz so kalt wie Stein. Seit ihrem ersten Lebensjahr war sie von allen Verwandten und Freunden des Hauses bewundert worden, und da war es ganz natürlich, daß sie selbst sich auch bis an die Grenze des Erträglichen bewunderte.

Und selbst das besorgte sie kaltblütig und mit genauer Berechnung. Miss Thom liebte sie auf den ersten Blick, doch ließ sie sich ihre Bewunderung nicht anmerken. Sie gab ihr keine Geschenke, sie machte keine Besorgungen für sie, sie saß auch nicht da und starrte sie an. Sie schenkte ihr einfach auf ihre stille und zurückhaltende Art ihr ganzes Herz. Nancy Bolitho wußte weder damals noch später etwas vom Vorhandensein dieses gefährlichen und verräterischen Muskels. Sie fand Miss Thom häßlich und dumm, aber irgendwie spürte sie dunkel, daß Miss Thoms Zuneigung etwas Besonderes war.

Sie verstand sich auf alle Quälereien und selbstsüchtigen Künste der siegessicheren Schönheit. So schnitt sie eines Tages Miss Thom während aller Pausen und Schulstunden, sah sie nicht an, antwortete ihr nicht und stiftete die anderen Mädchen an, über sie zu lachen.

Miss Thom ließ sich durch nichts, höchstens durch noch strahlendere Augen anmerken, daß sie es gewahr wurde. Das ärgerte Nancy, die an Beachtung gewöhnt war.

»Nein, Gladys, was du auch für Manieren hast! Mir nicht zu antworten, wenn ich mit dir spreche!«

»Du hast nicht mit mir gesprochen, Nancy. Du hast den ganzen Tag nicht mit mir gesprochen.«

»Oh, meinst du? Weshalb hörst du nicht besser hin?«

Miss Thom lächelte und tat einen kleinen Hüpfer.

»Laß das doch! Du siehst so albern aus, wenn du herumhüpfst. Weshalb schneidet dir deine Mutter das Haar ab? Du siehst wie ein großer, häßlicher Junge aus.«

»Es wird wohl weniger Mühe machen.«

»Weniger Mühe!... Wenn dein Haar wie meins wäre, würde es deine Mutter nicht abschneiden!«

»O nein, Nancy... das wär ja schrecklich!«

»Siehst du – da hast du's!«

Nun wurde die Stimme sanft und einschmeichelnd:

»Geh und kauf mir Karamelbonbons bei Teachers! Ich hab keinen Penny. Ich kauf dir ein andermal welche!«

»Ich hab auch keinen Penny!«

»Schwindlerin!«

Miss Thom ließ sich nicht gern als Lügnerin hinstellen, deshalb ging sie weg, und Nancy Bolitho stampfte mit den Füßen auf und rief ihr Schimpfwörter nach.

Nancy war natürlich Miss Falkners Liebling und sollte, das stand bei Miss Falkner fest, die Königin ihrer Weihnachtsgesellschaft werden. Die Wahl dieser Königin lag aber nicht in Miss Falkners Hand. Sie lag in den Händen der jungen Herren von Polchester. Der Höhepunkt der Weihnachtsfeste bei Miss Falkner war es alljährlich, wenn die Jungen das schönste, netteste und liebenswürdigste von allen Mädchen erwählten. Dann wurde ihr zugejubelt und als Königin gehuldigt, sie wurde ins Eßzimmer getragen und gebeten, den Weihnachtskuchen anzuschneiden, und nach dem Essen mußte sie sich einen Partner wählen, mit dem sie den Tanz eröffnete – Lambeth Walk oder was für einer nun gerade beliebt sein mochte.

Die Knaben wählten: es war einzig *ihre* Aufgabe. Aber Miss Falkner kannte ihren Einfluß: ein Wort oder zwei an der richtigen Stelle, zu Tom Belsize zum Beispiel oder zu Bob Rawlins, dem Sohn des Kantors, und die Sache klappte nach Wunsch. Dieses Jahr mußte Nancy Königin werden.

Aus diesem oder auch noch aus anderen Gründen war Miss Falkner dieses Jahr ziemlich nervös wegen ihrer Gesellschaft. Sie hatte nämlich während der paar Jahre ihres Aufenthalts in Polchester die Jungen ebenso wie die Mädchen verwöhnt. Es waren zehnjährige und jüngere Knaben, von denen manche noch bei den Eltern wohnten und in die Tagesschule in Denehurst gingen.

Nachdem Miss Falkner sie eine Zeitlang verwöhnt hatte, schlossen sie sich zu einer Bande zusammen, und ein paar, wie der junge Belsize und Bob Rawlins, wurden eine richtige Plage: Sie quälten die Mädchen, schellten an den Haustüren, erschreckten Dienstboten oder hetzten Hunde aufeinander, genau wie Straßenlümmel.

Miss Falkner wunderte sich um so mehr darüber, als es nur Söhne der besten Familien Polchesters waren, die sie in ihr Haus einlud.

Trotzdem beherrschte Nancy Bolitho auch die Jungen – in ihrer Gegenwart waren sie niemals wild. Sie starrten sie wie gebannt an und waren fast geblendet von ihrer Schönheit, hätte man meinen können. Natürlich nur einige. Andere haßten Mädchen ganz allgemein und fanden sie widerlich.

Dann kam etwa sechs Wochen vor ihrer Gesellschaft der Tag, an dem die seltsame Begegnung zwischen Miss Falkner und Miss Thom stattfand.

Es war gegen vier Uhr an einem Nachmittag im November, und Miss Thom ging durchs Arden-Tor und trug ihre Schulbücher unter dem Arm, da sie von der Schule heimkehrte. Miss Falkner hastete eilig zu ihrem Bridge-Nachmittag in Mrs. Rawlins unordentlichem, aber gastfreundlichem Heim. Sie stießen zusammen. Eine Laterne beleuchtete sie, und Miss Falkner sagte:

»O je, das tut mir aber leid!«

Miss Falkners Hut war nach der neuesten Mode, das heißt, es war ein Veilchenstrauß mit einem schmalen Filzring, und er schwebte über ihrem linken Auge. Sie war in schwere Pelze gehüllt, und ihr Gesicht war frisch gemalt und thronte auf einem Hals, der so verrunzelt wie der einer uralten Henne war. Hinterher erzählte sie, daß sie zusammengeschauert sei, als ihr Blick im Laternenlicht auf das häßliche, knabenhafte Mädchen fiel.

»Es war mir äußerst unbehaglich zumute, und ich kann mir nicht erklären, weshalb!«

Es gab keinerlei Ursache, sich unbehaglich zu fühlen. Miss Thom bückte sich und hob ihre Bücher auf, lächelte und sagte:

»Verzeihung, Miss Falkner.«

»Bist du nicht Gladys Thom – die Freundin von Nancy?«

»Ja, Miss Falkner.«

»Ich habe schon viel von dir gehört. Hoffentlich habe ich dir nicht weh getan, Gladys?«

»Nein, wirklich nicht, Miss Falkner.«

»Meine Güte, Kind, du mußt ja halb erfroren sein in dem dünnen Mäntelchen. Hat deine Mutter nicht etwas Wärmeres für dich?«

»Ich friere nicht, danke.«

»Das Gräßliche an der Sache war«, erzählte Miss Falkner brühwarm ihrer Bridge-Gesellschaft, »daß ich mich nicht von der Stelle rühren konnte. Da stand ich, hatte mich schon verspätet, und Sie wissen ja

alle, wie zugig es immer am Arden-Tor ist, und vor mir das lächerliche Kind in seinem Schulkleidchen und mit dem kurzgeschorenen Haar. Es war gerade, als ob ich auf etwas gewartet hätte, das sie sagen sollte. Sie ist bestimmt das höflichste Kind, daß mir je im Leben begegnet ist. Man wird ganz verlegen vor ihrer Höflichkeit, und gleichzeitig ist einem furchtbar unbehaglich dabei zumute, als ob sie bei sich dächte, man sei komisch angezogen oder dergleichen.«

Die arme kleine Miss Thom dachte gewiß nichts Derartiges. Sie fand die Begegnung sehr aufregend, denn Nancy hatte ihr viele Geschichten über Miss Falkners herrliche Sachen und ihre Freigebigkeit erzählt.

Zu den mancherlei bedauerlichen Umständen in Miss Thoms Leben gehörte es auch, daß sie zu Hause niemand hatte, dem sie von ihren Erlebnissen hätte erzählen können, denn weder ihr Vater noch ihre Mutter stellten ihr Fragen oder hörten sich an, was sie den Tag über getrieben hatte. Nein, sie dachte nicht im Traume daran, Miss Falkner zu kritisieren. Sie betrachtete sie als ein Wesen aus einer anderen Welt, einer Welt, in der riesige Kristall-Kronleuchter schimmerten, wo sanfte Musik erklang, wo Nancy so schön wie ein himmlischer Engel aussah und wo es – das war das Beste – eine Zuckergußtorte gab, die so groß wie ein Haus war. Denn Miss Thom war genauso gierig wie andere Leute auch. Nein, sie kritisierte Miss Falkner nicht; eher war sie von Bewunderung für den Veilchenstrauß an der runden, schwarzen Filzspange erfüllt. Sie fand ihn betörend.

Miss Thom hatte nichts mit Jungen zu tun. Sie hatte kaum je mit einem gesprochen. Doch sie schaute sie sich sehr gerne an – entweder sonntags im Dom oder, wenn sie in der High Street spielten.

Sie mochte die Jungen gut leiden. Sie fand sie toll. Aber eines Tages kamen Rawlins und ein paar andere in die Vorstadt und umzingelten sie und quälten sie abscheulich. Sie fragten sie, ob sie ein Junge oder ein Mädchen sei, sie verspotteten sie und beschimpften sie mit häßlichen Ausdrücken.

Das war für Miss Thom eine neue Erfahrung, aber sie wußte ihr angemessen zu begegnen, beantwortete ihre albernen Fragen mit Würde und riß sogar auf ihre eigenen Kosten einen Witz. Da ließen sie sie in Ruhe: sie hatte ihnen imponiert! Rawlins sagte, daß sie kein bißchen eingebildet sei.

Und dann – geschah das große Wunder! Miss Thom erhielt eine Einladung zu Miss Falkners Weihnachtsgesellschaft! Ich wäre gern dabeigewesen, als Mrs. Thom den Umschlag aufriß und die Karte her-

ausfiel. Mrs. Thom muß trotz all ihrer Nebenbeschäftigungen zugunsten irgendeiner guten Sache Überraschung verspürt haben. Sie
kannte ja Miss Falkner überhaupt nicht. Aber natürlich mußte das
Kind hingehen. Sie hatte ein Besuchskleidchen und ein Paar silberne
Schuhe.
Aber weshalb hatte Miss Falkner sie eingeladen? Wie furchtbar nett
von ihr!
Doch ich bin überzeugt, daß Miss Falkner die kleine Miss Thom nicht
aus Güte eingeladen hatte – sondern aus Haß.
Die Wege eines jungfräulichen Herzens sind geheimnisvoll und dunkel, doch ich stelle mir vor, daß Miss Falkner seit ihrer kurzen Begegnung am Arden-Tor Miss Thom haßte. Denn im Grunde ihres Herzens war Miss Falkner nämlich sehr unsicher, und Menschen, die ihrer selbst nicht sicher sind, hassen ihre Mitmenschen.
Sie glaubte felsenfest, daß das kleine Balg sie unverschämt angestarrt
und sie aufgetakelt und komisch gefunden hätte. Miss Thom hatte
natürlich nichts von alledem getan. Den Veilchenbuschen hatte sie
sogar bewundert. Und kritisieren tat sie niemand, dafür gab's viel zuviel andere Dinge zu tun. Jedenfalls entspringt die Kritik an anderen
der Furcht vor der Selbstkritik, und diese Furcht war Miss Thom
fremd.
Ich kann mir vorstellen, wie Miss Falkner dachte: Dem lächerlichen
Kind werde ich's mal zeigen! Deshalb lud sie sie zu der Gesellschaft
ein – um ihr einen überwältigenden Eindruck zu machen. Und ich
kann mir auch mit Leichtigkeit Miss Thoms eigene Gefühle vorstellen, als sie die Neuigkeit vernahm. Sie war von Natur ein fröhliches
Geschöpf, das an den nichtigsten Dingen die größte Freude fand. Aber
das hier war keine Nichtigkeit! Es war das Schönste und Herrlichste,
was ihr je im Leben passiert war.
Sicher hatte sie Nancy Bolitho die großartige Neuigkeit nur scheu an-
vertraut. Und Nancy, daran zweifle ich nicht, muß vor Staunen
sprachlos gewesen sein. Dann aber muß es ihr sofort als ein glänzen-
der Ulk vorgekommen sein, und sie erzählte es all ihren Freunden und
Freundinnen, und sicher haben sie sich gebogen vor Lachen.
Keiner hatte Gladys Thom je auf einer richtigen Gesellschaft gesehen.
Keiner hatte sie je in einem anderen als ihrem einfachen Schulkleidchen gesehen. Nancy, die infolge der Schmeicheleien schon weit über
ihr Alter hinaus war, begriff sofort den vorteilhaften Gegensatz, der
sich daraus für sie ergeben würde. Gladys Thom und sie! Das kurz-
haarige, mickrige kleine Geschöpf in ihrem armseligen Kleid! Da-

durch würde ihr eigener Triumph nur um so größer werden! Denn dieses Jahr würde es ein unerhörter Triumph werden. Miss Falkner sah es voraus, und sie flüsterte Nancy zu, daß sie dies Jahr als Gabe für die Festkönigin das denkbar schönste Geschenk gekauft habe: eine Kette aus kleinen, aber ganz echten Perlen!

Während der folgenden Wochen hatte Nancy Nacht für Nacht von dieser Perlenkette geträumt. Miss Falkner machte Propaganda bei den Jungen: »Ich will euch ja nichts vorschreiben, aber wenn's um die Wahl der Festkönigin geht, dann gibt es *meiner* Ansicht nach nur eine Möglichkeit.« Oder sie sagte: »Ich habe noch nie ein so hübsches Mädchen wie Nancy Bolitho gesehen! Diese Farben! Sie ist das schönste Kind in ganz England!«

Inzwischen ging Miss Thom, wie sie es gewohnt war, wenn es sich um etwas Wichtiges handelte, voller Ernst an die Arbeit. Sie hatte niemand, den sie hätte um Rat fragen können – ihre Mutter hatte von Kleidern keine Ahnung, und die Köchin, die alte Mrs. Ruggan, war noch schlimmer.

Ein paar Wochen später erzählte sie Mrs. Richards, der Frau des Domorganisten, daß sie ihr Kleid mit ein paar Seidenresten herausgeputzt habe, die sie im Kleiderschrank ihrer Mutter gefunden hatte.

Hierbei entfaltete sie ein überraschend feines Gefühl für Humor: »Ich seh nicht ein, weshalb das auch zu den armen Kindern nach Ost-London gehen soll!«

Doch war Miss Thom damals noch nicht sehr erfahren im Nähen, obwohl ihr Mrs. Richards, die sie während dieser Gesellschaft sehr lieb gewann, allerlei beibrachte, so daß sie ein Jahr später schon mehr verstand.

Vielleicht seufzte Miss Thom, als sie sich im Spiegel erblickte. Aber andrerseits tat sie's vielleicht auch nicht, denn sie war so glücklich, daß sie zu Miss Falkners Gesellschaft gehen durfte, und ihr Herz floß vor Liebe zu Miss Falkner über, weil sie sie eingeladen hatte, so daß sie in einen Zustand ganz persönlicher Begeisterung geriet.

Sicher hüpfte sie im Schlafzimmer herum und schlang dem alten Major Thom die Arme um den Hals und küßte seine rauhe, tabakduftende Wange.

Als der Abend dann kam, ging sie mit Mrs. Richards und den Kindern von Richards' hin. Mrs. Richards ist auch für die weiteren Ereignisse des Abends meine vorzüglichste Berichterstatterin, denn ich selber war leider nicht eingeladen.

»Damals kannte ich das Mädchen noch kaum. Ich forderte sie auf, uns

zu begleiten, weil mir Lucy, meine Älteste, gesagt hatte, es sei niemand da, der sie hinbrächte. Wie seltsam sie aussah! Ich muß gestehen, daß ich es bereute, sie aufgefordert zu haben und dafür nun den ganzen Abend die Last mit ihr haben sollte.

Doch schon bald, noch ehe wir zum Haus gelangten, hatte sie mir ans Herz gerührt. Sie war so begeistert, so atemlos glücklich! Ihre Augen leuchteten wie kleine blaue Flammen. Ihr Kleid war ausgedient, und die Verbesserungsversuche, die jemand – wohl ihre Mutter – daran vorgenommen hatte, konnten nicht mehr viel nützen.«

»Nein, es war nicht ihre Mutter. Sie hat es selbst versucht.«

»Ja, später hat sie es mir erzählt. Ihr kurzes Haar, das magere, eifrige Gesicht, die aufgerissenen Augen – nun, Sie wissen ja, wie Kinder sind! Sie mögen es nicht, wenn jemand wunderlich aussieht. Ich konnte es Lucy und Jim anmerken, daß sie wünschten, wir hätten sie nicht mitgenommen.«

»Sprach sie?«

»Nein. Sie saß einfach auf der vordersten Kante, hielt die Knie auseinander und sagte kein Wort.

Als wir dann im Haus waren und als sie das wirklich prachtvolle Zimmer mit den zwei großen Kristalleuchtern sah, die im Kerzenschein erstrahlten, dazu die Blumen (Nelken, und wie viele, jetzt um die Weihnachtszeit: die dunkelroten und die entzückenden rosa und weiß gestreiften) und den Flügel, auf dessen glänzende, tiefe, blanke Fläche das Licht niederflutete, und darunter den schimmernden Fußboden, der sich weithin wie ein Bernsteinsee erstreckte, sagte Gladys Thom sofort zu mir: ›Der Flügel ist wie aus Wasser.‹

Bald war sie das auffallendste Kind, und ich merkte, daß alle es für einen köstlichen Witz hielten, sie dort zu sehen.«

»War sie verlegen?«

»Nicht im geringsten. Sie stand da, ohne sich zu rühren, aufmerksam, versunken, und nahm es alles in sich auf. Dann sah sie Nancy Bolitho, die einfach hinreißend aussah. Sie hatte ein kleines Gefolge von Jungen um sich her und benahm sich wie die Königin, die sie nach einer Stunde zu sein hoffte. Gladys Thom ging schnurstracks auf sie zu. Ein anderes Kind hätte sich gescheut, sich einzumischen. Aber Gladys nicht. Sie trat auf sie zu, und ihr Gesicht erstrahlte in dem eifrigen, aber ziemlich rätselhaften Lächeln, das sie an sich hat. Ich hörte, wie sie ausrief: ›Oh, Nancy!‹

Daraufhin sagte Nancy etwas, und die Jungen lachten. Ich wußte, daß es verletzend war, und meine Lucy wäre in Tränen ausgebrochen.

Aber nicht Gladys. Sie kehrte um und ging wieder zu der Stelle, wo sie vorher gestanden hatte. Damals fing ich an, sie in mein Herz zu schließen, ja, sie zu beneiden. Ich trat auf sie zu und stellte mich neben sie. Sie blickte zu mir auf und lächelte.

›Oh, es ist herrlich‹, sagte sie. ›Besonders die Kamele.‹

Sie hatte zwei große rosa Kamele aus der T'ang-Zeit gesehen, die auf dem Kamin standen.«

Mrs. Richards unterbrach sich:

»Ich langweile Sie hoffentlich nicht?«

Ich erklärte ihr, daß es mich sehr interessiere und daß sie Geschichten schreiben sollte.

»Es ist nur, weil ich mich so genau an jeden Augenblick jenes Abends erinnere. Es war eine Art Wendepunkt... Dann begannen sie mit Spielen. Sie spielten Blindekuh, Pantoffeljagd und Reise nach Jerusalem. Gladys Thom spielte begeistert mit. Sie liebte diese Spiele leidenschaftlich, war mit Leib und Seele dabei und infolgedessen ungeschickt – als ob sie nicht weit genug sehen könnte. Doch im Grunde sah sie eben weiter als alle.

Dann noch etwas. Miss Falkner hatte eine Art Bowle für die Kinder. Natürlich etwas ganz Leichtes, doch *etwas* war immerhin drin, und nun wurden sie alle erregter, als gut war.

Sie wissen sicher auch, wie eine Schar Kinder plötzlich und anscheinend ohne Grund ins elementare, urtümlich tierhafte Sein zurückfallen kann? Auf einmal sieht man, wie sie sich seltsame Zeichen machen und sich Geheimnisse zutuscheln, die nicht in eine gesittetere Welt passen. Etwas Ähnliches geschah jetzt. Sie kniffen sich, sie jagten sich in Kreisen, die kleinen Mädchen lachten krampfhaft erregt.

Sie spielten die Reise nach Jerusalem, und eins zog hinter Gladys Thom den Stuhl fort, so daß sie auf den Boden plumpste. Alle brüllten vor Lachen.

In dem Augenblick begann ich sie richtig zu lieben«, erzählte Mrs. Richards weiter. »Sie wurde so großartig damit fertig. Es mußte ihr weh getan haben, aber sie ließ es sich nicht anmerken. Sie stand auf und sah, daß ein Stück von dem neu angesetzten Saum abgegangen war. Sie riß den Seidenstreifen vollends ab und nahm dann am nächsten Spiel teil, als ob nichts geschehen sei.

Dann endlich kam der große Augenblick des Abends. Die Jungen gingen in das anstoßende Zimmer, und die Mädchen warteten erregt. Man konnte es Nancy ansehen, daß sie ihres Preises sicher war, und da Sie sich wohl noch an die Märchen Ihrer Jugendzeit erinnern wer-

den, können Sie sich vielleicht schon denken, daß sie ihn nicht erhielt.

Und so kam es auch. Bob Rawlins stand auf der Türschwelle und verkündete mit hoher, sich überschlagender, vergnügter Stimme, daß Gladys Thom die Königin sein solle.«

Hatten die Jungen es aus Bosheit getan? Hatten sie sich geärgert, weil Miss Falkner versucht hatte, sie zu beeinflussen? Hatte es ihnen Spaß gemacht, das häßliche Mädchen zu wählen?

Es wurde nie bekannt. Wir erfuhren nur, daß Miss Falkner es als eine persönliche Beleidigung auffaßte und daß Gladys Thom es als den herrlichsten Spaß ihres Lebens hinnahm. Es stand für alle deutlich sichtbar in ihren Gesichtern zu lesen, wie sie es beide hinnahmen.

Mrs. Richards, die nur wenig Einfühlungsvermögen hat, erzählte mir: »Miss Falkner sah ganz krank aus. Sie trug ein goldenes Diadem und ein sehr eng anliegendes Kleid aus rotem Samt, das rückenfrei war. Doch als sie hörte, was die Jungen angestellt hatten, war sie im Nu eine uralte, kranke Frau. Es war, als ob die ganze Welt sich über sie lustig gemacht hätte und als ob ihr ausgeklügelter Plan, mit dem sie ihre alten Tage hatte erträglich machen wollen, plötzlich zu Staub und Asche zerfallen sei. Nancy Bolitho brach in unbeherrschte Tränen aus und mußte nach Hause geführt werden. Ich würde nun gerne berichten, daß Gladys darüber traurig war und daß die Enttäuschung einer Freundin, die sie verehrte, ihr die eigene Freude verdarb.

Es war aber nicht so. Als sie auf den Schultern der Jungen ins Eßzimmer getragen wurde, trug sie ihren Kopf wirklich wie eine Königin. Und hier war nun eine Gelegenheit, wo ihre komischen altmodischen Manieren einmal nicht komisch wirkten. Als sie auf dem Thron saß und die Kinder kamen, um ihr zu huldigen, begriffen sie es auch und bewunderten ihre tadellose Gelassenheit und Würde. ›Wie die Königin Victoria‹, sagte eins.«

Natürlich mußte Miss Falkner ihr den Preis geben – und was für ein kostbares Geschenk es war! Sie hatte sich wegen Nancy Bolitho diesmal besonders angestrengt. Es war ein Halsband aus feinen echten Perlen. Als Miss Thom es sah, atmete sie tief und wandte sich dann an Mrs. Richards und sagte:

»Sie gehören mir, und keiner darf sie mir wegnehmen!«

Vielleicht dachte sie, ihre Mutter könne sie ihr wegnehmen und irgendwie für ihre Wohltätigkeitsbestrebungen verwerten. Doch das ließ Miss Thom nicht zu. Aber darum geht es in unserer Geschichte nicht.

Es geht auch nicht darum, ob Miss Thom von jenem Tag an (wie es eigentlich hätte sein müssen) eine strahlende Schönheit wurde und über die Jungen der Stadt herrschte.

Sie blieb genau, wie sie war. Die Jungen fanden sie nach der Gesellschaft genauso langweilig und unschön wie vorher.

Es geht auch nicht darum, ob Miss Thom glücklich wurde – obwohl das eine erfreuliche Seite an der Geschichte ist.

Nein, es geht darum, daß Miss Falkner ganz plötzlich, etwa ein oder zwei Wochen darauf, beschloß, Polchester zu verlassen. Ja, sie verkaufte ihr schönes Haus und reiste fort, für immer.

Einen Grund gab sie nicht an. Doch die Kinder Polchesters waren gerettet. Wovor gerettet?

Vor den drei Teufeln Gier, Genußsucht und Faulheit – Teufel, die für kleine Kinder viel zu mächtig sind, sogar für die klugen kleinen Kinder von heute.

Ich weiß, weshalb Miss Falkner wegzog. Ohne es zu ahnen, hatte Miss Thom sie zum Gespött gemacht. Ohne es zu ahnen, hatte Miss Thom aber auch ihre eigene Generation in Polchester gerettet.

»Ohne es zu ahnen« – ja, darum geht es mir in unserer Geschichte.

STEPHEN VINCENT BENÉT

Der Schatz des Vasco Gomez

Die Brigg war nur noch ein Spielzeug mit weißen Segeln auf blauen Wassern. Bald genug wird sie am Horizont verschwinden – und nichts mehr wird zu sehen sein. Kein Mann der Besatzung wird je wieder freiwillig den Fuß auf das Eiland setzen, auf dem man den eigenen Kapitän ausgesetzt hatte. Und Vasco Gomez, einsam und verlassen auf einer Handvoll Erde, die sich aus scheinbar vom anderen Ende der Welt heranrollenden Wogen erhob, reckte sich und lachte zum erstenmal laut auf, seit man ihn allein am Strand zurückgelassen hatte.

Er galt in allen Hafenkneipen, in denen sich die Freibeuter trafen, als kluger Mann und glücklicher Kapitän. Dieses Ausgesetztwerden auf einer verlorenen und unbekannten Insel war das klügste und glücklichste Ereignis in einer Laufbahn, in der ihm wenig erspart geblieben war, die aber auch keine nennenswerten Fehlschläge gebracht hatte.

Es war kein leichtes Stück Arbeit gewesen. Nein, selbst Vasco Gomez war es nicht leichtgefallen. Sein Ruf, Glück zu haben, und eine ganz gerechtfertigte Furcht vor seinem Ansehen hatten seinen Plänen, selbst bei der abgebrühten Seeräubermannschaft, entgegengearbeitet. Es hatte unermüdlicher Geschicklichkeit und Gerissenheit bedurft, um selbst diese vertierte Mannschaft zur Meuterei gegen einen Vasco Gomez zu bewegen, und vielleicht noch größerer Kunst, diese nun einmal aufgehetzten Wölfe so zu beeinflussen, daß sie einen Mann lebendig dort aussetzten, wo er ausgesetzt sein wollte, und ihn nicht als Hackfleisch über Bord gehen ließen.

Aber es war geschafft und wohl gelungen – sein Glück hatte ihn nicht im Stich gelassen. Er war am Leben – er war hier – er hatte den ersten großen Schritt in sein Königreich getan. Es war auch an der Zeit, denn obwohl er immer noch so stark war wie drei von seiner Mannschaft, die ihm nun ausgerückt war, so spürte er doch an gewissen warnenden Anzeichen, daß er in die Jahre kam.

Das herannahende Alter. Wenn der Leib eines Mannes auszutrocknen beginnt und das Herz allmählich langsamer schlägt. Aber ist ein Mann stärker und schlauer als der Durchschnitt, so wird er es immer noch fertigbringen, die Rosinen aus dem Kuchen zu picken und ungeschoren und fröhlich pfeifend alt zu werden. Ein Mann wie er zum Beispiel.

Und mehr als ungeschoren – reich, wenn er ein Geheimnis wußte. Reich! Seine Augen glitzerten, während er das Wort auf der Zunge kostete. Er blickte um sich, die Ausdehnung seines Reichtums zu ermessen.

Man hatte ihn ohne frisches Wasser ausgesetzt, aber keine hundert Schritte landeinwärts gab es eine Quelle und einen Bach. Man hatte ihm keine Lebensmittel gegeben, aber er kannte die Insel seit langem und wußte von ihrem unerschöpflichen natürlichen Vorrat, der ausreichen würde, die ganze Besatzung einer Fregatte zu ernähren.

Er war ohne Waffen und Werkzeuge ausgesetzt worden, aber er besaß noch das Klappmesser, das er im Schuh versteckt hatte, ferner Stahl und Feuerstein, und die Axt im zweiten Depot würde wohl auch nicht verrostet sein, denn der Boden war trocken. Im schlimmsten Fall konnte er sich ein Boot bauen, indem er einen Holzstamm ausbrannte. Das würde seine Zeit brauchen, aber was bedeutete ihm jetzt noch Zeit. In dieser Einsamkeit gab es keine Zeit mehr – jedes Zeitmaß hatte hier seine Bedeutung verloren. Es gab nur noch eine endlose Stunde, seine Stunde, die Stunde seines Königreichs. Er empfand sie wie eine Woge, die über ihn hinspülte, friedfertig und langsam. Sein Herz schwoll ihr entgegen, seine Lippen tranken sie ein.

Lange Zeit unterwegs – du bist lange Zeit hierher unterwegs gewesen, Vasco Gomez, dachte er bei sich. Aber das war nun vorbei, Pedros Schatz lag in der Erde vergraben, wo er schon seit langem ruhte, kaum zehn Fuß tief zwischen dem Felsblock und der Palme. Vasco Gomez hatte ihn noch nicht besichtigt, aber er wußte, daß er da war. Sieben Jahre lang hatte er das Geheimnis fest unter den Rippen bewahrt, es war ihm wichtiger als sein Herz gewesen.

Er stieß einen langen Seufzer der Erleichterung aus und dachte weit zurück. Er war der einzige lebende Mensch, der von dem Schatz wußte.

Es hatte andere Leute gegeben, die eine Ahnung davon gehabt hatten. Er hatte es zu seiner Aufgabe gemacht, sie aufzustöbern und dafür zu sorgen, daß sie nichts mehr erfuhren. Schließlich blieb eine Mär übrig, an die aber nur wenige glaubten. Eine Zeitlang war natürlich auch Pedro noch dagewesen.

In seinem Geist tauchte wie ein Phantom aus dem Seenebel das dunkle, grausame, von unersättlicher Gier gezeichnete Gesicht Pedros auf. Er lächelte, denn Pedro war längst schon am Galgen zu einer ledernen Mumie eingetrocknet. Auch er war nicht wieder hergekommen, obwohl er es versucht hatte. Aber Vasco Gomez war zurückge-

kommen. Und von dem Augenblick an, als er an diesem Morgen seinen Fuß auf die Insel setzte, gehörte der Schatz nicht mehr Pedro, sondern war der seine – Vasco Gomez' Schatz.

Die Männer, die den Schatz vergraben hatten, waren in guter Hut. Ihre Knochen bleichten im zweiten Depot neben ihrem Handwerkszeug. Die würden ihn nicht stören. Das einzige, was ihn störte, war die Vermutung, daß die Säcke und Kisten, in denen der Schatz ruhte, zerfallen sein könnten. In diesem Fall hätte er neue anzufertigen, denn es empfahl sich nicht, mit einem Boot in See zu stechen, das halb mit blankem Gold beladen war.

Mindestens eine halbe Bootsladung, vielleicht auch mehr. Er war sehr gespannt darauf, die ganze Beute zu besichtigen. Er hatte in jener Nacht, die in seinem Gedächtnis wie eingebrannt war, bei schwachem Lampenlicht nur hastige, verstohlene Blicke darauf werfen können. Nun aber war die Hülle und Fülle da für alle seine Wünsche, genug, um alles kaufen zu können: fette Tage und Gutshäuser ringsum, vielleicht sogar Gottes Pardon mit Messen und Kerzen, Liebe und Haß und ein sorgenfreies Alter.

Was zu tun blieb, war einfach genug. Eine Woche oder zwei, um den Schatz zu heben. Zwei Monate oder drei, um ein Boot zu bauen und es mit Proviant auszurüsten. Vielleicht ein bißchen mehr, weil er die Seefahrt nicht in der Regenzeit wagen würde, aber was bedeutete die Zeit nun, wo er ganz ungebunden war. Dann stand ihm eine Fahrt von rund hundert Kilometern im offenen Boot zur nächsten Insel bevor, für Landratten ein gewagtes Unternehmen, ein Kinderspiel für Vasco Gomez. Auf jener anderen Insel lebten friedfertige Eingeborene, er kannte sie und hatte sich alle Mühe gegeben, sich mit ihnen anzufreunden. Dann ein bißchen Politik, notfalls ein kleiner Mord, eine zweite Seefahrt auf einem anderen Schiff, eine kleine Intrige auf dem Festland – er kannte den Mann, der das Vertrauen des Regenten besaß und dies zu nutzen verstand. Und dann konnte er haben, was er wollte: ein königliches Kleid, ein königliches Amt – »unser geliebter Vasco Gomez« –, ein hübsches Landgut daheim, ein bißchen Ansehen, eine kleine Buße, einen Altar aus rotem Marmor in einer alten Kathedrale, damit auch Gott sich streng an den Pakt hielte – und nicht nur diese Welt, sondern auch die Tore des Jenseits würden sich dem reuigen Freibeuter weit öffnen.

Alles für sein Gold – alles mit Gold käuflich zu erwerben. Es gab nichts, was nicht für Gold zu haben war.

Er schüttelte den Traum ab und starrte eifrig auf die See. Die Brigg

war nur noch ein Punkt am Horizont, die Nacht würde bald und plötzlich hereinbrechen. Er mußte Holz sammeln, ein Feuer anmachen, ein oder zwei Krebse fangen, Wasser suchen und sich eine Lagerstatt bereiten. Morgen würde er sich eine Hütte bauen. Vielleicht baute er auch erst das Boot und hob dann den Schatz. Der konnte warten, der lief ihm nicht davon. Keine Macht der Welt konnte ihn mehr von seinem Schatz trennen.

Es war an einem Morgen, an dem Vasco Gomez fleißig dabei war, sein Boot zu vollenden, als er sich zum erstenmal des vollständigen Alleinseins bewußt wurde. Es war für ihn ein merkwürdiges Gefühl. So absolut fremd und merkwürdig, daß er bei dieser Vorstellung das Messer, mit dem er arbeitete, fallen ließ, als habe ihn der Schlag getroffen. Er hob das Messer bald wieder auf, aber das merkwürdige Gefühl blieb. Milde gesagt, war sein Leben bunt und tatenreich gewesen. Er war ständig mit Männern und Frauen zusammen, und fast immer war er in Raufereien verwickelt gewesen. Wenn er das letzte paar Dutzend Jahre überdachte, so war er kaum fähig, einen einzigen Augenblick seines Taglebens – nicht einmal bei Schiffbrüchen – zu finden, an dem er ganz allein mit sich gewesen wäre, von aller Welt abgeschnitten. Nun war er es.

Er war allein, und mit dieser Gewißheit stellten sich die Gedanken ein. Er war es nicht gewohnt, nachzudenken, am wenigsten über sich – Vasco Gomez.

Seine Arbeit zog seine Gedanken ab, aber nicht alle – nicht genug. War bisher in seiner Tätigkeit eine Unterbrechung eingetreten, so hatte er immer an den Schatz gedacht und Pläne geschmiedet. Der Schatz lag nun hier am Ort. Und die Leere in seinem Denken füllte sich mit anderen, ungewohnten Bildern.

Nach einer gewissen Zeit merkte er, wie er sich in Gedanken selber diese Frage stellte: Wer ist dieser Vasco Gomez? Und eine unbekannte Angst ergriff ihn dann.

»Vasco Gomez? Mensch, das bist du! Das bin ich! Und du bist hier und baust ein Boot.« Er sagte das laut, und es beruhigte ihn. Aber die Gedanken kamen bald wieder.

Vasco Gomez – er wußte sehr gut, wer Vasco Gomez war. Er sah sich kämpfen, saufen, die Schultern von Huren küssen und mit dem Messer zwischen den Zähnen eine Schiffswand entern. Ein Bulle von Kerl, groß, gesund, von Narben bedeckt und furchterregend.

Aber das war Vasco Gomez nun gar nicht mehr. Vasco Gomez war hier. Vasco Gomez war hier und ganz allein.

Bei dieser Vorstellung hatte er das Gefühl, einzuschrumpfen, so, wie die Brigg allmählich ganz klein geworden war. Die ankernde Brigg war ein kräftiges Trumm von einem Schiff gewesen, dann war sie fortgesegelt und kleiner und kleiner geworden wie ein Püppchen – dann nur noch ein Fleck auf der See. So ging es auch ihm. Er sah einen kleinen Mann auf einer Spielzeuginsel – ein ameisengroßes Figürchen auf einem Löffel voll Land mitten in blauer Unermeßlichkeit.

Schweiß troff ihm vom Gesicht, obwohl er nicht schwer gearbeitet hatte. Das Messer, das am Holz schabte, machte das einzige Geräusch in der Einsamkeit. Er glaubte, hören zu können, wie sich dieses schwache Geräusch erhob und endlose Räume von Wasser und Luft durchdrang, um doch keinen anderen Laut als Gefährten seiner Einsamkeit zu treffen – keinen – anderen – Laut.

Er riß sich zusammen. Er wußte, was mit ihm los war. Er war nun nahezu fünf Monate auf der Insel, wie er nachrechnete. Und ihm war natürlich bekannt, was mit den Leuten passierte, die so ausgesetzt wurden. Wie merkwürdig sie blickten, und wie sie Stimmen zu hören glaubten.

Er hatte nicht damit gerechnet, daß es ihm auch so gehen würde, er war zu stark, zu klug dafür. Aber wenn dem so war – na schön, er wußte nun, wo die Gefahr lag, und konnte sich vorsehen. Als er so mit sich im reinen war, fühlte er sich wieder normal. Der Himmel und das Meer nahmen auch wieder ihre natürlichen Proportionen an.

Er hatte nicht damit gerechnet, das Boot in weniger als zehn Tagen fertigstellen zu können. Aber eine Arbeitswut überfiel ihn. Solange er werkelte, sah er sich nicht als Spielzeugfigur, und auch Himmel und Meer behielten ihre gegebenen Maße. Er ertappte sich dabei, daß er Sprüche im Dialekt der Eingeborenen vor sich hin murmelte und daß er begierig lauschte, wie die Wörter von seinen Lippen fielen. Es fehlte ihm aber etwas dabei – es fehlte ihm der Tonfall einer Stimme, die nicht die seine war.

Nach fünf Tagen war das Boot fertig und in der Bucht zu Wasser gebracht. Er hatte in den letzten Monaten Proviant gesammelt und sogar ein Wasserfäßchen gezimmert. In Windeseile war alles an Bord verstaut und eine behelfsmäßige Takelage errichtet. Er wunderte sich selber über seinen Arbeitseifer, über sein hektisches Tempo.

Es war doch ganz egal, ob er in einer Woche oder in einem Monat absegelte, nachdem die Regenzeit nun vorüber war. Aber in den letzten Tagen war Zeit nicht mehr die eine lange Stunde, die ihm und seinem Schatz gehörte. Wie hastig gesiebte Körner liefen die Stunden durch

das blaue Stundenglas des Himmels – und jedes fallende Korn schien ihm etwas von der Kraft seines Herzens zu stehlen.

Heiß und verschwitzt hörte er bei Anbruch der Dämmerung eines Tages auf. Alles war fertig, nur der Schatz selber mußte noch gehoben werden, und es hatte wenig Sinn, damit bei Nacht zu beginnen. Aber schon vor Sonnenaufgang wachte er auf.

Mit offenen Augen blieb er einen Augenblick bewegungslos liegen und war völlig glücklich. Viele Frauen waren durch sein Leben gegangen – heute aber erst war sein eigentlicher Hochzeitstag.

Bis Sonnenuntergang hatte er die letzte Kiste aus der Erde gehoben. Mit einem kräftigen Axthieb öffnete er eins der verrosteten Schlösser und starrte. Da lag die Braut. Das Gold schien ihm vom Boden her entgegenzuspringen. Im nächsten Moment lag er selbst am Boden und wühlte mit den Händen im Gold. Er fühlte sich wie nach einem langen Lauf, sein Atem ging stoßweise. Welch ein Genuß, Geld zu berühren, dick, schwer und doch weich – schöner als ein Frauenleib, besser als Brot.

Langsam und genießerisch öffnete er Kiste um Kiste. Da lag nun alles vor ihm – Götterbilder und Monstranzen, rubinrot wie Blut und smaragdgrün – reich verzierte Schwertscheiden von Granden – kleine Masken von reinem Gold, wie sie die Priester der Heiden trugen. Er hatte von einer königlichen Schatzkammer geträumt. Nun mußte er über die Ärmlichkeit seiner Träume lächeln.

Die tropische Nacht kam, überfiel ihn, aber er rührte sich nicht. Er zündete kein Feuer an, er kehrte nicht in seine Hütte zurück. Zeit war wieder zu einer großen Stunde geworden – Zeit existierte nicht mehr. Er lag die ganze Nacht in der Grube bei seinem Schatz, und er war vollkommen glücklich.

Der Morgen kam, und er stand auf, doch nicht so wie vierundzwanzig Stunden vorher. Als er am Morgen zuvor aufstand, war er noch arm und ein Abenteurer gewesen. Heute stand er als reicher Mann auf und hatte die Sorgen der Reichen.

Er lachte, wenn er an seine Arbeitswut der letzten Tage dachte. Zeit war sein Freund, nicht sein Feind, kein Grund, sie zu bekämpfen. Das Boot war fertig – nun mußte noch das Gold an Bord gebracht werden, und dann konnte er in See stechen. Alles andere würde folgen wie das Kielwasser dem Schiff.

Erst der Handel mit den Eingeborenen. Sie waren seine Freunde, trotzdem würden sie nicht alle seine Wünsche ohne Lohn ausführen. Da kam er billig weg, sie ahnten kaum den Wert des gelben Metalls.

Dann kam der Freund des Regenten und dann der Regent selber – und er zog die Stirn kraus. Alles konnte für seinen Preis gekauft werden, sicher, aber bestimmte Dinge kommen selbst den Reichen teuer zu stehen.

Nichts wußte er genauer, als welche Hände geschmiert werden wollten.

Wenn der Schatz auch nur seinen kümmerlichen Träumen entsprochen hätte – selbst dann hätte es Schwierigkeiten gegeben. Aber bei diesem königlichen Reichtum – vielleicht wollte selbst der König seinen Finger mit in den Topf stecken, warum nicht?

Gestern noch hätte er mit Freuden den halben Schatz dafür gegeben, mit der anderen Hälfte ungeschoren wegzukommen. Aber jetzt hatte er seinen Reichtum gesehen und berührt.

Dumpfer Zorn packte ihn. Was ging sein Schatz denn alle diese Fremden an? Sie hatten sich nicht dafür geplagt, sie hatten ihn nicht gefunden.

Schon sah er alle miteinander wie Geier am Rande der Grube hocken – die Eingeborenen, den Regenten, Rechtsberater und Hofschranzen, Frauen mit gierigen Blicken, einen Bischof gar und einen Kardinal mit rotem Hut. Ja, die Kirche und selbst Gott forderten einen Teil von seinem Schatz. Sie drängten heran, streckten die Hände aus – Schritt um Schritt, Zentimeter um Zentimeter näherten sie sich, um ihm sein kostbares Gold abzuzapfen. Leeres, nutzloses Zeug gaben sie ihm dafür – einen Kuß, ein Adelspatent, einen Altar aus rotem Marmor –, aber der Aderlaß nahm kein Ende. Ein alter Mann beugte sich über den erbärmlichen Rest seines königlichen Reichtums, aber selbst dann kamen immer noch Gestalten herbei, die ihn aufs neue schröpften. Er schlug mit den Armen ins Leere, um die Schatten zu verscheuchen.

Es war ganz klar, daß er seine Pläne ändern mußte. Er kalkulierte eilfertig die äußerste Summe – die alleräußerste –, die er weggeben mußte, um sicherzugehen. Er kürzte die Schweigegelder immer noch einmal, aber die Endsumme blieb trotzdem noch erschreckend.

Das Verstreichen der Zeit allein milderte seine Sorgen. Er brauchte ja nicht eher in See zu stechen, als er es für wünschenswert hielt. Er konnte essen, trinken, schlafen und mit seinem Schatz spielen – und mit der Zeit würde ihm vielleicht ein guter Plan einfallen.

Die Stunden wurden zu Tagen, die Tage zu Wochen. Als er eines Abends seinen in Holz geritzten Kalender überprüfte, stellte er mit Überraschung fest, daß seit der Ausgrabung des Schatzes fast zwei

Monate vergangen waren. Es schien unmöglich, aber es war so. Mit merkwürdiger Gleichgültigkeit sagte er sich: Vasco Gomez, alter Freund, es wird Zeit, daß du hier verschwindest. Morgen fangen wir an.

Der Morgen kam, die See schien glatt wie ein Ententeich. Aber dort, ganz im Süden, war da nicht der Hauch eines Wölkchens? Er schüttelte sich ungeduldig – war er drauf und dran, den Verstand zu verlieren? Ein Seemann und Angst vor einem kleinen weißen Fleck? Mit schleppenden Schritten ging er zum Boot. Da kam ihm ein rettender Gedanke – die Säcke für den Schatz! Die alten waren zerfressen – er mußte neue Säcke und neue Kisten machen. Augenblicklich war er beruhigt, glücklich verbrachte er den Vormittag damit, Holz für neue Kisten auszusuchen.

Eines Tages waren aber auch sie fertig, jedoch nicht vor der neuen Regenzeit. Vasco Gomez war nicht wahnsinnig, er würde nicht mit einer solchen Fracht in See stechen, bevor nicht die Sturmzeit vorüber war.

Derweilen erlebte Vasco Gomez im Geiste vielerlei Schicksale in Gegenwart seines Schatzes. Bisher im Leben war seiner Phantasie über die Bedürfnisse des Tages hinaus wenig Betätigung geblieben, nun aber erblühte sie wie großer roter Mohn, und seine Träume breiteten purpurne Teppiche unter seine nackten Füße.

Anfangs hatte er die simplen Wunschträume und die paradiesischen Vorstellungen, die jeder andere Seemann auch hatte – reichlich Essen und Trinken, leichte Mädchen im Hafen –, aber mit der Zeit wurden seine Träume raffinierter, ausgeklügelter, und er empfand sie intensiver und deutlicher. Er tafelte köstlich, dazu wurde ihm aufgespielt, die Weine, die ihm kredenzt wurden, waren erlesen. Er fraß und soff nicht mehr. Wollte er frische Luft genießen, so ritten ihm Herolde voraus, der König nannte ihn Vetter und küßte ihn auf die Wange. Kehrte er in seinen Palast zurück, so erwarteten ihn keine Hafendirnen mit offenen Armen, sondern eine Tochter des Königs, eine Meerjungfrau, ein Geschöpf aus Licht und Schaum. Manchmal war sie dunkel wie sanfte Nächte, dann wieder goldhell wie der erste Strahl der Morgensonne. Das war nicht so wichtig; sie war, was immer er sich wünschte, sie glich allen Frauen, die er besessen hatte, und war immer wieder ganz anders.

Seine Macht nahm zu, und sein Einfluß wuchs wie ein riesiger Schatten. Er führte Kriege und schloß Frieden, erhob ein Volk und unterdrückte ein anderes, beendete Hungersnöte und zähmte selbst das

Meer. Der König durfte ihn nicht mehr Vetter nennen – er warf dem König Knochen von seinem Tisch zu, und der König war ihm noch dankbar dafür. Die Menschen raunten sich zu, daß nur ein Günstling des Himmels einen solchen Schatten werfen könne. Und wirklich erreichten ihn Botschaften, die nicht mehr von dieser Welt waren.

Als die Regenzeit vorüber war, stieß Gomez eines Morgens beim Spaziergang auf ein Boot, das weit aufs Trockene gezogen und mit einfachen Mitteln zugedeckt war. Eine Weile starrte er es an, ohne es zu erkennen. Dann kam die Erinnerung wieder: Das war ja sein Boot, und nie würde das Wetter für seine Fahrt günstiger sein.

Er prüfte das Boot genau. Sturm und Regen hatten ihm nichts anhaben können, es war noch seetüchtig. Er brachte das Boot in der Bucht zu Wasser. Langsam ging er zum Lagerplatz seiner Kisten und brachte sie an Bord. Es blieb nun nur noch übrig, den Schatz in die Kisten zu verstauen. Er ließ den ersten Taler in eine Kiste fallen, dumpf schlug er auf das Holz. Dann machte er sich an die Arbeit.

Zwei Stunden später saß er im Boot und hatte den Kopf in beide Hände vergraben. Das Boot war zu klein für das Gewicht, das es zu tragen hatte.

Na schön, er müßte also ein zweites Boot bauen, das war alles. Aber im gleichen Augenblick war ihm klar: Selbst wenn er allein ein so großes Boot zu bauen vermöchte, das diese Menge Goldes aufnehmen könnte, so würde es mehr als einen Mann zu seiner Bedienung brauchen.

Er konnte die jetzige Ladung zur Nachbarinsel übersetzen, dort vergraben und wieder herkommen. Aber jede Fahrt barg tausend Risiken. Er hatte schon zu lange mit dem Schatz gelebt. Er würde es nicht fertigbringen, einen Teil irgendwo einzugraben und dann dort allein zu lassen.

Gut, dann mußte er einen Teil des Schatzes in Pedros Höhle zurückschaffen und nur so viel mitnehmen, daß er damit ein zweites Unternehmen starten könnte. Ein Schiff mieten, eine Mannschaft anheuern, in sein Geheimnis einweihen und mit fremden Leuten hierherkommen und mit ihnen teilen, was ihm jetzt ganz allein gehörte.

Mühevoll wälzte er Plan für Plan in seinem Geiste und sah ein, daß keiner gut war. Ein ganz neuer Plan müßte her! Alles war ja käuflich, wenn man genug Gold besaß.

Die ganze Nacht über lag er im Boot und dachte nach. Schließlich brach der Morgen an, und des Rätsels Lösung war ferner denn je. Eine Weile lang dachte er dann gar nicht mehr darüber nach. Er war in ei-

nen seiner zahllosen Träume versunken, in einen ärmlichen, der sich unter seinen goldenen Visionen schlecht ausnahm. Doch von Zeit zu Zeit träumte er ihn gern.

In Portugal auf einem Bergrücken sah er am Pfade eine schlampige Schenke, über der Tür steckte ein grüner Buschen. Drinnen bediente ein Mädchen mit frischen Lippen und Haaren so schwarz wie sein Kamm. Ein stolzes Ding, ein Soldat war sein Liebhaber. Gomez war arm und ein Dieb. Das war, ehe er zur See ging. Man jagte ihn oft genug aus der Schenke fort, aber er kam immer wieder. Einmal aber prügelte der Soldat ihn, und er nahm es mit zusammengekniffenen Lippen hin. Die Dirne sah zu und lächelte dabei. Nun sah Gomez ein, wie sinnlos das war. In einem Hohlweg in den Bergen stieß er eines Nachts dem Soldaten ein Messer in den Rücken und machte sich davon, bevor man ihn ergreifen konnte. Dann erst begann er sein eigentliches Leben.

Im Traum des Gomez kam jedoch kein Soldat vor, nur noch das Mädchen und er, so, wie er damals ausgesehen hatte. Die Kleine war nun nicht mehr zornig auf ihn, und unter Küssen lächelten sie sich beide an. Der Traum kam ihm wie Wirklichkeit vor. Er beugte sich über den Bootsrand und starrte träge ins Wasser.

Der Wasserspiegel warf sein Bild zurück. Er betrachtete es wie das Gesicht eines Fremden. Sein eigenes Gesicht war doch das des jungen Burschen in seinem Traum – jung und scharf geschnitten, bereit zu Gut und Böse und vorläufig noch von keinem von beiden gezeichnet, es war eben das Gesicht der Jugend. Hier aber schimmerte das verwüstete Gesicht eines alten Mannes herauf. Langsam und verwundert fuhr er mit seinen Händen über seinen Körper und betrachtete Arme und Beine. Er hatte sich lange nicht mehr so gesehen. Aber diese Vogelscheuche war er selber! »Du hast einen langen Weg hinter dir, Gomez«, murmelte er vor sich hin.

Aus seinen anderen Träumen tauchte ein neues Bild auf: der große Vasco Gomez, Herr des Schatzes, allein in seinem prächtigen Bett liegend, nur schwacher Atem kam über die Lippen eines sterbenden Mannes. An der einen Seite des Bettes saß ein Priester, an der anderen ein Anwalt. Aber die brechenden Augen sahen weder das Kruzifix noch das Testament. Sie starrten geradeaus in die Nacht und versuchten festzuhalten, was sich nicht festhalten ließ. Vor der Tür draußen hielt ein Bediensteter die schweigenden Bekannten zurück – die Erben. Ein Mann mit schwarzen Handschuhen saß in einer Ecke und wartete geduldig. Das Ende von Herrn Jedermann war da!

Wenn er doch durch irgendein Wunder Gottes – unausdenkbare Bestechung – mit seinem Schatz auf dem Festland abgesetzt würde! Aber selbst dann waren bei aller Vielfalt die Lebensmöglichkeiten nicht unbegrenzt. Und er hatte schon soviel davon genossen. Wenn auch nicht alles leiblich, so doch sehr gründlich und vollständig im Geiste. Sein Körper konnte ihm nun nicht mehr viel bieten – nicht einmal mehr der Schatz. Und jenes Bild mit dem Mädchen in der Schenke konnte kein Schatz zurückkaufen, denn es gehörte der Vergangenheit an.

Gomez packte seine eine Hand mit der anderen und preßte sie, bis die Schultermuskeln schwollen. Er war zeitlebens ein starker Mann gewesen, klug und rauflustig dazu. Noch einmal galt es, sich zur Wehr zu setzen, rastlos, ohne Gewissensbisse und ohne weich zu werden – wie in alten Tagen. Aber der Gegner blieb jetzt unsichtbar.

Am nächsten Morgen lief er immer noch in Kampfstimmung den Strand entlang. Hin und wieder sah er aufs Meer hinaus, das klar und sehr ruhig dalag. Dann fand er, daß selbst die See im Dienste seiner Gegner stand, und er wandte den Blick von ihr ab. Schließlich ließ er sich mit hängenden Armen in den Sand fallen, Herz und Körper überanstrengt. Er war müde, aber solange noch Atem in ihm war, wollte er den Kampf nicht aufgeben.

Alles kann mit Gold gekauft werden, wiederholte er sich störrisch. Mit Gold kann einem nichts passieren. Alles hat seinen Preis – Menschen – Regenten – Könige – das Alter – und am Ende auch Gott!...

Von fern kam eine Woge, er hörte sie heranrauschen und machte sich starr, um ihr standzuhalten, aber es war schon zu spät. Sie kam nicht vom Meer, das friedlich genug war. Diese Woge aber schäumte herbei, erhob sich und begrub ihn unter sich. Sie erschütterte ihn, und er zitterte. Er war ein geschlagener Mann.

War alles mit Gold aufzuwiegen? Bis zu Gott hinauf? Nicht ohne Ausnahme. Vieles kann man mit Gold kaufen. Auch Messen und Kerzen. Aber Gott war nicht käuflich. Das war die Wahrheit.

Still, ohne Aufbegehren und ohne Schreien, lag er im Sand, denn er war geschlagen, und jede Zelle seines Leibes sog die neue Wahrheit ein. Nach langer Zeit fühlte er zum erstenmal wieder ein bißchen Frieden in sein Herz einziehen.

Nach langer Zeit erhob er sich. Er fühlte sich schwach, als er auf den Beinen stand, und als er ging, war es der Gang eines alten Mannes. Aber er würde noch genug Kraft haben, die Arbeit zu tun, die ihm noch blieb.

Er ging zu der kleinen Bucht, wo sein Boot verankert war, und starrte eine Weile ins Wasser. Ja, das war der richtige Platz. Er war hier oft geschwommen und hatte nie Grund gefunden. Die Bucht mußte sehr tief sein.

Er nahm das beste Stück von seinem Schatz auf – es war eine der goldenen Masken – und ließ es aus der Hand ins Wasser gleiten. Im Untergehen glitzerte es, dann erlosch der Schein. Er seufzte, bückte sich steif und nahm das Schwert eines Granden zur Hand.

Am Schluß blieb ihm ein Taler über. Er wog ihn eine Weile in der Hand, als sei er eine interessante Muschel. In eine Seite war ein Männerkopf geschlagen, der hatte die gleiche Nase wie Pedro. Komisch, auf so was einen Männerkopf zu tun! Er ließ ihn fallen, grüngolden blitzte er im Wasser und war schon versunken.

Jedes Stück, das er hatte fallen lassen, schien ein kleines Stück seiner Seele mit in die Tiefe genommen zu haben. Als aber nun vom ganzen Schatz kein Krümchen mehr da war, das er hätte versenken können, fühlte er sich wie verwandelt. Seine Seele wurde nicht mehr hin und her gerissen. Sie war nun entweder hier oben in seinem Körper oder unter dem Wasser bei dem Schatz – aber das war auch ganz gleichgültig. Wo immer sie sein mochte, sie war nicht mehr geteilt.

Er starrte aufs neue mit milder Neugier ins Wasser. Ein Fisch tummelte sich nun da, wo sein Schatz versunken war.

Nach einer kleinen Weile ging er zum Strand und ließ sich, den Blick aufs Meer gerichtet, nieder. Einen Augenblick dachte er an seinen verlorenen Kampf, aber ohne Schmerz und Scham. Lange und gut hatte er sich zur Wehr gesetzt. Das war nun vorüber. Nie wieder wollte er kämpfen. Im Grunde hatte es nur einen einzigen Kampf gegeben, und der hatte sein ganzes Leben lang gedauert. Damit war er nun fertig.

Er mochte wohl lange nichts mehr gegessen haben, einen Tag lang, vielleicht auch noch länger. Er wußte es nicht mehr. Allein der Gedanke an Essen war ihm zuwider. Er war hungrig, aber nicht nach Brot.

Die Nacht brach herein, er saß immer noch am Strand. Er überlegte, ob er in seine Hütte gehen solle, aber er blieb doch sitzen. Dann ging er den Strand ein Stück weiter und verkroch sich in einer Art Nische, die dort von zwei Felsblöcken gebildet wurde. Der untere Stein war so hoch, daß die Landkrabben nicht hinaufgelangen konnten, und der andere war wie ein Dach darübergetürmt. Er saß dort in der Nische, den Rücken an den Stein gelehnt, die Hände im Schoß. Die Nachtluft

war kühl und angenehm, die Sterne standen am Himmel. Er sah auf die See hinaus und spürte den Nachtwind im Gesicht. Irgendwo dort in jenem todesträchtigen schwarzen Nachtmeer lag auch der Horizont, aber er suchte ihn nicht mehr.

Nach Stunden bewegte er sich ein wenig und sagte: »Du bist einen weiten Weg gekommen, Vasco Gomez.« Er wiederholte es noch einmal. Es war wie eine endgültige Feststellung. Nichts antwortete seinen Worten.

Rund acht Monate später sandte *H. M. S. Vixen,* eine Kriegsschaluppe, die durch widrige Stürme vom Kurs abgekommen war, ein Boot an Land, in der Hoffnung, dort frisches Wasser und Früchte für die Besatzung aufnehmen zu können, die schon von Skorbut bedroht wurde. Der Leutnant, der das Landkommando leitete, ging zunächst mit aller Vorsicht vor. Als aber die Wasserschläuche gefüllt waren und es sicher war, daß die Insel unbewohnt war, ließ er seinen Leuten etwas mehr Freiheit und schlenderte selber den Strand ein Stück entlang.

Der Strand war schön und schien sich um das ganze Eiland zu ziehen. Er war in Gedanken versunken ziemlich weit gegangen, als ihn ein Ruf der Seeleute unwillkürlich zum Entermesser greifen ließ. Da sah er, daß ein Mann mit beiden Armen winkte. Rasch ging er zurück. Die aufgeregt durcheinanderredenden Leute machten ihm Platz, und er fand sich plötzlich einem Fremden gegenüber.

Der Mann saß in einer natürlichen Nische, die von zwei Felsen gebildet wurde, hatte die Hände im Schoß verschränkt und starrte auf die See hinaus. Kleiderfetzen hingen um ihn herum, die Krabben hatten ihn nicht erreicht, sein ganzer Körper hatte die Farbe und das Aussehen von Leder angenommen. Er mußte schon monatelang tot sein. Geblieben war eine Mumie, die Wind und Wetter einbalsamiert hatten. Die Gesichtszüge aber waren gut kenntlich – sie hatten sogar einen bestimmten Ausdruck, den der Leutnant schon öfter gesehen hatte. Er führte sein Taschentuch an seine Lippen und überlegte, wo er diesen Ausdruck zum letztenmal gesehen habe. Wind und Sonne konnten übrigens auch diese vollständige Auszehrung nicht bewirkt haben.

Ein Seemann faßte sich an den Kopf und sagte voller Eifer: »Wißt Ihr, wer das ist, Sir? Das ist Gomez, der verdammte Seeräuber! – Ich hab ihn früher mal gesehen und Tom auch. Der ist hier gut aufgehoben, dieser Teufel aus Portugal. Das ist meine Meinung!«

»Ja«, sagte der Leutnant, der kaum hingehört hatte, »das kann schon sein. Es ging ein Gerücht, er sei ausgesetzt worden...«

»Ganz recht, Sir. Ausgesetzt haben sie den verdammten Schurken. Selbst seine eigene Mannschaft bekam ihn dicke und...« dabei machte der Seemann eine Bewegung, als wolle er das Lederbild anspeien.

»Behaltet Eure Bemerkungen für Euch, Mann«, sagte der Leutnant streng, und der Seemann trat zurück. Er sprach mit seinen Kameraden weiter von den Verbrechen des Gomez, aber der Leutnant hörte nicht hin.

Der Offizier sah immer noch Gomez an. Er meinte es nun zu wissen, man täuscht sich nicht über diesen Ausdruck im Gesicht eines Toten, hat man so etwas einmal gesehen. Aber die Zusammenhänge begriff er hier nicht. Sein Blick ging über den Strand hin: Krabben rannten hin und her, da drüben kroch eine Schildkröte, landeinwärts waren Früchte, im Meer Fische. Eine kleine Insel nur, aber sie bot reichlich Nahrung für eine ganze Schiffsbesatzung. Der Leutnant murmelte vor sich hin: »Ich möchte trotzdem schwören, daß der Mann Hungers gestorben ist. Seltsam!«

LOUIS BROMFIELD

Wahre Liebe

Es war einzig und allein Herbys Schuld – dies sei zuvor bemerkt. Er betätigte sich als Regisseur bei einer der Shubertschen Wanderbühnen. Er gehörte, ein schlauer Mann mit weißem Haar und rosiger Haut, zu jener Sorte, die sich auf dem Broadway genau auskannte. Das hätte man von ihm nicht gedacht. Er wirkte nicht sehr eindrucksvoll; er sah nicht wie ein Regisseur aus, eher wie ein Bühnenportier. Sein Gesicht war jung und ungefurcht, wie die Gesichter der Menschen, die sich nie Sorgen machen, nur sein weißes Haar – seine Frau pflegte die weiße Farbe und tat immer Soda ins Wasser, wenn er es wusch – ließ ihn älter erscheinen, als er war. Man hätte sein Alter nicht schätzen können, doch war er älter, als sein Gesicht vermuten ließ. Das weiß ich von Momma.

Momma war Herbys Frau. Sie besaßen ein Haus, weit draußen bei Bay Shore, und das ist ein weiter Weg zum Hin- und Herfahren, aber

bei Herby spielte das keine Rolle, weil er dauernd mit der Wanderbühne unterwegs war. Wenn er sich in der Stadt aufhielt, konnte er also recht gut außerhalb wohnen, es sei denn, daß eine neue Truppe probte. Momma muß ungefähr fünfundfünfzig gewesen sein. Wenn sie sich in die Stadt begab, putzte sie sich mit einem unechten Nerzmantel, einem tollen Hut und allem Drum und Dran auf, so daß sie aussah wie eine schwerreiche Frau. In Bay Store aber war sie gar nicht so. Sie hatte große Freude am Fischen, und meistens trug sie Matrosenzeug und war in einem Boot auf dem Wasser; wenn sich eine Gelegenheit fand, fuhr sie sogar mit einem Berufsfischer hinaus. Sie und Herby hatten keine Kinder, doch lebten dauernd Kinder irgendwelcher Verwandter bei ihnen. Sie bewohnten ein kleines Haus mit dem hübschesten Blumengarten ringsum, den man sich vorstellen konnte, ungefähr einen Häuserblock von der Great South Bay entfernt. Momma und Herby waren so glücklich wie nur möglich. Herby haßte im Grunde das Theater, dem er seit vierzig Jahren diente, hatte es von jeher gehaßt, aber er verstand sich auf nichts anderes, und er diente ihm weiter, nur weil er genügend Geld zusammensparen wollte, um abgeben und den Rest seines Lebens in Bay Shore verbringen und mit Momma fischen zu können.

Ich erzähle dies alles, um darzutun, daß Herbys Interesse an den Girls rein väterlicher Natur war. Vermutlich lag das daran, daß er keine eigenen Kinder hatte. Er sorgte für anderer Leute Kinder. Zwanzig, dreißig kleine Theaterhasen können in allerlei Ungelegenheiten geraten, vor allem, wenn es sich um eine Wanderbühne handelt, denn die begabteren, hübscheren Girls werden meist von einem New Yorker Theater weggeschnappt, und wir mußten uns immer mit dem Rest begnügen. Fand sich darunter ein wirklich begabtes, reizvolles Geschöpf, so blieb es gewöhnlich nicht lange bei der Wanderbühne. Es bekam ganz von selbst ein besseres Engagement.

Viele Menschen nannten Herby den »Flüsterherby«, weil er die Gewohnheit hatte, nie die Stimme zu erheben. Ich hörte ihn nie toben und schreien. Wahrscheinlich hatte er deshalb nicht die geringsten Furchen in seinem rosigen Gesicht, und stets übte er auf das Ensemble eine beruhigende Wirkung aus – eine wertvolle Eigenschaft beim Theater. Er führte auch nie laute Unterhaltungen. Wenn er mit einem Mitglied sprechen wollte, zog er es in einen dunklen Winkel der Bühne und flüsterte tatsächlich mit ihm. Der Regisseur einer Wanderbühne verfügt über kein eigenes Arbeitszimmer, und so mußte Herby seine Besprechungen in einem Winkel hinter den Kulissen

oder zwischen einem Haufen Koffer abhalten. Die halbe Zeit schien Herby irgendwo im Schatten der Bühne mit jemand zu flüstern, gewöhnlich mit einem der Mädchen, das pleite war oder Liebeskummer hatte. Wer Herby und seine Beziehungen zu Momma und zu dem Häuschen in Bay Store nicht kannte, der hätte gedacht, er scharwenzle. Aber dem war nicht so. Nie stellte er einem der Mädchen nach. Er war gewissermaßen eine Klostermutter, die sich mit liebevoller Teilnahme um die Sorgen ihrer Schützlinge bekümmerte.

Daher wußte ich, daß Daisy in irgendwelchen Unannehmlichkeiten steckte, als ich sie mit Herby in einem Winkel zusammen flüstern sah. Das geschah dauernd – in Syracuse, in Rochester, in Columbus, in Indianapolis – während der ganzen Tournee. Wir gastierten damals mit der *Studentenprinzessin*. Ich ahnte, daß etwas ausgekocht wurde, aber ich konnte mir nichts Rechtes vorstellen, weil Daisy zu den tüchtigen, netten Mädchen gehörte, die nie in eine Patsche gerieten. Sie wäre schon längst nicht mehr bei der Wanderbühne gewesen, wenn sie nicht einen Mangel gehabt hätte. Wenn man Daisys Mund übersah, war sie toll. Sie hatte Beine wie die Dietrich und eine Figur wie die Turner, brünettes Haar und große blaue Augen mit langen, dunklen Wimpern und von Natur eine wunderbare Haut, die wie eine Schönheitsreklame war. Aber man hatte Daisy offenbar in ihrer Kindheit vernachlässigt; sie hatte vorstehende Raffzähne. Die Mädchen, die Daisy beneideten, weil sie sehr viel konnte, nannten sie »Hasenmaul«.

Das war jammerschade, denn ohne die Raffzähne hätte Daisy in New York bei Ziegfeld oder George White bei der Revue viel Geld verdienen können. Bei der Wanderbühne ging es. Sie konnte die Lippen geschlossen halten, wenn sie auf der Bühne statierte oder tanzte; die meisten Zuschauer achteten nur auf ihre Beine und ihre Figur. Aber natürlich wäre dies unmöglich gewesen, wenn sie sich bei Ziegfeld oder George White hätte vorstellen wollen. Hielt sie den Mund geschlossen, so sah es aus, als wäre sie von einer Biene bös gestochen worden und hätte eine geschwollene Lippe, und wenn sie Fragen beantwortete, hu, da standen die Zähne vor, und dann hätten die Gewaltigen zu ihrer Sekretärin gesagt: »Notieren Sie die Adresse dieser jungen Dame«, und zu Daisy: »Sie werden von uns hören«, aber nie hätte sie etwas von ihnen gehört.

So machte Daisy seit fünf oder sechs Jahren unsere Tournee mit. Wie gesagt, sie war ein netter Kerl, und mit der Zeit wurde sie die Älteste im Ensemble, und es ergab sich, daß sie die andern Mädchen beim

Training leitete und sie beaufsichtigte. Sie war sehr tüchtig. Herby und ich fanden sie sogar noch tüchtiger als den Direktor selber. Sie hätte sich auf diese Weise eine schöne Stellung schaffen können, aber das war es nicht, was Daisy sich wünschte.

Wir hatten einen Beleuchter namens George Harrington, der ein gutartiger, sorgloser Bursche war. Auch er zeichnete sich durch Tüchtigkeit aus, und er hätte viel rascher aufsteigen können, aber ich glaube, daß er dazu keine besondere Lust verspürte. Er verdiente genug, und er liebte das Leben. Er saß lieber in der Kantine, wo er mit den andern Burschen Karten spielte und Bier trank, als daß er sich abplagte, um vorwärtszukommen. Auf dem Gebiet der Elektrotechnik gab es nichts, was er nicht wußte, und er war recht gebildet, doch hatte er eben keine sonderlichen Interessen. Er war ein verdammt schöner Kerl, von der einfachen, kindlichen Sorte, hinter der die Mädchen her sind. Er war der irische Typ: dunkle Haare und blaue Augen, breite Schultern und schöner Körperbau. Ich glaube, daß es ihm an nichts fehlte, bis Daisy daherkam. Er besaß genügend Geld und führte ein angenehmes Leben. Er hatte mehr Mädchen, als er brauchen konnte. Sie rissen sich um ihn, stritten sich seinetwegen und verursachten uns dadurch viel Ungelegenheiten.

Das Sonderbare war nun, daß George nie an eine Heirat gedacht hatte, bis Daisy daherkam. Er verliebte sich in Daisy, in ihre vorstehenden Zähne und alles. Abend für Abend gingen sie nach der Vorstellung miteinander aus, und in der Eisenbahn steckten sie die ganze Zeit beisammen. George, der immer so vorsichtig wie ein Grashüpfer gewesen war und sich genommen hatte, was sich ihm bot, wollte Daisy heiraten. Er gestand ihr (was sie bereits wußte), daß er schon viele Mädchen gehabt habe, daß sie jedoch die einzige sei, die er heiraten wollte. Er redete immerzu vom Heiraten und sprach nur noch davon, das Theater aufzugeben und sich seßhaft zu machen, um eine Familie zu gründen. Sein ganzer Charakter änderte sich einfach, und dadurch wurde uns viel Ungemach erspart, denn als er mit Daisy zu gehen begann, hörten die Streitigkeiten unter den andern Mädchen auf.

Aber Daisy wollte nicht heiraten. Sie war ein eigenartiges Mädchen, ganz anders als die gewöhnlichen Girls. Sie liebte George von Anfang an, glaube ich, denn sie setzte ihm schon damals zu, er solle mehr Ehrgeiz haben und sich verbessern. Doch George war hübsch und gutmütig, und es machte ihm keinen Eindruck. Ich weiß nicht, wie weit das Verhältnis ging, aber ich vermute, daß es recht weit ging, weil George sonst wohl kaum zwei Jahre lang treu gewesen wäre. So, wie er war,

kann ich ihn mir als Anbeter aus der Ferne nicht gut vorstellen, und treu blieb er wirklich. Andernfalls hätten wir neuerliche Zwistigkeiten unter den Mädchen gehabt.

Ich vermochte nie herauszufinden, weshalb George gerade so verrückt auf Daisy war; aber Herby, der sehr viel las, zog mich eines Tages in einen Winkel und flüsterte mir die Erklärung zu.

Es sei eine Freudsche Sache, sagte er. »George ist nicht trotz den vorstehenden Zähnen verrückt auf sie, sondern gerade wegen der vorstehenden Zähne.« Na, das begriff ich nicht, aber Herby sagte, die Menschen seien nun einmal so, die Liebe habe das Komische an sich, daß sie mit allen möglichen Dingen wie Füßen und Händen und Haaren und vielem andern Zeug zusammenhänge. Er sagte, George sei seit seinem vierzehnten Jahre wie ein Bock herumgelaufen, aber die ganze Zeit habe er darauf gewartet, sich wirklich zu verlieben, und zwar in ein Mädchen mit vorstehenden Zähnen, und da sei eben Daisy gekommen. Herby sagte, das käme daher, daß George als Halbwaise aufgewachsen sei – sein Vater starb, als George drei Jahre alt war. Seine Mutter hatte ihn erzogen, und Herby sagte, er wette, daß Georges Mutter vorstehende Zähne habe. Ich wettete, sie hätte keine, und wir setzten zehn Dollar darauf. So fragte Herby eines Tages George, als wir alle über Familie und Verwandte und derlei redeten, ob er nicht ein Bild von seiner Mutter habe, und George zog seine Brieftasche hervor, der er ein Foto entnahm.

Das Bild zeigte eine nett aussehende Frau von ungefähr fünfzig Jahren, und wahrhaftig!, sie hatte schreckliche Raffzähne, genau wie Daisy.

Ich bezahlte Herby die zehn Kröten, aber ich sagte ihm, er habe mich beschwindelt, er müsse das Foto schon vorher gesehen haben; doch er schwor, er hätte es nicht gesehen, und ich glaube, das stimmt, denn Herby ist die ehrlichste Haut, die ich kenne.

Ungefähr um diese Zeit begannen zwischen Daisy und Herby die Flüstergespräche in dunklen Bühnenwinkeln oder an abseits stehenden Tischen in Wirtsstuben. Erst später fand ich heraus, worüber sie miteinander tuschelten – nämlich über Daisys Zähne.

Anscheinend hatte Herby einen Zahnarzt in New York entdeckt, der einem Zähne machen konnte, wie man wollte. Der Mann hatte allen möglichen Hollywood-Stars neue Zähne gemacht, so daß sich ihr ganzes Aussehen änderte, auch ihre ganze Laufbahn und sogar ihr Leben. Herby hatte den Einfall gehabt, daß Daisy sich ihre Zähne umarbeiten lassen sollte – die Zähne seien das einzige Hindernis, und es

gebe kein Theater, das sie mit ihren schönen Beinen und ihrer schönen Figur nicht sofort nehmen würde, wenn sie schöne Zähne hätte. Herby hatte sich genau erkundigt, und er versuchte sie mit aller Gewalt zu überreden, die Sache machen zu lassen.

Tja, die Sache kostete viel Geld, und es dauerte auch lange, etwa vier bis fünf Monate, und das bedeutete, daß Daisy sich lange Zeit versteckt halten mußte, was ein bißchen schmerzlich war. Sie konnte sich nicht recht entschließen, und Herby setzte ihr dauernd auf seine beharrliche Flüsterweise zu. Er wußte, was mit Daisy los war. Er wußte überhaupt viel von Frauen, mehr, als George trotz all seinen Seitensprüngen jemals erfahren hatte. Er wußte, daß Daisy von Ehrgeiz verzehrt wurde und daß sie sich niemals zu einem bürgerlichen Dasein herablassen konnte, solange dieser Ehrgeiz nicht befriedigt wäre, oder aber er vermieste ihr alles. Herby hatte Daisy gern, und er hatte George gern. Er wollte sie verheiratet und seßhaft und glücklich sehen, doch wußte er, daß sich das nicht machen ließe, solange der Ehrgeiz an Daisy nagte. Und die Raffzähne standen zwischen ihr und ihrem Ehrgeiz. Deshalb wollte Herby, daß sie zu dem Zahnarzt ginge und ihren Ehrgeiz austobte, und dann wäre alles gut. Herby war es, der ihr das Geld pumpte, damit die Sache gemacht werden konnte.

Als die Tournee im Frühling endete, erzählte Daisy allen, daß sie nach Minneapolis führe, um ihre Tante zu besuchen und sich auszuruhen. George wollte mit ihr gehen, aber sie duldete es nicht. In Wirklichkeit begab sie sich nach New York, um sich die Zähne machen zu lassen. George merkte nichts davon, weil sie ihre Briefe an ihre Tante in Minneapolis sandte, die sie weiterschickte, und George schrieb an diese Adresse. Er hätte ja nun hinfahren können, um sie zu überraschen, und dann wäre er hinter den Schwindel gekommen, aber er konnte für die lange Reise keinen Urlaub erhalten, denn er hatte ein Engagement bei einem Sommertheater angenommen, und als die Saison glücklich zu Ende war, mußte er schon wieder bei unserer Wanderbühne proben.

Daisy aber zeigte sich zum erstenmal seit fünf Jahren nicht. Die Briefe aus Minneapolis besagten, daß der Arzt erklärt habe, sie sei völlig herunter und müsse noch zwei weitere Monate ausruhen. Sie schrieb, sie würde uns unterwegs treffen. Sie wußte, daß wir sie brauchten und daß wir, wenn nötig, irgendein anderes Mädchen hinaussetzen würden, um ihr Platz zu schaffen.

Ziegfeld bereitete zu jener Zeit eine Revue vor, und es gab eine Menge neue Girls, deren Bilder wie gewöhnlich in der Zeitung erschienen, in

einen Schal gewickelt oder auch nur mit Blumensträußchen, wo wegen des Sittlichkeitsvereins Blumensträußchen sein mußten. Bei der Revue machte eine Neuentdeckung mit, namens Lillian La Verne, die wirklich ganz großartig aussah. Mir fielen zwei Bilder von ihr besonders auf, weil das Mädchen irgend etwas an sich hatte, das mich behexte. Ich glaubte sicher zu sein, ihr Gesicht irgendwo schon mal gesehen zu haben, aber ich konnte mich nicht besinnen, wann und wo. Es war eine Blondine mit einer wundervollen Figur, wie die Presseagenten sie besonders gerne hervorheben – sie hatte die schönste Figur und die schönsten Beine, die mir, außer bei Daisy, jemals vorgekommen waren.

Eines Tages ging ich mit dem »Daily Mirror«, in dem ein Bild von Lillian La Verne war – unbekleidet, aber sie hielt eine Gitarre mit breitem Band vor sich –, zu Herby und sagte: »Dies Mädchen macht mich ganz verrückt, Herby. Hat sie mal bei uns gearbeitet?«

Herby betrachtete das Bild genau und antwortete dann: »Nie in meinem Leben gesehen. Sie hat entschieden was... hat toll viel. Die ist viel zu gut für uns. Ist was für Ziegfeld.« Und dann grinste er auf eine Weise, die mir gar nicht gefiel, weil es schien, als machte er sich über mich lustig. Ich schaute das Bild nochmals an und erklärte: »Wenn ich nicht wüßte, daß Daisy brünett ist und vorstehende Zähne hat, würde ich sagen, daß sie Daisy gleicht.«

»Du bist wohl übergeschnappt«, entgegnete Herby. »Daisy ist doch in Minneapolis. Ich erhielt gestern einen Brief von ihr.«

»Na, es ist wirklich sonderbar«, meinte ich.

Und dann kam eines Tages, als wir kurz vor dem Aufbruch nach Pittsburg standen – in diesem Jahr spielten wir auf der Tournee *Blütezeit* –, während der Probe eine Dame auf die Bühne spaziert. Nur ein paar Birnen des Rampenlichts waren eingeschaltet, und man sah nicht sehr gut, aber ich bemerkte trotzdem etwas – sie schritt wie Daisy, die immer einen Tänzerinnengang gehabt hatte, obwohl sie sich bloß bei einer Wanderbühne betätigte. Wie eine Millionenschwere war sie mit einem Nerzmantel bekleidet, an dem zwei Orchideen steckten.

Ich hätte geschworen, daß es Daisy wäre, nur war die Dame blond, und Daisy hatte ich nie anders als brünett gekannt. Da rief sie mir zu: »Hallo, Spike!«, und sogleich wußte ich, daß es nicht nur Daisy war. Es war das neue Ziegfeld-Girl, das man so stark herausgestellt hatte.

Der Mund warf mich einfach um. Die vorstehenden Zähne waren weg, und dadurch sah sie verändert aus und hatte einen völlig neuen Ausdruck. Statt des ulkigen Mundes hatte sie sogenannte Rosenknos-

penlippen. Ganz entschieden sah sie großartig aus – richtig zum An-
beißen. So der Typ, bei dem einem beim Anschauen alle möglichen
Gedanken kommen. Mit den vorstehenden Zähnen hatte sie immer
ein bißchen mies ausgesehen – so von der Sorte, die einen zum besten
hält und ihr Versprechen nicht einlöst. Wirklich, man konnte nicht
glauben, daß es dasselbe Mädchen war.

Ich sagte: »Na, du scheinst ja in der Wolle zu sitzen, Kind.« Ich sagte
nichts von den Zähnen, weil ich dachte, sie könnte in diesem Punkt
empfindlich sein. Sie erwiderte: »Das tu ich auch, Spike. Nichts ist zu
gut für mich.« Und dann lachte sie und zeigte die schönsten weißen
Perlenzähne, die es je gegeben hat. Wahrhaftig, sie schien dadurch
eine ganz andere zu sein.

Da kam Herby auf eine geschäftige Weise herbei und fragte: »Wie
findest du sie?«

Ich antwortete: »Du hast die ganze Zeit gewußt, daß das Mädchen auf
dem Bild Daisy war.«

»Natürlich«, gab Herby zurück. »Ich durfte es bloß nicht verraten.«
Hierauf wandte er sich an Daisy: »Hat George dich schon gesehen?«

»Nein«, sagte Daisy, »ich bin noch nicht viel herumgekommen.«

Und dann sah ich George hinter den Scheinwerfern hervorschlen-
dern, die gerade zusammengepackt wurden. Keiner von uns sagte etwas, sondern wir warteten nur, um die Wirkung zu beobachten. Er
kam schnurstracks auf uns zu – er wollte Herby etwas fragen, und in
dem trüben Lichte konnte er nicht sehr gut sehen. Er ahnte überhaupt
nicht, daß Daisy da war, bis er beinahe vor ihr stand. Da gewahrte er
sie, stutzte und schaute sie nochmals an. Daisy sagte nichts. Sie lächelte nur.

Etwas Komisches geschah. Ich habe George nie die Beherrschung verlieren sehen, doch nach dem zweiten Blick, als er erkannte, wer und
was die Dame in dem Nerzmantel mit den Orchideen war, wurde er so
rot, als würde ihn gleich der Schlag treffen, und er sagte: »Ach, du
bist's, was?«

»Natürlich, ich bin's«, erwiderte Daisy.

»Ich dachte, du wärst in Minneapolis«, sagte George.

»Nein. Ich hab mir die Zähne richten lassen.«

Er stand nur da und starrte sie an. Ich merkte, daß Herby ein bißchen
besorgt war. Ich glaubte, George würde ihr eine runterhauen.

»Du warst also überhaupt nicht in Minneapolis?« fragte er.

»Nein, Lieber«, versetzte Daisy. »Ich wollte dich überraschen.«

Georges Gesicht war immer noch so rot wie eine Tomate. Er sagte:

»Na, das ist eine lausige Überraschung. Und sie hat dich nicht veredelt. Du siehst ja aus wie jede andere Wurzen. Wenn du wieder wie ein Mensch aussiehst, laß es mich wissen.« Und damit drehte er sich einfach um, ging zu den Scheinwerfern zurück.

»Na schön!« sagte Daisy, aber man merkte, daß die Sache sie aufgeregt hatte, denn sie mochte George gern, und sie hatte immer im Sinn gehabt, ihn eines Tages zu heiraten. Herby hatte wahrhaftig recht gehabt mit seiner Behauptung, daß George wegen der vorstehenden Zähne in sie verliebt war. Noch nie hatte ich die Liebe eines Mannes sich so verflüchtigen sehen wie bei George, als er entdeckte, daß die schöne Blondine seine ehemalige Freundin Daisy war. Von Lillian La Verne wollte er einfach nichts wissen. Er liebte eben die Daisy mit den vorstehenden Zähnen.

Tja, was dann geschah? Nun, wir gingen eben auf Tournee, und nie hatten wir eine schlimmere Zeit mit George und den Mädchen. Den ganzen Winter hindurch rauften sie sich um ihn, und die ganze Zeit war George so geckenhaft, wie es ein Mann nur sein kann. Er trieb es toller denn je, indem er sich erst mit der einen einließ und dann mit der andern und sie so alle gegeneinander aufbrachte. Einmal war Herby nahe daran, nach New York zu telegrafieren, um ihn hinaussetzen zu lassen.

Und Daisy? Na ja, als Lillian La Verne ging es ihr gut. Jeden Abend warteten vor dem Bühnenausgang schnittige Autos auf sie, und zu dem Nerz bekam sie noch einen Hermelin, und sie hatte eine Wohnung an der Park Avenue, und dauernd stand sie in der Zeitung.

Sie wurde »die neue Schönheit« genannt und lauter solchen Quatsch. Nach unserer Rückkehr in die Stadt besuchte sie uns. Der Erfolg war ihr nicht in den Kopf gestiegen. Dazu war sie schon zu lange beim Theater. Sie fragte nach George, aber er ließ sich nicht finden, und irgendwie ließ er sich nie finden, wenn sie auftauchte. Ich glaube, er paßte auf und wich ihr dann aus. Ich ging mit ihr zusammen nach Bay Shore, um bei Herby und Momma ein Wochenende zu verbringen. Sie war sehr nett. Den ganzen Sommer hielt sie sich in der Stadt auf, und ich sah sie dann und wann.

Im Herbst bereiteten wir wieder eine neue Tournee vor, aber George tauchte nicht auf. Einfach vom Erdboden verschwunden. So gingen wir ohne diesen irischen Bock auf Tournee und verlebten eine friedliche Saison, in der es überhaupt kaum Streit unter den Mädchen gab. Und ungefähr im Mai, kurz vor der Rückkehr in die Stadt, kam Herby eines Tages mit einer Zeitung in der Hand zu mir und sagte: »Ich

wollte dir nur mal zeigen, was aus einem Menschen werden kann, wenn er sich die Zähne regulieren läßt.«

Dann schlug er die Zeitung auf, und da war ein Bild von Daisy, die nichts als einen Silberfuchs trug, und von irgendeinem Kerl, der nicht sehr hell aussah, und darüber stand: »Revuegirl heiratet Millionenerben aus der Badezimmerkacheln-Branche«.

Daisy hatte sich also als Lillian einen Burschen mit ungefähr zehn Millionen geschnappt, und die beiden befanden sich auf der Hochzeitsreise nach Europa.

Nun sind vier Jahre vergangen, und das Bühnenbild hat sich geändert. Wir sind mitten in der Depression. Wieder Bilder in den Zeitungen und Schlagzeilen: »Lillian La Verne, das ehemalige Revuegirl, läßt sich von dem bankrotten Millionenerben aus der Badezimmerkacheln-Branche scheiden«. Eben die alte Geschichte mit den Revuegirls. Ich bekam Daisy nicht zu Gesicht, und Herby bekam sie nicht zu Gesicht, und niemand wußte, wo sie steckte. Wir spielten zum Schluß der Tournee *Das Lied der Einsamkeit*, und die Geschäfte gingen ziemlich mies; deshalb kehrten wir früher als sonst in die Stadt zurück, und ich zog nach Bay Shore, wo ich bei Herby und Momma wohnte.

Wir sprachen über Daisy, und Momma sagte: »Zu schade, daß Daisy sich die Zähne ändern ließ. Bestimmt ist dadurch alles schiefgegangen. Jemand sah sie vorige Woche und erzählte, daß sie ganz auf den Hund gekommen ist – sie trinkt nicht nur, sondern kokst auch.« Dann wandte sie sich an Herby und fuhr fort: »Es ist nur deine Schuld – ihr solche Flausen in den Kopf zu setzen. Das Mädchen war verständig, solange es seine vorstehenden Zähne hatte. Und jetzt schau dir an, was aus ihr geworden ist!«

Herby ließ den Angriff nicht so ohne weiteres über sich ergehen. Er entgegnete, daß Daisy all das Revuezeug durchmachen müsse und daß es da nur einen Weg gebe. Sie habe sich verwirklichen müssen, erklärte er, und er hätte nichts anderes getan, als ihr dazu verholfen.

Momma sagte, das sei hochtrabendes Geschwätz, Herby habe zu viele Bücher gelesen, und sein Kopf sei nicht stark genug, ihre wahre Bedeutung aufzunehmen.

Und darauf begann ein Streit – der größte Streit, den Momma und Herby jemals miteinander hatten –, und Momma packte ihren Koffer und zog in die Stadt zu ihrer Schwester, die ein Pelzgeschäft besaß. Alles wegen Daisys Zähnen, die schon Georges Leben durcheinandergewirbelt und sein Verschwinden veranlaßt hatten.

Na, ich blieb weiter bei Herby, und nach zwei Tagen kehrte Momma zurück. Nie erwähnte sie den Zank, aber sie erzählte, sie habe Daisy gesehen, die in einem jammervollen Zustand sei. Sie trank nicht nur, sondern es fehlten ihr auch drei Zähne – drei von den weißen Perlenzähnen, die ihre ganze Laufbahn verändert hatten.

In diesem Herbst gingen wir nicht auf Tournee. Das Geschäft war zu miserabel. Aber Herby und ich fanden ein Engagement bei einer Bühne, die Neuinszenierungen brachte, und wir spielten *Im wunderschönen Monat Mai.* Der Chor, den wir hatten, setzte sich aus sehr hübschen Mädchen zusammen, weil es nicht viele Vakanzen gab. Gerade wollten wir mit dem Arrangement beginnen, als ein Telefonanruf kam, man würde uns einen weiblichen Chorleiter schicken. Darüber waren wir nicht sehr begeistert. Es gab immer Unstimmigkeiten, wenn eine Frau die weiblichen Mitglieder leitete.

Aber es war alles in Ordnung. Wer anders spazierte auf die Bühne als Daisy, und Gott helfe mir, sie hatte wieder dunkles Haar und Hasenzähne; ein bißchen dünner und älter sah sie aus, aber sonst ganz wie früher, ehe sie uns verließ. Vielleicht war ihre Erscheinung nicht mehr ganz so toll, da und dort war wohl etwas nachgeholfen, aber sie sah sehr gut aus. Nur war sie natürlich nach dem Nerz und den Orchideen ein bißchen schäbig angezogen.

Ich hatte Herbys Gesicht im Blickfeld, und ich vermute, daß ihm ähnlich zumute war wie mir – daß er Gespenster zu sehen glaubte.

Aber Junge, Junge, was war sie schneidig. Sie sagte nur: »He, Leutchen! Wann fangen wir mit der Arbeit an!«

Nun, sie war ja immer eine gute Ballettmeisterin gewesen. Sie wußte mit den Mädchen umzugehen, und sie brachte Bewegung in den Chor – keine sehr originellen Einfälle, aber gut genug für eine Neuinszenierung. Wir hätten sie gerne gefragt, was denn eigentlich mit ihren Zähnen los sei, aber beide waren wir, Herby und ich, in diesem Punkte ein bißchen schamhaft, und erst nachdem die Premiere vorüber war, sprach sie sich aus und erzählte uns alles.

Es verhielt sich damit folgendermaßen. Die alten Zähne waren ihr ganz richtig abgeschliffen und dafür neue eingesetzt worden, und alles ging drei bis vier Jahre lang gut. Sie bekam ihre Nerze und Hermeline und Millionäre, und dann begann es mit den Zähnen zu hapern – natürlich nicht mit den neuen Stiftzähnen, sondern mit den Wurzeln, in die sie eingesetzt waren. Offenbar lernte der Zahnarzt, zu dem Herby sie geschickt hatte, gerade erst sein Geschäft, und sie war so

eine Art Versuchskaninchen gewesen. Deshalb geriet sie in solche Unannehmlichkeiten. Zum Schluß mußten all die teuren Stiftzähne wieder raus, und dann hatte Daisy überhaupt keine mehr und mußte sich ein Gebiß machen lassen. Und damit begann das ganze Ungemach wieder von vorne, weil Daisy ein Gebiß mit den Zähnen der Lillian La Verne wünschte – mit schönen, regelmäßigen Perlenzähnen. Aber das wollte nicht geraten, weil der Herrgott Daisys Mund für Hasenzähne geschaffen hatte, und nur ein Gebiß mit Hasenzähnen paßte in ihren Mund und blieb darin. Sie probierte alles mögliche, aber schließlich mußte Daisy ein Daisy-Gebiß mit Hasenzähnen tragen und kein Lillian-La-Verne-Gebiß mit vollkommenen Perlen. Das Lillian-La-Verne-Gebiß fiel immer gerade im falschen Augenblick raus. Deshalb mußte sie sich zum Schluß damit begnügen, so zu sein, wie der Herrgott es gewollt hatte – mit Hasenzähnen.

Sie war in diesem Punkte ein bißchen komisch. Sie sagte: »Ich glaube, das ist einer der Gründe, warum meine Ehe schiefging. Ich sah nach einer Lillian La Verne aus, und als Mensch war ich die ganze Zeit eine Hasenzähne-Persönlichkeit, und das hat wohl alle verwirrt.«

Natürlich waren die falschen Hasenzähne nicht so schlimm wie die echten. Dem Zahnarzt gelang es, bei dem Gebiß ein wenig zu mogeln, aber trotzdem waren es eben Hasenzähne.

Also, eines Tages, ungefähr mitten in der Saison, kam Daisy zu Herby und sagte: »Könntest du mal deinen Einfluß geltend machen, daß George wieder engagiert wird?«

Herby kapierte nicht gleich und fragte: »Was für ein George? Als was soll er engagiert werden?«

Und Daisy sagte: »Na, George Harrington – du weißt doch, der Beleuchter.«

»Ich hielt George für tot«, antwortete Herby. »Ich hab seit sechs Jahren nichts mehr von ihm gesehen oder gehört.«

»Tot ist er ganz und gar nicht«, erklärte Daisy. »Du würdest staunen, wie lebendig er ist.«

»Gehst du wieder mit ihm?« erkundigte sich Herby.

»Ja«, erwiderte Daisy. »Er ist genau so verrückt auf mich wie früher.«

»In Ordnung«, sagte Herby, »solange er auf dich verrückt ist. Aber ich will nicht, daß er hier wieder seine Zicken treibt. Zu viele Unannehmlichkeiten mit all den Mädchen.«

»Er wird die Mädchen in Ruhe lassen«, versetzte Daisy. »Wir heiraten.«

»Und zwar hoffentlich bald«, meinte Herby. »Ihr habt schöne sechs Jahre verloren.«

»Daran waren die verdammten Zähne schuld«, sagte Daisy.

Kaum war Daisy zu George gegangen, so rief Herby Momma an, um ihr zu sagen, wie recht sie die ganze Zeit mit den Zähnen gehabt habe.

Es scheint, daß Herby ebenfalls recht gehabt hat. Sobald Daisy ihre vorstehenden Zähne wieder hatte, war George wieder mächtig hinter ihr her. Offenbar hat dieser Kerl, der Freud, von dem Herby sprach, was los. Es sah aus, als ob George mehr in Daisys vorstehende Zähne verliebt wäre als in Daisys Beine und Figur.

Wieder ein anderes Bühnenbild. Zehn Jahre später in Bay Shore. George und Daisy sind verheiratet und haben zwei Kinder, einen Buben und ein Mädchen, und sie wohnen in dem Haus gleich neben Herby und Momma, und niemand hat jemals ein glücklicheres Paar gesehen. Die Kinder sind nett erzogen, ungefähr sieben und neun Jahre alt.

Als ich hinging, um George und Daisy zu besuchen, kamen mir die Kinder entgegengelaufen. Beide lachten und schrien, und beide hatten eine Spange im Mund. Ich nehme an, daß Daisy, in Anbetracht der Tatsache, daß sowohl sie als auch Georges Mutter Hasenzähne hatten, es auf nichts ankommen lassen wollte.

Später am Abend waren wir alle beisammen. Daisy und George, Herby und Momma und meine Wenigkeit. Wir hatten gefeiert, und jeder benahm sich frei und ungeniert, und so fragte ich Daisy: »Sag mal, Daisy, reut es dich eigentlich, daß du dir damals die Zähne hast ändern lassen?«

Und Daisy antwortete: »O ja. Der Nerz und all das Zeug lohnten sich nicht im Vergleich zu George.« Und sie warf die Arme um George und gab ihm einen dicken Kuß.

Also, wenn das nicht wahre Liebe ist, weiß ich nicht, was sonst.

GEORGE GARRETT

Der unselige Jägersmann

Professor B. wandte sich einem neuen Forschungsgebiet zu, und es veränderte sein ganzes Leben. Er war für seinen Beruf verhältnismäßig jung, hatte einen guten Ruf als Gelehrter und Dozent für Geschichte. Hätte man seine Kollegen an der Universität gefragt, was sie von ihm hielten, so hätten sie geantwortet, er habe einen scharfen Verstand. Sie pflegten durchblicken zu lassen, daß er Geschichte lehrte wie ein tüchtiger Polizist. Er konnte sich durch eine Ansammlung ungebärdiger Einzelheiten einen Weg bahnen. Er konnte Ordnung in das Tatsachenmaterial bringen und wichtige Aussagen machen. Er verfaßte eine Anzahl Artikel für wissenschaftliche Zeitschriften, und einmal schrieb er ein Buch, das seine Kollegen recht gut fanden. Hätte man seine Studenten gefragt, was sie von ihm hielten, so hätten sie geantwortet, daß er ein sehr guter Lehrer sei. Sie würden ihm das schuldige Lob zollen, ohne sagen zu können, daß sie ihn gern hatten.

Tatsächlich war er bei Kollegen wie Studenten weder beliebt noch unbeliebt. Sie kannten ihn einfach nicht. Er war sehr mit sich und seiner Tätigkeit zufrieden, aber er fühlte kein Bedürfnis, diese Zufriedenheit mit einem anderen Menschen zu teilen. Er fühlte nicht einmal das Bedürfnis, das bescheidene Vergnügen an seiner Arbeit mit seiner Frau zu teilen. Sie fragte ihn nie über seine Tätigkeit aus, und er kam nie auf den Gedanken, ihr davon zu erzählen. Er war dafür, jedes Ding an seinem angemessenen Platz zu belassen, und er war es zufrieden, daß seine Arbeit und seine Ehe getrennte Plätze einnahmen. Seine Frau war bei dieser Einteilung glücklich, bis auf die seltenen Male, wenn ihr der Verdacht kam, daß er vielleicht in Gedanken seine Ehe im Vergleich zu seiner Karriere als zweitrangig betrachtete, wie eine Kohlenstation oder ein Trockendock. (Er hatte ihr gegenüber andeutungsweise die geistige Existenz mit einer Seereise verglichen.) Sie hatten keine Kinder.

Professor B. war also seiner selbst sicher und stand gesichert in der Welt. Als ihm das klar wurde, war er froh, daß er ehrlich genug gewesen war, die Wahrheit erkannt zu haben. Er ging nun daran, diese Idee nicht länger in seinen Gedanken eingesperrt zu halten, sondern etwas daraus zu machen. Er begann, sich für seinen Stammbaum zu interessieren. Früher hatte er sich nie viel um seine Herkunft gekümmert.

Jetzt dachte er, es würde ein Vergnügen sein, etwas über seine Ahnen ausfindig zu machen. Ganz bestimmt war er für ein solches Unternehmen gerüstet und vorgebildet. Er vertraute auf eine Ahnungskraft des Verstandes, die ihm sagen würde, wann imposante Fakten auf ein totes Geleise führen und wann eine schäbige, unscheinbare Information verzweifelt wichtig sein würde. Auch hatte er einen gewissen Hang zum Detektivspielen. Er war so begeistert, daß er seinen Kollegen davon erzählte, und es machte als Witz bei ihnen die Runde. Ein junger Dozent brachte den Gedanken auf, daß Professor B. am Ende noch seine legitime Abstammung beweisen würde. Ein älterer Professor sagte, Professor B. solle vorsichtig sein mit dem Aufgraben von Gräbern – er könne am Ende sein eigenes Grab schaufeln. Professor B. machte sich nichts aus dem Gerede der Leute, vorausgesetzt, daß er überhaupt etwas davon ahnte. Er weihte sogar seine Frau in seine Pläne ein. Er sagte, jeder gebildete Mensch müsse etwas von seinen Vorfahren wissen, und sie pflichtete ihm bei.

Es brauchte Zeit. Nachdem die erste Begeisterung verraucht war, blieb er zwar interessiert, aber er ordnete dieses Interesse in seinen normalen Lebenslauf ein. Es wurde zum Hobby. Es kam sogar soweit, daß er sich für dieses Hobby bei seinen noch immer spöttelnden Kollegen entschuldigte, aber das wurde ganz richtig als eine Art exzentrischen Stolzes verstanden, der sich hinter Bescheidenheit verbirgt. Er war überrascht, daß man so viel Material ausgraben konnte. Nach einiger Zeit hatte er ein ganzes Aktenfach voll alter Briefe, Fotokopien und Abschriften von Urkunden, ein paar Bilder und ein paar Bücher mit Randanmerkungen und sogar ein ziemlich ödes Tagebuch. Er entdeckte ausreichende Beweise dafür, daß eine ehrengeachtete, verheiratete Dame seiner Verwandtschaft nach dem Bürgerkrieg eine kurze Affäre mit dem Schmied des Städtchens gehabt hatte, aber obgleich noch die erst kürzlich geschriebenen Briefe seiner verstorbenen unverheirateten Tante vorsichtige Anspielungen auf diese Affäre enthielten, war er überzeugt, daß die ganze Sache harmlos gewesen war. Er fand einen Mann, der wegen außerordentlicher Tapferkeit in der zweiten Schlacht von Bull Run dekoriert worden war, aber er entdeckte, daß der Augenblick des Ruhms nicht genügt hatte, um das Leben dieses Mannes über das Niveau solider Mittelmäßigkeit hinauszuheben. Immerhin, er studierte, was er finden konnte, und es machte ihm großes Vergnügen, die Existenzen verschollener Leute sorgfältig zu rekonstruieren. Es war, als nehme man an einem imaginären Maskenball teil – und es kam seiner Arbeit zugute. Seine Stu-

denten fanden seine Vorlesungen jetzt besser. Seine Kollegen bemerkten, daß seine letzten Artikel Zeichen zunehmender Subtilität aufwiesen. Das bedeutete teils ein Lob, teils eine dezente Andeutung, daß Professor B. möglicherweise ein bißchen konfus wurde.

Er ließ sich nicht beirren. Er sah, wie sein Hobby seiner Arbeit zugute kam, und er begann, es als eine Art privaten Drills zu betrachten. Er sagte zu seiner Frau, es sei wie rhythmische Gymnastik für den Intellekt. Es erfüllte ihn mit innerem Wohlbehagen, wenn es ihm gelang, einem widerspenstigen Vorfahren bis in die letzten verfügbaren Tatsachen nachzuspüren und dann mit Logik und einem Schuß Phantasie den Menschen aus diesen Tatsachen wiedererstehen zu lassen. Er konnte die Toten an sich vorbeimarschieren lassen, nackt und mittelmäßig, und dabei unbeteiligt bleiben wie ein Gefängniswärter. Er fand, daß eine angenehme Melancholie mit der Wahrheit Hand in Hand gehe. Angesichts aller dieser Schattengestalten kam er auf den Gedanken, daß die Welt ganz allgemein einen Anstrich von düsterem Pathos habe, aber diese Erkenntnis war sonderbar prickelnd. Früher hatte er sich sicher gefühlt. Jetzt begann er, sich frei zu fühlen.

Dann entdeckte er C., und augenblicklich wußte er, daß eine Herausforderung an ihn ergangen war. C. wurde zum erstenmal in einem Brief erwähnt, den ein Urahne, ein Buchhalter, im frühen neunzehnten Jahrhundert geschrieben hatte. Wie es schien, hatte sich der Buchhalter aufs glücklichste mit seinem Leben abgefunden – eine Familieneigenschaft –, und er beschrieb in einer gespielt heroischen Abhandlung die Freuden, aus der Not eine Tugend zu machen. Mitten in dem charmanten Brief schien er sich umzudrehen und vor einem Angreifer in Abwehrstellung zu gehen.

»Ich bilde mir ein, daß ich weder der letzte noch der erste bin in einer langen Reihe von Durchschnittsmännern, die mit nur mittelmäßigen Talenten gesegnet und nur von den üblichen Narrheiten geplagt sind, verkümmert vielleicht, doch immerhin erstaunlich glückliche Zwerge. Allerdings ist da C., mein Großvater mütterlicherseits, dem ich einigermaßen wenig Liebe und nicht wenig Groll entgegenbringe. Was ist es doch für eine unerträgliche Belastung, sich unter dem turmhohen Schatten abzuplagen, den das Vorbild eines Toten wirft!«

Der Brief verfiel dann sogleich wieder in seinen gefälligen Ton, und obgleich C. weiter nicht mehr erwähnt wurde, war Professor B. beunruhigt. Er erriet schnell, daß der Schlüssel und vielleicht der Anstoß zu dem ganzen Brief in jener Stelle enthalten war. Vor dem flachen

Hintergrund nüchterner Worte stachen diese Sätze hervor wie ein schwarzes Schaf, ein ungeratener Onkel aus einem Trauerzug von Hinterbliebenen. B.s Reaktion bestand darin, daß er die Worte auf eine Karteikarte abschrieb und sich für eine lange, langsame Suche nach C. bereit machte. Sein Gefühl sträubte sich dagegen, Zeichen mahnten ihn, auf der Hut zu sein. Er hatte das Gefühl, daß eine Atmosphäre unbestimmter Drohung von C. ausgehe, und die Offenheit des Buchhalters war ihm peinlich. Wenn die Wahrheit wirklich demütigend ist, dachte er, dann sollte man sie leugnen, immer wieder leugnen – so lange, bis man an dieses Leugnen glauben kann. So schlug die Verlegenheit in Verachtung um.

Die Suche nach C. begann spielerisch, aber nach kurzer Zeit wurde sie zur fixen Idee. Es stellte sich heraus, daß C. Kapitän in Neuengland gewesen war und ein kleines Handelsschiff besessen hatte. Er segelte zwischen Europa und der Neuen Welt hin und her mit Fracht und einigen Passagieren, und er wurde ziemlich reich. Dann, noch in der Blüte seiner Jahre, verkaufte er sein Schiff und vertauschte das Meer mit dem Festland. Er nahm am gesellschaftlichen und politischen Leben teil und schien ein tiefreligiöser Mensch gewesen zu sein. Nach seinem Tode rühmten ihn prominente Geistliche als heiligmäßiges Vorbild. Er genoß den Ruf eines klugen und tugendhaften Mannes. Die Handvoll Briefe, die Professor B. von ihm aufstöbern konnte, zeigten ihn als nüchternen Menschen mit klarem Verstand, enthielten jedoch keine Spur von Witz oder ausgeprägteren Empfindungen. Er begann C. als eine Art geometrische Figur zu sehen, blutlos, aber gut gemacht. Doch immer noch hielt C. ihn im Bann. Da war sein guter Ruf, der immer mehr zunahm, je mehr Professor B. seinen einzelnen Bestandteilen nachspürte. C. erschien allmählich als ein reines Instrument des Guten. Wie es dazu gekommen war und wie man es erklären konnte, entzog sich B.s Verständnis. Schließlich, so fand er, hatte es mit der exakten Nüchternheit dieses Mannes etwas Seltsames auf sich. Sie wirkte eher einstudiert als zufällig; daraus konnte sich auch die Entrüstung des Buchhalters, seines Enkels, erklären.

Professor B. konnte sich nicht erklären, wie seine eigene Entrüstung entstanden war. Er fing an, Abneigung und Mißtrauen gegen C. zu empfinden. Er verabscheute ihn wegen seines guten Rufes. Er verabscheute ihn wegen der Unbedenklichkeit, mit der dieser Kapitän es fertiggebracht hatte, einen Lebensstil völlig gegen einen anderen einzutauschen. Und aus dem Abscheu erwuchs Mißtrauen. Er beschloß, daß C. ein für allemal entlarvt werden müsse. Er ging methodisch zu

Werke. Aber alles, was er ausfindig machen konnte, vergrößerte nur den trüben Tugendschein dieses Mannes. Mißmutig erkannte er, daß er dem Mann nichts weiter antun konnte, als einen Teil seiner ursprünglichen Energie wieder zum Leben zu erwecken. Professor B.s Zeit wurde in zunehmendem Maße davon beansprucht. Er nahm sogar einen einjährigen Urlaub von der Universität, den er ausschließlich dazu benutzte, dem flüchtigen Gespenst nachzustellen. Er wurde ein Sonderling. Was ein Hobby gewesen war, dann ein Drill, wurde beinahe eine Leidenschaft. Professor B. kam sich vor wie ein blindspielender Schachmeister, der gegen eine Gruppe von Amateuren spielt und nach und nach entdeckt, daß einer seiner unsichtbaren Gegner ihm durch eine Reihe ganz gewöhnlicher Züge eine schlaue Falle gestellt hat.

Es war verzweifelt aufregend, sich mit C. zu messen. Irgendwo, dessen war er sicher, konnte C. gefaßt und schmachvoll überführt werden. Professor B. lernte, seine eigene Schmach in Schach zu halten, indem er sich auf die *Methode* seiner Nachforschungen konzentrierte. Er wußte nicht genau, wonach er suchte, aber er hatte das Gefühl, daß eine einzige kleine, landläufige Torheit oder ein hartnäckiges, mittelmäßiges Laster C. zum Format seiner Nachkommen zusammenschrumpfen ließe. So arbeitete er weiter, schrieb Briefe, grub unbedeutende Einzelheiten aus, verbohrte sich in jede Tatsache, die er auffinden konnte. Sein Feind hatte die Zeit zum Verbündeten; Jahre, in denen er sich verbergen konnte, während Professor B. nur mit großer Mühe Zeit für die Fortführung seiner Nachforschungen erübrigen konnte. C.s Zeitvorsprung und sein Reichtum erbitterten ihn. Nur ein Reicher konnte so erfolgreich im dunkeln bleiben.

Erbitterung führte ihn zur Lösung. Er sah, daß ihm ein einfaches Glied in der Kette entgangen war. Wie war C. eigentlich zu seinem Geld gekommen? Warum gab er die Seefahrerei auf? Professor B.s intuitive Antwort war die Mutmaßung, daß beide Dinge in Zusammenhang standen. C. mußte die Seefahrerei aufgegeben haben, nicht weil er genug Geld hatte, um sich zur Ruhe zu setzen, sondern wegen irgendeiner Sache in Verbindung mit seinem Gelderwerb. C.s Leben zu Lande konnte man sich als Sühne für irgend etwas denken.

Also gut, nun wußte er, wonach er suchen mußte. Er wußte auch, daß es nahezu seine gesamten Möglichkeiten und Energien erschöpfen würde, C.s Schande festzunageln, und er fürchtete, C.s Schande könnte bereits dezentem Vergessen anheimgefallen sein. Er wußte jedoch, daß er sie bereits an Hand des leisesten Hinweises würde finden

können, und er war nie so sehr dazu bereit gewesen wie jetzt. Sein Gesicht war für kleinste Schwankungen so hoch empfindlich wie ein Barometer.

Er fand nicht ganz genau, was er wollte, dafür fand er mehr, als er gesucht hatte. Stück für Stück setzte er eine Geschichte zusammen. C. hatte sich nicht immer damit begnügt, die Route zwischen Europa und den Kolonien zu befahren. Einmal, zweimal, mehrmals war ihm unter größter Vorsicht eine geheime Reise an die afrikanische Küste gelungen, an einen Ausfuhrhafen für Sklaven, und er hatte seine Fracht glücklich nach Westindien gebracht. C. hatte erstaunliche Unbarmherzigkeit und einen wirklich wunderbaren Sinn für Geschichtsfälschung bewiesen. Diese Fahrten hatten ein sonderbar verzweifeltes Gepräge. Zu jener Zeit war der Sklavenhandel legal und wurde nicht einmal moralisch verurteilt. Das wichtige war, daß C. dennoch alles getan hatte, um seine Tätigkeit zu vertuschen. Er wußte offensichtlich, daß er etwas Schreckliches, unverzeihlich Schlechtes tat, und er handelte wie ein Mensch, der auf seine eigene, persönliche Verdammnis hinarbeitet. Er hatte sich genauso wohlüberlegt reingewaschen. Die letzte Reise blieb unvollendet. Auf halbem Wege mußte C. sich zum Guten bekehrt und sich gleichzeitig vom Meere abgekehrt haben. Professor B. sah, was der Mann getan hatte. Er hatte beschlossen, sich für alle Zeit mit einer letzten Tat auszuliefern. Wie einer plötzlichen Laune folgend, hatte er sich gegen den Verkauf einer weiteren Sklavenladung entschieden. Die Lösung bestand darin, sie alle über Bord zu werfen, unverzüglich landwärts beizudrehen und keinen Blick zurückzuwerfen auf den wild um sich schlagenden Todeskampf in den Wellen hinter ihm.

Wenn die Wahrheit einfach war, so war die Antwort vieldeutig, denn C. konnte die Wahrheit nichts anhaben. Nichts konnte seinem Wissen oder seiner Verzweiflung hinzugefügt werden. Er schien über die törichten Jahre hinweg Professor B. anzugrinsen, und der Professor wandte sich ab, angeekelt und beschämt über sich selbst, da er fühlte, daß der Tote ihn entlarvt hatte. Er empfand eine neue Knechtschaft. Er fühlte, daß er sein ganzes Leben in Ketten verbracht hatte. Er lehrte Geschichte mit einem Gefühl erschreckender Resignation. Das Studium der Geschichte ist eine unartige Beschäftigung, so sagte er zu seinen Hörern, und sie lachten und mochten ihn gern. Was Unschuld ist, weiß man erst, wenn man sie verloren hat, sagte er zu seinen Kollegen. Sie fragten sich, was ihm widerfahren sein mochte. »Ich komme mir vor wie ein Kind, das seine Eltern im Bett belauscht, sich

für sie schämt und sich schuldig fühlt, weil es nicht hätte spionieren dürfen«, sagte er zu seiner Frau. Sie hörte es mit Erbitterung, denn sie hatte kein Kind.

WILLIAM GOYEN

Zamour

Princis Lester lebte mit Vater und Mutter und ihren beiden älteren Schwestern in *Red River County* in Texas, im gleichen Hause, in dem sie geboren war; und nach ihrem zwanzigsten Lebensjahr begann den beiden Schwestern namens Cheyney und Maroney – es waren keine Zwillinge, sie hätten's aber fast sein können – ein schwarzes Bärtchen gleich einer kleinen Girlande zu sprossen.

Bei Cheyney zeigte es sich zuerst, und danach bei Maroney. Cheyney war ganz verstört, besonders deshalb, weil sie glaubte, ihre Schwester Maroney, die sie abgöttisch liebte, würde sich nun nichts mehr aus ihr machen. Aber Maroney sprach mit ihr und sagte ganz gelassen: »Mach dir keine Sorgen, liebes Schwesterchen Cheyney, das soll uns nicht trennen; denn ich will's dir nur gestehen, ich habe schon seit langem beobachtet, daß mir allmählich das gleiche widerfahren wird.« Die beiden Schwestern umarmten sich und schworen, daß sie für den Rest ihrer Lebtage beieinanderbleiben wollten. Dieses Band war stärker als der Tod und war obendrein ein sehr schönes, das sie allen Leuten in *Red River County* lieb und wert machte.

Princis Lester, die zehn Jahre jünger war, wuchs mit ihren Schwestern auf und sagte nie ein Wort über den Unterschied zwischen ihrem eigenen Aussehen und dem ihrer Schwestern, bis sie das achtzehnte Lebensjahr erreicht hatte, ein Alter, in dem man sich selbst studiert. Und da Princis schlank und schön war und kastanienbraunes Haar hatte, ihre Schwestern dagegen beide so rund wie Pfannkuchen waren und kohlrabenschwarze Haare hatten, dachte sie zum ersten Mal richtig über das Mißgeschick nach, das ihre Schwestern betroffen hatte, und bestimmt erschien ihr der Tod annehmbarer. Sie dachte, wenn mir so etwas zustieße, würde ich mich umbringen, und besah sich ihr Gesicht sehr gründlich im Spiegel. Sie sonderte sich noch stärker von ihren Schwestern ab, obwohl sie ihnen nie sehr nahe gewesen, denn Cheyney und Maroney schienen ganz für sich im Raum zu schweben wie zwei kleine Hemisphären, die ein Isthmus aus Haar

zu einer Welt verknüpfte, welche ihr entrückt war. Jedenfalls wurde alles anders, und für Princis begann ein neues Leben. Sie stellte ihren Schwestern keine Fragen über das, was sie für ein entsetzliches Gebrechen ansah – als ob sie Zwerge gewesen wären oder eine Hasenscharte gehabt hätten. Doch waren es zwei liebe und sanfte, lächelnde Geschöpfchen, ihre Schwestern; und im Herbst hörte sie ihnen zu, wie sie in ihrem Nonnenglück im Obstgarten herumlachten, und beobachtete sie vom Fenster aus, wie sie gleich reizenden kleinen Waschbären in den Apfelbäumen saßen und die Früchte nach unten warfen. Was besaßen die Schwestern, das sie *nicht* besaß, fragte sie sich und schaute in den Ankleidespiegel. Einen Bart, war die naheliegende Antwort. Aber sie mochte sie gern, sie waren so lieb zu ihr, zu ihrer lieben kleinen Schwester Princis, und kein einziges Mal blickten sie ihr scharf ins Gesicht, um nachzuforschen, ob sich etwa der kleinste Anflug eines Bärtchens zeigte; sie sprachen niemals darüber; und wenn sie nicht ihre Schwester und ihnen so nahe verwandt gewesen wäre, würde ihr nach einer kleinen Weile ihre Besonderheit gar nicht mehr aufgefallen sein, so, wie sie auch anderen, entfernteren Verwandten nicht aufzufallen schien, die hin und wieder an den Sonntagen nachmittags zu Besuch kamen. Verunstaltungen, die in der Stadt sogleich ihren Marktpreis finden, werden auf dem Lande und unter Landleuten zu harmlosen Alltäglichkeiten.

Es drängte sie, fort und in die Stadt zu gehen, eine Stelle anzunehmen oder Schönheitspflege zu erlernen oder irgendeinen Kurs mitzumachen. Aber sie wartete noch. Sie beendete die höhere Schule, und dann starben innerhalb eines Jahres ihr Vater und ihre Mutter. Sie blieb, bis sie fünfundzwanzig Jahre alt war, und sehnte sich, von zu Hause fortzulaufen. Zwischen ihr und ihren Schwestern war ein solcher Abstand, zu groß, schien ihr, um ihn je überbrücken zu können; nein, niemals, solange sie lebte, würde sie die Brücke aus Haar überqueren können. Ihre Basen und Nachbarn lebten meilenweit weg am Ende der Straße, und außer ihnen kamen nur selten Gäste. Und sie wartete.

Jedoch eines Abends am Eßtisch schrie sie plötzlich ihren Schwestern zu: »Starrt mich nicht so an!« und stand auf. Und Maroney sagte: »Aber Princis, liebes schönes Schwesterchen, wir haben dich ja überhaupt nicht angestarrt!« Doch Princis nahm den Mantel um und trat durch die Hoftür ins Freie. Es war im Dezember, und ein leiser Regen fiel. Sie ging in den Obstgarten und unter die tropfnassen, früchteleeren Bäume. Das bedeutet, daß ich fort muß, dachte sie, sonst werde

ich schließlich noch meine Schwestern kränken, die ja keiner Seele weh tun wollen.

Was war das für ein leises Schreien, das sie im Obstgarten hörte – wie von einem Tier oder was es sonst sein mochte? Sie schritt behutsam darauf zu und sah zwei schöne, funkelnde Lichter. Das waren die Augen. Sie trat näher auf die Lichter zu, und es war ein Kätzchen, das vor ihr davonsprang. Sie lief ihm nach. Es sprang hoch und fuhr kratzend in einen Baum, wo seine Augen gleich leuchtenden Früchten glühten. »Miezchen!« rief sie. »Komm zu mir, wenn du frierst und naß bist! Ich bin Princis Lester, und ich tu dir nichts zuleide! Komm doch herunter, dann können wir Freundschaft schließen!« Sie wartete und sah zu, wie die Lichter durch den Baum schwangen. Und dann kam das Kätzchen langsam herunter, dorthin, wo sie stand, und streifte ihr um die Beine und begrüßte sie. Sie hob's auf, und das Tierchen ließ es geschehen, und sie spürte, wie vertraut das nasse Fell ihrer Hand erschien – so, als habe sie es schon immer gekannt. Doch fühlte sich der Pelz zerrissen an: ein Tier mußte es gehetzt haben.

Sie kehrte mit dem Kätzchen zum Haus zurück und sagte: »Du hast dich in der Dunkelheit und im kalten Regen verlaufen. Du hast dich verirrt, weil du niemandem gehörst, und jetzt bist du mein. Aber wie soll ich dich nennen?«

Als sie im Haus waren, sah Princis, daß es ein zutraulicher schwarzer Kater mit gelben Augen war. Sie nahm ihren neuen orangefarbenen Samtmantel ab, hüllte ihn um das Tier und trug's ins Wohnzimmer, um es den Schwestern zu zeigen, und gleichzeitig sollte es ein Entgegenkommen sein, um wiedergutzumachen, was sie am Eßtisch gesagt hatte.

»Seht her«, rief sie. »Ich habe im Obstgarten einen Freund gefunden!«

Cheyney und Maroney eilten entzückt auf den Kater zu, dessen Kopf naß und schwarz aus dem orangegelben Samt schimmerte, in den er sich eingekuschelt hatte. Doch murrte er und fauchte sie an, krallte nach ihnen und wollte sie nicht heranlassen. Cheyney und Maroney traten beide zurück, und Princis sagte: »Er hat Angst«, und trug ihn in ihr Zimmer.

Sie setzte sich mit dem Kater aufs Bett, trocknete ihn, bürstete ihn mit ihrer Haarbürste und sagte: »Aber wie nenn' ich dich nur, jetzt, da du mein bist für immer?« Ein wunderschöner Name muß es sein, dachte sie. Was für wunderschöne Namen kannte sie denn? Kein einziger fiel ihr ein. Doch dann plötzlich summte ihr ein Name durch den Sinn,

fast, als ob jemand anders den Namen irgendwo geflüstert hätte: »Zamour!« Es war ein reizender Name, den sie auf einem Plakat gelesen
hatte; an einem Straßenbaum hatte es gehangen und einen Zauber-
künstler angekündigt, der im Konsumverein eine Vorführung geben
wollte, zu der sie aber nicht hingegangen war.
Und so wurde Zamour Princis' Eigentum. Entweder blieb er bei ver-
schlossener Tür in ihrem Zimmer, oder er streifte mit ihr durch den
Obstgarten, in dem sich beide kennengelernt hatten. Von Cheyney
und Maroney hielt er sich fern, gewöhnte sich auch nie an sie, und die
beiden in ihrer gütigen Art drängten sich ihm nicht auf, sondern ließen ihn seiner Wege gehen und seinem Herzen folgen.
Als Princis dreißig wurde, traf sie im Konsum einen jungen Eisenbah-
ner namens Simpson. Von da an paßte sie ihn regelmäßig ab. Weil jeder wußte, wann der andere kommen würde, um einzukaufen,
machte sich jeder einen heimlichen Plan zurecht. Sie sah es seinen
Augen an, daß er sie eines Tages aufsuchen würde, und sie erzählte es
Zamour und sagte, saß sie achtgeben und warten müßten, bis er
käme. Zamour und sie spielten beide ein heimliches Spiel: wenn Mr.
Simpson kommt, und oft saßen sie auf der Schaukelbank der Veranda
und hielten Ausschau nach ihm; oder abends im Schlafzimmer, wenn
nur die kleine Glaslampe brannte, spielten sie ihr Wartespielchen, daß
er vielleicht käme.
Obwohl sie ihn nie einlud, wußte sie, daß Mr. Simpson kommen
würde. An dem Abend, als er Besuch machte, spielten ihre Schwestern im Wohnzimmer auf dem Xylophon ihr Lieblingsstück, »Schönes Ohio«, wieder und immer wieder, eine Melodie, die einen wie im
Traume davonträgt. Princis und Mr. Simpson saßen in der Halle auf
der Garderobebank und warteten, bis das Konzert vorüber wäre und
sie beide ins Wohnzimmer gehen könnten. Doch Cheyney und Maroney spielten ihr Lieblingsstück »Schönes Ohio« immer wieder von
vorne, eine Melodie, zu der man im Nachen schaukeln oder in einer
Gondel im *Ferris*-Rad schwingen kann.
Mr. Simpson erzählte Princis, daß er eine Waise aus St. Louis sei und
keine Verwandten habe und daß er nach der Stadt Houston versetzt
worden sei, um dort auf dem Güterbahnhof zu arbeiten – er war Weichensteller –, und Princis sprach, ohne sich lange zu besinnen, von einem Wort, das man gut zu der Melodie »Schönes Ohio« singen
konnte. »Entführung« hieß es, und sie wollte gern von ihm entführt
werden: ein so schönes Wort, das ihr aus der Musik auf die Lippen
sprang.

Mr. Simpson war ob des großzügigen Angebots so hingerissen, daß er es annahm, gleich dort in der Halle auf der Garderobebank mit dem vergoldeten Spiegel dahinter, die auch die Sitzbank einer spiegelgeschmückten Gondel hätte sein können, in welcher sie zu einer Melodie schwangen, deren leise hämmerndes Gurren und gläsernes Rieseln wie das Murmeln und Perlen eines Gewässers war, auf dem sie zusammen aufwärts- und all ihrer Zukunft entgegenbebten; und so entführte er sie also am selbigen Abend noch, und lange bevor das Xylophonkonzert vorüber war.

»Jetzt haben wir Gelegenheit, uns gegenseitig kennenzulernen«, sagte Mr. Simpson, »und unser Leben aufzubauen.«

»Unseres und das von Zamour«, erwiderte Princis. »Denn er kommt mit.«

Princis steckte ein Zettelchen an die Garderobe, und darauf stand: »Ich lasse mich entführen, um in Houston zu heiraten und mir mein Leben aufzubauen. Alles Liebe. Princis.«

Princis schickte ihren Schwestern eine Postkarte, eine Ansicht von Houston, von der Südseite, die dem *Red River County* zugewandt ist; und viele, viele Jahre lang blieb es das einzige Lebenszeichen, das zwischen ihnen ausgetauscht wurde.

Es geschah in der Zeit, als die Menschen aus den kleinen Orten und von den Farmen fortwanderten und in größere Orte und Großstädte zogen – in der Zeit des allgemeinen Umschwungs in Texas. Princis und Mr. Simpson bezogen ein kleines Holzhaus an der Hines-Straße in Houston. Von den dort Ansässigen wurde dieser Stadtteil »die Nachbarschaft« genannt; er wurde von Leuten bewohnt, die aus Kleinstädten gekommen waren, und ein paar stammten sogar aus dem *Red River County*. Diese Menschen hatten ihre bisherige Lebensweise geändert und sich den städtischen Bräuchen angepaßt. Princis Lester jedoch schlug – seltsam genug, denn man hätte annehmen können, sie vor allem würde sich schnell umstellen – genau die entgegengesetzte Richtung ein: sie begann zu leben, als ob sie noch immer im *Red River County* sei. Es war etwas im *Red River County*, das sie hielt.

Sie warf sich nicht in Staat und nahm den Bus, um den ganzen Tag in der Stadt zu verbringen, in Kresses billigem Laden zu kramen oder im Lunch-Raum des Warenhauses Coca-Cola und Sandwiches zu verzehren und andre Frauen zu mustern, ob auch ihre Handtasche und ihre Schuhe zueinander paßten; sie verbrachte auch nicht ganze Nachmit-

tage in den Frühvorstellungen im Prince-Theater, das selbst bei Tage von flirrendem Lichterspiel übersprudelte; und sie kaufte auch nicht bei Piggly-Wigglys mit der Selbstbedienung – nein, sie hatte ein Konto in einem Lädchen gleich um die Ecke, wo der Mann, den sie persönlich kannte, mit einem Greifstock aufs oberste Bort langte und ihr ein Paket Haferflocken herunterholte. »Wenn ich Heimweh nach *Red River County* habe«, sagte eine ihrer Nachbarinnen, »und das kommt immer seltener vor – denn dort hat sich alles so verändert und ist nicht mehr, wie's früher war –, dann brauch' ich nur bei Mrs. Simpson hereinzuschauen, und mir ist, als wär' ich daheim gewesen im *Red River County* – aber hier auf der Hines-Straße in Houston!«

Wenn Princis die Schiebefenster in ihrem kleinen Haus hochschob, klemmte sie Hölzchen dazwischen, um sie offenzuhalten, bis Mr. Simpson ihr erklärte, daß in Houston die Fenster von alleine oben blieben. Sie besaß eine Singer-Nähmaschine und ließ das Trittbrett schwirren und nähte sich Baumwollkleider, mit Feldblümchen bedruckt, und fertigte sich ihre Sonnenhauben selber an und trug sie in der Nachbarschaft und sogar im Haus oder wenn sie wie ihre Schwestern daheim auf der Vorderveranda auf der Schaukelbank schwang. Sie legte ihre große Häkeldecke aufs Bett und Zierdeckchen, die sie selbst gehäkelt hatte, auf den Ankleidetisch und die Armlehnen der Polstersessel, um sie zu schonen.

Es war ein unerwarteter Umschwung, diese Art, wie Princis Lester sich änderte, und eine unvorhergesehene Veränderung neben manchen andern noch, über die Mr. Simpson zuerst staunte und sich dann buchstäblich zu Tode grämte. Princis mied Mr. Simpson, und das überraschte ihn dermaßen, daß er es nicht fassen konnte. Im Konsum und auf der Garderobebank hatte sie ihm doch solche Augen gemacht! Zwar war es für einen Mann wie ihn eine Zeitlang erregend und wie eine Herausforderung, und er beruhigte sich, indem er an alles dachte, was Princis ihm würde geben können, all die neueroberte Wildnis einer Zukunft, die ihrer harrte, sobald sie das Warten überwunden hatte. Doch im Verlauf des ersten Jahres wandte sie sich wieder ihrem Ursprung zu, und das in einer Welt, die genau die entgegengesetzte Richtung einschlug, so daß sie Princis Lesters Umstellung nicht stützen konnte, keinen Grund hergab, auf dem sie bauen konnte – sie hätte ebensogut ein Haus aus Moskitotüll bauen können, und vor was für Unwetter konnte eine so zerbrechliche Wohnung sie wohl schützen? Princis wurde in der »Nachbarschaft« zu einer Art Museumsstück, das von einer hinschwindenden Rasse zeugte, ein

letztes kleines Landfrauchen – als ob in ihr die Rasse ausstürbe – in einem kleinen Haus einer städtischen Straße.

Sie war gleichsam die letzte Trägerin überzüchteter Merkmale einer erschöpften Gattung mit großen Ohren, feinem Köpfchen, einem Gesicht nicht größer als eine Kaffeetasse, mit zierlichen Pfötchen, die es verstanden, Erbsen und Bohnen auszupalen, ein Huhn auszunehmen, Eier einzusammeln – jeweils eins – und keins zu zerbrechen, kleine Wäsche aufzuhängen oder eine Schöpfkelle Brunnenwasser zu holen, doch keinen Eimervoll heraufzuziehen. Als die alte Mrs. Graves von gegenüber in ihrem zweistöckigen Logierhaus (einst, als ihr Mann und sie aus *Benburnett County* hierhergezogen waren, war's ihr eigenes Heim gewesen, gerüttelt voll mit den sieben Kindern), als sie zum ersten Mal Princis Lester erblickte, sagte sie zum alten Mr. Graves, der in dem einzigen Zimmer, das sie jetzt bewohnten, in seinem Schaukelstuhl saß: »Die kleine Neue in der ›Nachbarschaft‹ wird sich noch ändern, und wir werden's miterleben. Wo sind all die netten Landfrauchen, wo sind sie alle hingegangen?«

Jedoch innerhalb kurzer Zeit hatte Princis Lester sich von ihrer neuen Umgebung abgesondert und, wie es schien, ganz *Red River County* in ihr kleines Haus gezogen. Mr. Simpson dagegen nahm die Gewohnheiten der »Nachbarschaft« an und kehrte seinem Haus und Princis den Rücken. Langes Warten lag ihm nicht, und er hatte schon weit über sein übliches Maß gewartet. Jetzt kam's ihm so vor, als habe er im Konsum von *Red River County* einen schlechten Kauf getan, und die gleichen Worte gebrauchte er auch eines Abends, um es Princis Lester mitzuteilen. Er begann, zwei Abende der Woche im Kegelklub der Hines-Straße zu verbringen, während die Frauen bei Bier und Zigaretten im Stand saßen und Beifall schrien, wenn ihre Männer gut warfen; oder er ging zum Baseball- oder Ringkampf-Match oder spielte irgendwo in der Stadt Domino; und an den Fenstern wollte er die neumodischen Gitterläden haben. Princis Simpson blieb immer häufiger allein, abgesehen von dem einen Freund, den sie aus *Red River County* mitgebracht hatte, und das war ihr wunderschöner Zamour.

An den Abenden stand Princis in einem gradegeschnittenen bäurischen Kittel, der ihr wie ein Sack um den Körper hing, auf der Veranda, oder sie ging in der Dämmerstunde den Bürgersteig der Hines-Straße auf und ab und rief Zamour, er solle heimkommen. »Zamour, Zamour!« rief sie, und es klang wie ein Singsang, bis Zamour auf seinen feinen hohen Hinterbeinen und den zu kurzen Vorderpfoten nä-

her trödelte, was so aussah, als ob er eine Treppe hinunterstieg, um an sein Ziel zu kommen. Manchmal saß Mr. Framer, einer ihrer Nachbarn, ein Polizist, zum Abkühlen auf der Veranda seines Hauses, wenn er gerade keinen Dienst hatte, die nackten Füße aufs Geländer gelegt, und äffte ihren Ruf nach, oder er pfiff selbst verlockend, bis seine Frau Mercel zigaretterauchend aus dem Haus kam und ihm sagte, er solle sich was schämen.

Die Zeit verging, und Princis zog sich immer mehr von der Stadt und der »Nachbarschaft« zurück. Auf das Klopfen von Besucherinnen aus der »Nachbarschaft« antwortete sie nie, und besonders bei einer nicht, die immer in die Kirche der »Nachbarschaft« lief und ihr gesagt hatte, sie brächte Grüße von der Gruppe Christlicher Eheleute, und dabei hatte sie einen Bubikopf mit Dauerwellen. Nie mehr sah man Princis Lester am späten Nachmittag in ihrer Haube zu dem kleinen Lädchen gehen, Zamour hinter ihr drein, und beide in ein Gespräch vertieft. Zamour und sie blieben hinfort im Haus.

Die Nachbarn betrachteten von ihren Fenstern aus das verlassen daliegende Haus mit der Veranda, auf der die Farne wegen Wassermangel verdorrten und Zeitungen und Zirkulare sonnenvergilbt herumkreiselten. Sie fragten sich, ob Princis etwa krank sei. Aber die Männer vom Kegelklub wußten, daß Mr. Simpson in das Eisenbahnerheim gezogen war, und erzählten es ihren Frauen. »O je«, sagten sie, nickten sich zu und machten große Augen.

Dann, eines Nachmittags, ließ sich Zamour auf dem Bürgersteig blicken, und in der Dämmerstunde hörte die »Nachbarschaft« tatsächlich den Ruf »Zamour! Zamour!«; und damit war etwas überstanden, wie eine Zeit langer Dürre. Sie sahen Princis wieder den Bürgersteig auf und ab gehen. Vorüber war die Art Einzelhaft, die sie sich vermutlich auferlegt hatte, weil Mr. Simpsons Flucht ihr peinlich oder qualvoll gewesen war. Nun ging es einen Monat um den andern so weiter mit dem seltsamen Auftauchen Princis Lesters, einmal täglich, und ihrem völligen Schweigen und Verschwinden für den Rest des Tages; nur in der Dämmerstunde rief sie Zamour, wie um der »Nachbarschaft« kundzutun, daß sie da sei. »Ich glaube, deshalb ruft sie ihre Katze so ewig lange und so traurig«, sagte eine der Nachbarinnen, »um uns zu beweisen, daß sie noch da ist. Denn wie sonst sollten wir's je merken, wenn nicht an der Katze?« – »Und wenn sie aus dem Haus kommt, um die Katze zu rufen«, sagte eine andre, »dann sieht sie so weiß wie ein Gespenst aus. Doch daran ist bloß die dicke Puderschicht schuld, die sie sich aufs Gesicht legt, als ob sie ins Mehlfaß gefallen wäre. So

macht man's eben in *Red River County:* eine richtige Pudermaske, zolldick, und kein Rouge.«

Eines Tages wurde Mr. Simpson sehr krank und mußte ins Hospital der »*Südpazifischen*« gebracht werden. Dort lag er einen Monat um den andern, ein noch junger Mann, der wegen des Alkohols ganz allmählich dem Tode in die Arme sank. Princis Lester sprach einmal mit den Ärzten, die zu ihr gekommen waren und sich dadurch Einlaß verschafft hatten, daß sie ihr zuriefen, es ginge um Leben und Tod. Und sie hatte an der Haustür gefragt: »Bei wem? Bei meinen Schwestern?« Die Ärzte hatten ihr gesagt, daß ihr Mann anscheinend sein Leben lang getrunken habe, denn daher hätte er nun seinen Leberkrebs. War ihr das bekannt, fragten sie. »Nein«, erwiderte sie. »Mr. Simpson ist mir nicht bekannt.«

Princis wollte Mr. Simpson nicht im Hospital besuchen. Sie schickte eine Postkarte ins *Red River County* – aber nicht an ihre Schwestern – und bat ihren Vetter, einen einundzwanzigjährigen Burschen namens Wylie Prescott, herzukommen und sich in der Stadt eine Stelle zu suchen und in ihrem Haus zu wohnen, bis Mr. Simpson gestorben sei. Er kam auch – er stammte aus dem Prescott-Zweig der Familie, irgendwie mit Princis verwandt, der Sohn von ihrer Mutter jüngerem Bruder, wie sie sich erinnerte, und er machte kaum den Mund auf, oder Princis hörte nicht richtig hin, wenn er etwas sagte. Sie fragte ihn nicht einmal wegen *Red River County* aus. Er nahm sich das Schlafzimmer, das auf den Hof blickte, doch schien er nie drin zu sein.

Der junge Vetter führte ein verschwiegenes Leben, die Stadt bot ihm reichlich Gelegenheit, und er erhielt auch eine Stelle als Fahrer eines großen staubigen Lastwagens, den er über Nacht vor dem Haus in der Hines-Straße parkte. Mit seinem verschwiegenen Leben begann er sogleich – oder es kam ihm entgegen; doch manchmal, an den Abenden, konnte die »Nachbarschaft« jetzt Princis und Zamour auf der Schaukelbank der Vorderveranda sitzen sehen und den Vetter auf der Treppe, wie er Gitarre spielte. Die Nachbarn, die ihr eigenes Leben lebten, waren in ihren Häusern: die Katholiken an der Ecke in dem ihren, und die mit der großen wilden Range namens Sis in ihrem, und die Insassen des morschen, zweistöckigen Graves-Hauses auch in dem ihren – alle Logiergäste in ihren heißen, grell beleuchteten Zimmern, die Wagen vorm Haus parkiert, die verschiedenen Radios auf verschiedene Sender eingestellt, während die alten Besitzer, Mr. und

Mrs. Graves, altersschwach und wie verstoßen in dem einen Zimmer saßen, das sie bewohnten, und ringsherum an den Wänden die Bilder von ihren sieben Kindern und deren Frauen und Kindern. Die Gärtchen waren begossen worden, die Moskitos waren da, das Nachtessen war vorbei, und von den nahen Boulevards drang der Lärm des zunehmenden abendlichen Straßenverkehrs. In den Bäumen saßen die Grillen, denn wie üblich war seit drei Monaten kein Regen gefallen. Dann begann Princis Lester den Bürgersteig auf und ab zu schlendern, mit verschränkten Armen, als ob es kühl sei, in Filzhausschuhen mit Seidenpompons, und rief »Zamour! Zamour!«, und zwischenhinein klang das sachte Zupfen der Gitarresaiten und begleitete ihren leisen Katzenruf.

Der Vetter nun sah etwas, als er eines Abends spät heimkam, nachdem er vor der Haustür mit Mercel Framer im Lastwagen gesessen hatte, denn sie war inzwischen seine Freundin geworden, mit der er Poker gespielt und Bier getrunken hatte, um ihr Gesellschaft zu leisten, weil ihr Mann, der Polizist Mr. Framer, Nachtdienst hatte. Und was der Vetter sah, das war Princis Lester, die bei dem matten Licht einer kleinen Lampe in ihrem Schlafzimmer saß und starr wie eine Statue in den Spiegel blickte, den sie in der Hand hielt. Zamour saß ihr auf der Schulter, sah zu und duckte sich, als ob er einen Vogel im Spiegel fangen wolle. Sie hörten nicht einmal, daß er ins Haus trat, müde wie er war von dem, was er und Mercel Framer ihr Lastwagenfest nannten. Er beobachtete Princis und Zamour, dann schloß er ganz leise die Tür und spähte durch eine Ritze. Da saß sie mit Zamour, erstarrt und wie verzaubert durch das In-den-Spiegel-Starren. Er ging fort und zu Bett und dachte: Solange sie mich nicht bei meinem Vergnügen stören, mische ich mich nicht ein; doch hoffentlich wird das, was da zum Teufel aus dem Spiegel kommt, mich nicht wecken, denn ich bin kaputt von der anstrengenden Lastwagentour.

Als Mr. Simpson endlich starb, verschwand der Vetter, soweit es die »Nachbarschaft« jedenfalls beurteilen konnte, denn der Lastwagen war fort und keine Spur von ihm zu entdecken. Princis Lester holte Zamour ein für allemal aus der »Nachbarschaft« ins Haus hinein, und dort in dem kleinen Häuschen lebten sie sehr still mitsammen und warteten auf Mr. Simpsons Pension. Jeden Morgen um halb sechs klickte leise die Weckeruhr, die nicht länger weckte, aber noch immer auf die Stunde eingestellt war, zu der Mr. Simpson aufzustehen und zum Güterbahnhof zu gehen pflegte, und es war wie ein kleiner Geist, der in der Uhr fortlebte. »Mr. Simpson lebt noch immer in der großen

Ticktack-Uhr«, erzählte sie Zamour. »Aber wenn die Pension kommt, gehen wir heim nach dem *Red River County*.« Sie spielte ein Spiel mit Zamour: das Warten auf die Pension. »Wenn wir nach dem *Red River County* fahren, was sollen wir dann mitnehmen?« Zuerst zählte Princis allerlei auf: dies wollte sie mitnehmen und das wollte sie mitnehmen. Was wollte Zamour mitnehmen? Zamour wollte anscheinend überhaupt nichts mitnehmen, sondern sah sie nur mit seinen gelben Augen an, machte einen krummen Buckel, damit sie ihm den Pelz kraule, strich ihr um die Beine und ließ den Schwanz steil aufwärtsflimmern. Sie waren einander so nahe gekommen.

Die ganze Zeit über war ihr Zamour wie ein menschliches Wesen erschienen, wie ein schönes, treues und liebevolles Wesen, so daß Princis vergessen hatte, daß er ein Katertier war, und sie sprach mit ihm, war nett zu ihm, machte Pläne für sein Leben im *Red River County*. »Wir wollen ein Gärtchen anlegen und uns *Okra* pflanzen, wollen eine Kuh haben und einen schattigen Baum, sobald Mr. Simpsons Pension kommt und wir nach dem *Red River County* zurückgehen.« Und sie kraulte mit ihren Fingern in seinem Fell, bis Zamour sich unter ihren Liebkosungen wie elektrisiert reckte und streckte. Doch wenn sie ihn unvermutet antraf, wie er tierhaft auf dem Bett lag, befangen in seinem unbekümmerten Tierschlaf, in seinem Katerschnarchen, mit offener Schnauze und wild entblößten Zähnen, dann ging sie schnell ins nächste Zimmer und begriff, daß Zamour nur ein stummes Tier war und kein Spiel mit ihr spielen, keine Worte zu ihr sagen konnte. Weshalb überhaupt nach dem *Red River County* zurückkehren, fragte sie sich niedergeschlagen, er ist doch kein Freund. Das war damals, als sie so einsam wurde, daß sie ihre Schwestern wiedersehen wollte. Sie schrieb ihnen ein Briefchen und sagte: »Wundert euch nicht, ich komme nämlich heim nach *Red River County*, wenn ich Mr. Simpsons Pension habe.«

Ihre Schwestern lebten noch immer in dem alten Haus. Während Mr. Simpsons Krankheit und bei seinem Tode waren ein paar Postkarten ausgetauscht worden. Was würden sie wohl denken, wenn sie sie durchs Tor kommen und aufs Haus zugehen sähen, wie sie Zamour und ihren Koffer trug? Oder sollte sie sie überraschen und abends kommen, ohne daß sie es wußten, einfach die Straße daherkommen und die Xylophonmusik hören, die sie seit Jahren beide gespielt hatten, Hymnen und Choräle und ein paar Lieder aus ihrer Jugendzeit, doch vor allem »Schönes Ohio«, ihr Lieblingsstück? Leute, die nachts an dem alten Haus auf dem Hügel vorübergingen, hörten die Klänge

des Xylophons und sagten: »Das sind die lieben Schwestern Cheyney und Maroney mit dem Bärtchen.« – Princis würde die Tür aufmachen, die Musik würde abbrechen, und Cheyney und Maroney würden ihr entgegenlaufen mit ihrer feinen Bartgirlande, die an den Ohrläppchen aufgehängt schien und sich rings ums Kinn zog, und sie hineinführen; und dann würden sie alle drei bis an ihr Lebensende im *Red River County* bleiben.

Doch nein, das konnte sie nicht. Sie waren von andrer Art, wie es ihr schien, fast als hätten sie eine andre Hautfarbe und Sprache; sie hatten ihre Gewohnheiten, ihre Welt – und sie, Princis, wäre dort nur eine Fremde. Immer wieder würde ihr dort die Frage durch den Kopf gehen, ob sie sie liebten oder ob sie sie auslachten. Es würde nur ein ewiges Warten vor dem Handspiegel bedeuten, und sie würden auch warten und aufpassen – sie war ganz überzeugt, daß sie warten und aufpassen würden, denn war es nicht unvermeidlich? Ich bin nicht wie sie, ich bin nicht wie sie, sagte sie sich dauernd, ihretwegen komme ich mir so einsam und ungewöhnlich vor . . ., und sie konnte nicht zu ihnen zurückkehren. Sie und Zamour würden sich ein eigenes Häuschen in der Nähe ihrer Schwestern suchen und dort zufrieden von der Pension leben. Hin und wieder würde sie ihre Schwestern mal besuchen, wie es auch die andern Verwandten taten, würde nett zu ihnen sein, sich ihre Musik anhören und sich mit der Verunstaltung abfinden, wie damals, als sie jung war. Die Pension war's, die abgewartet werden mußte.

Es dauerte so lange mit dem Warten. Meistens saß sie jetzt mit Zamour im Wohnzimmer im Polstersessel, der Haustür gegenüber, und so warteten sie auf den Überbringer der Pension. Sie hatten sich dort ein gemütliches Warteplätzchen eingerichtet. Nicht um die Welt würden sie und Zamour ausgehen – aus lauter Angst, den Mann zu verpassen, der ja kommen mußte. Jeden Morgen, sobald das Klick des abgestellten Weckers in Mr. Simpsons Uhr knackte, stand sie in nervöser Hast auf und eilte zu ihrem Warteplätzchen und begann zu warten. Manchmal schlief sie in ihrem Sessel ein, stets wartend, alles andre als das Warten vergessend, und erwachte am nächsten Morgen im Sessel und wartete weiter. Der Sessel nahm ihre Körperumrisse an, als ob er ihr Körper wäre, und Zamour, dessen Platz auf der Rücklehne des Sessels war und der dort wie auf ihrer Schulter thronte, war bei all dem Warten so nervös geworden, daß er das Polster bis auf die Füllung aus Stroh und Baumwollklümpchen aufgerissen hatte. Doch Princis hatte es weder gesehen noch gehört. Einmal war in der »Nach-

barschaft« eine Hochzeit gewesen; und ein andermal, sehr früh am Morgen, war Mercel Framer von ihrem Mann erschossen worden, als er vom Nachtdienst nach Hause kam und sie vor seiner Haustür mit einem Fremden in dessen Lastwagen antraf, was in der Hines-Straße Skandal und Aufsehen erregte; und im Eckhaus war in der katholischen Familie ein Baby gestorben... die Beerdigungsfeier wurde im Haus abgehalten, und die Wagen parkten bis vor Princis' Haustür. Aber sie wartete und wartete in ihrem Sessel wie eine Braut und dachte mit keinem Gedanken an Geburt und Tod und Skandal – nur an die wollüstige Umarmung des Sessels und das ersehnte Pochen gegen die Tür, als ob ein Bräutigam da wäre, einzutreten und sie zu nehmen in all ihrer Unruhe und aufgestauten Verzückung. Wenn sie einen Augenblick aufstehen mußte, schien der Sessel das Warten solange für sie zu übernehmen, obgleich er sie umklammerte und nur ungern gehen ließ, so sehr waren sie ineinander verzahnt. Doch lehrte sie Zamour, seinen Platz nicht aufzugeben, sondern sie zu vertreten, bis sie wieder da wäre, und sie kam keuchend zurück, wie erfüllt von Begierde, und bohrte sich wild hinein, um tief drinnen zu sitzen, und rückte wie ein Huhn hin und her, bis sie sich zur Zufriedenheit in ihrem Wartenest niedergelassen hatte.

Wenn es an die Tür klopfte, wurde sie schwach und lahm und flüsterte Zamour zu: »Das ist Mr. Simpsons Pension, jetzt sind sie da!« und ging an die Tür, den Willkommensgruß auf den Lippen, aber nur, um einen Hausierer mit reinseidenen Strümpfen oder mit Avon-Kosmetik vorzufinden, der, wenn er sie erblickte, wie erschreckt zurücktrat und fortging. Als der Botenjunge ihr das letzte Mal – wie lange war das schon her? – einige Waren aus dem Lädchen gebracht und ihr gesagt hatte, sie könne nichts mehr bestellen, weil sie im Laden nicht länger glauben wollten, daß die Pension je ausgezahlt würde, da war auch er zurückgetreten und hatte sie angestarrt, als ob sie verrückt wäre. »Sie denken wohl alle, daß ich verrückt bin«, hatte sie Zamour erzählt, sich einen Augenblick bedacht und dann hinzugefügt, »weil sich das Warten auf meinem Gesicht zeigen muß« – und war zu ihrem Sessel zurückgekehrt.

Und die Pension wollte immer noch nicht kommen, und sie wartete und wartete. Wie sie kommen oder wer sie bringen sollte, das wußte sie nicht genau, obwohl sie sich einen Mann von der Regierung vorstellte, der etwa wie Mr. Simpson aussah, als er noch frisch und munter im Konsum stand – so würde der Mann auf die Veranda kommen und ihren Namen rufen und ihr, wenn sie die Haustür öffnete, einen

Briefumschlag oder ein Paket mit der Pension aushändigen, aber behutsam, als ob es eins von Mr. Simpsons Kleidungsstücken wäre.

Eines Nachmittags während der langen Wartezeit begann es stürmisch zu regnen, und eine Nachbarin klopfte an die Tür, um ihr zu sagen, daß die Nacht einen Orkan vom Golf heraufbringen würde. Als Princis die Nachbarin durch die Gardine erspähte, gab sie die Umarmung des Sessels nicht auf, sondern blieb fest umklammert sitzen und wollte weder antworten noch hinhören, da es ja niemand war, der die Pension brachte. Doch die Nachbarin klopfte und klopfte, bis Princis den Vorhang zurückzog und die Frau böse anstarrte und »Nein!« sagte, und Princis sah, wie die Frau sich seltsam erstaunt zurückzog und fortlief. »Die ›Nachbarschaft‹ versucht, uns die Pension vorzuenthalten«, sagte Princis zu Zamour.

Der Regen fiel stärker, und nach einiger Zeit begann es hier und da ins Zimmer zu regnen. Sie machte sich nichts draus. Doch dann tröpfelte der Regen auch auf ihr Wartenest, auf sie und auf Zamour und auf den guten Sessel. »Sie wollen uns fortschwemmen, ehe die Pension kommt«, sagte sie. Sie ging und holte das Moskitonetz, das sie aus *Red River County* mitgebracht hatte, und spannte es zwischen zwei Stühle über den Polstersessel, so, wie Kinder sich ein Zelt bauen; und über das Moskitonetz legte sie – um das Zeltdach regensicher zu machen – eine ausgeblichene kirschrote Chenille-Bettdecke, die sie vor vielen Jahren angefertigt hatte. »Das wird uns vor der ›Nachbarschaft‹ schützen«, sagte sie zu Zamour.

Aber wo war Zamour? Plötzlich war er wasserscheu aus der Tiefe des Sessels fortgerast. Es gelang ihr, ihn zu fangen, und sie brachte ihn herbei und wickelte ihn in ihren alten orangefarbenen Samtmantel, aus dem nur sein nasser Kopf hervorschaute; und so, unter dem Zelt in den Sessel gekuschelt, Zamour auf dem Schoß, wartete sie weiter. Das Wasser strömte nieder, überall tropfte und rieselte es nieder. Sie begann, »Schönes Ohio« zu singen, doch mitten im Lied erblickte sie plötzlich ihre Lieblingslampe aus eisblauem Glas, und sie kroch aus dem Zelt hervor, ließ Zamour in seinem Wickelzeug sitzen und rettete die Lampe. Es wurde so dunkel. Ob die Lampe noch brennen würde? Sie schaltete sie an der Steckdose neben ihrem Zelt ein, und wirklich, ein schneeig bleiches Licht glomm auf, und das machte sie froh und warm. Sie trug sie in das kleine Zelt. Wieder fing sie an, »Schönes Ohio« zu singen, genau an der Stelle, wo sie aufgehört hatte. Aus dem Zelt begann weinrotes Wasser zu sickern.

Der Wind nahm zu, und der Regen donnerte nieder; und nach An-

bruch der Dunkelheit, indes die blaue Lampe wunderbarerweise weiterbrannte, hob sich ein Teil des Daches über dem Wohnzimmer, in dem Princis und Zamour saßen, in die Lüfte und flog fort. »Was die ›Nachbarschaft‹ nur alles anstellt, um uns umzubringen?« rief sie Zamour zu. »Sie reißen unser Haus nieder und leiten uns den Golf auf den Kopf!« Und sie erinnerte sich an das blinzelnde Gesicht der Frau am Fenster, die mit irgendeiner Drohung oder Warnung zu ihr gekommen war. »Jedenfalls«, sagte sie entschieden, »können sie uns nicht die Pension vorenthalten! Wir wollen hier warten!« – Eine Frage flog ihr durch den Sinn: Was sonst noch von meinen Sachen könnte ich vor der Zerstörungswut der Nachbarschaft retten und hier im Zelt bergen? Sie dachte an die geliebten Dinge, die sie schon so lange besaß und die sie in dem Spiel, das sie immer mit Zamour gespielt hatte, ins *Red River County* mitnehmen wollte: den goldenen Fingerhut? Nein, den brauchte sie nicht. Maroney, ihre älteste Schwester, hatte ihn ihr in einem Päckchen als Hochzeitsgeschenk gesandt. Die Weckeruhr, in der jeden Morgen Mr. Simpson aufstand? Nein! Die kleine Gluckhenne aus Milchglas, die auf den Ersparnissen aus Groschen und Nickeln und Pennies saß – die würde sie holen, denn die gehörte zu den Dingen im Haus, die mit ihr gewartet hatten, so wacker hatte sie auf ihrem Milchglasnest voller Spargeld gewartet. Sie fand die gläserne Gluckhenne und trug sie ins Zelt. Das Spargeld war trocken, dank der kleinen Henne, die so breit auf dem Nest gesessen hatte.

Jetzt bedeckte das Wasser schon den ganzen Fußboden, und das Zelt sackte zusammen und tropfte. Die Lampe brannte noch. Ein andres Stück fiel ihr plötzlich ein, und das war ihr Handspiegel, den ihre Großmutter ihr vererbt hatte; er war aus Bronze und hatte grüne Patina in den Rillen, doch auf der Rückseite waren zwei schüchterne Verliebte unter einem Baum. Über all dem Warten auf die Pension hatte sie den Spiegel so lange vergessen gehabt. Sie tastete im Dunkeln danach und fand ihn, wo er immer gelegen hatte, im Schubfach des Ankleidetisches, und watete damit zum Zelt zurück; ihre Hand fand sofort den altvertrauten Griff wieder, der abgewetzt war, so oft hatte sie ihn umklammert. Er fühlte sich so vertraut an wie ein Teil ihres Körpers. »Wenn nur die Pension kommen wollte«, flehte sie.

Als sie mit dem Spiegel zum Zelt kam, wurde Zamour plötzlich wild und flog ihr wie ein Tiger entgegen. Sie konnte ihn nicht fangen und schrie: »Zamour! Zamour«, und Zamour sprang durchs Wasser in die Finsternis hinein. Durch die Wasser der Finsternis planschte sie ihm

nach und hörte, wie er jämmerlich schrie und die Tapeten zerkratzte und Möbel umriß. War Zamour nun doch verrückt geworden, nachdem sie alles getan hatte, um sich und ihn bei Verstand zu erhalten? Nein, dachte sie, es ist nur, weil Katzen sich vor dem Wasser fürchten. Ich muß ihn beruhigen! Sie konnte ihn stellen: er hatte sich im Sprung oben auf das Zelt geflüchtet, und im bleichen Schimmer der Lampe darunter sah sie sein Gesicht, wie es ihr wild Trotz bot, ihn ja nicht zu packen. Sie griff nach ihm und flüsterte: »Zamour! Zamour, es ist nichts weiter als Wasser!«, und als sie ihre nassen Hände ausstreckte, deren eine den Spiegel umklammerte, griff Zamour sie an und zerkrallte ihr Gesicht und floh. Sie schrie auf und begann zu weinen, fiel auf den überschwemmten Fußboden und hielt den Spiegel hoch, um ihn nicht zu zerbrechen. Und dort lag sie und schrie: »Mein Gott!« und barg das zerschundene Gesicht in den Händen.

Was aber fühlte sie dort auf ihrem zerkratzten Gesicht? War es Blut? War es Wasser? War es Pelz, genau wie das Fell Zamours? Auf allen vieren, den Spiegel noch immer in der Hand, kroch sie ins Zelt zurück und flüsterte: »O Gott, laß die kleine Glaslampe nicht ausgehen!«, und beim Lichtschimmer der Glaslampe hielt sie den Bronzespiegel hoch und blickte in ihr bärtiges Gesicht, und es blutete, und der Spiegel war zersprungen. Zwischen all dem Wasserlaut in ihrem Haus hörte sie irgendwo in der dunklen, wasserdurchtränkten Verwüstung das leise, verrückte Quarren Zamours, und es klang wie das Plärren eines Säuglings. Sie rief: »Zamour, Zamour, schrei nicht so, komm wieder in unser Zelt, ich bin deine Princis, du kennst mich doch! Ich tu dir ja nichts!« Aber Zamour kam nicht, er jammerte nur und ächzte die entsetzlichen und einsamen wässerigen Schreie seiner Furcht und seines Irrsinns in die Finsternis hinaus. Sie duckte sich in ihrem pitschnassen Sessel unter das eingesunkene Zelt und wurde ruhiger. Dann flüsterte sie: »Cheyney und Maroney, ihr Schwestern im *Red River County*, jetzt kann ich zu euch gehen!« Und dann erlosch das Licht der kleinen Lampe.

Sie saß in ihrem Sessel unter dem Zelt inmitten all der Verwüstung. In Dunkel und Verlassenheit versuchte sie, ihr Leben wieder zu ordnen: wie man nach unruhigem Schlaf ein zerwühltes Bett glättet. Was hatte sie hierhergetrieben, wo sie jetzt war, wo sie auf die Pension wartete, die niemals kam? Sie konnte keine Antwort finden – sie mußte Zamour retten.

Sie kroch auf allen vieren aus ihrem Zelt hervor, und das Zelt aus Tüll und Chenille fiel wie ein Netz auf sie nieder. Sie kroch weiter, das Zelt

mit sich schleppend, durch lauter Sumpf, auf der Jagd nach Zamour – leise, nur leise. So leise wie der heimlichste Biber. Sie sah zwei Lichter: das waren seine Augen. Sie ruderte sich näher, immer näher heran – sachte, nur sachte. Was war das für ein einsames, wegloses Land, durch das sie hier kroch? Es war ein Sumpf im Dschungel, keine Gegend, in der sie je gewesen, weder Land noch Meer, sondern ein Uferstreifen, der weder Wasser noch Erde war, eine Untiefe, die Kontinente schied. Zamour, Zamour, bettelte ihr Herz, indes sie auf seine glühenden Augen zuschwankte; doch sein Name wollte ihr nicht über die Lippen. Zamour, Zamour, wimmerte und winselte etwas tief drinnen in ihr, als ob er sie, wenn sie ihn wieder einfinge, wie ein Pelzkragen wärmen könnte.

Kniend griff sie nach den beiden matten Dämmerlichtern, und waren es denn glühende Kohlen, die sie bis ins Mark versehrten, oder waren es die Augen einer Klapperschlange, die ihr die Fänge ins Gesicht hieb? Und sie kugelte zurück und richtete sich dann wie ein Bär auf, mit Händen und Armen um sich kratzend und tatzend, um das Teufelsbiest fortzukratzen. Sie hörte, wie Sachen niederkrachten, mit denen Zamour auf der Flucht vor ihr zusammenstieß. Wollte diese Wildkatze die Welt auf sie herunterscharren? Sie hörte ihn ein Geräusch machen, das ihr bei ihm wohlbekannt war: er riß irgendwo etwas in Fetzen. Und dann hörte sie das Zersplittern von Glas und den Klang verschütteter Münzen, und ihr fiel das verlorengegangene Warteplätzchen mit dem Sessel und der Lampe und der Gluckhenne ein. Wo war es jetzt? Wie gelangte sie wieder dorthin? Wo war das Licht, wo der Handspiegel? Dort drüben, dachte sie, noch kauernd. Nein... hier irgendwo. Und dann begriff sie, daß sie sich verirrt hatte. Kein Weg, kein Zeichen war da, nach dem sie sich hätte richten können. Sie hob sich und fühlte sich jetzt so leicht – wie eine Boje –, hob sich von den Knien und sank wie ein Stein in die Untiefe um sie her, ein neues Warteplätzchen, als ob sie von diesem Augenblick an für alle Ewigkeit ein moosiger Fels sein könnte inmitten dieser Riffe und Gezeiten – welch einer Geographie? Sie keuchte. Es war alles vorbei. Sie gab es nun alles auf. Das Zelt hing von ihr nieder, als ob sie es für immer wie einen haarigen Mantel auf sich tragen wolle. »Ich gebe die Lampe und den Spiegel und Zamour auf, und sogar die Pension. Ich gebe auch das Letzte auf«, sagte sie vor sich hin. Un da sie es alles bis aufs Letzte aufgegeben hatte, rastete sie und kam zur Ruhe, war dieser Fels *Niemand*, war *Keiner*, den sie je gekannt, verzichtete auf alle Benennungen und Landmarken und Zeichen, nach denen sie sich

gerichtet hatte, um zu diesem *Nirgends* in diesem dunklen Trümmersumpf zu gelangen, hier auf dem lichterleeren Schlammgrund ihrer selbstgewählten Ewigkeit.

Doch was war das für ein leiser Schrei? Sie erspähte zwei Lichter, die fern, ferne glommen. Ein Gnadenschiff naht auf einem Kanal, dachte sie, was sind das für zwei Gnadenlichter? Es war ein unzerstörbares Zeichen, das Zeichen einer Zauberin, die immer mit ihr gegangen war und ihre Erinnerung aufhellte bis zurück zu einer frostkalten Nacht in einem Obstgarten und zu einem leisen Schrei und dem Funkeln zweier Augen in einem Baum und der Begegnung zweier Freunde. *Zamour!* Was denn anders war diese Wassermusik hier, die von hämmernden Regentropfen auf zerbrochenem Glas gespielt wurde, als das Geklingel kleiner Hammerschläge auf dem Xylophon... und oh, ihre beiden Schwestern! Sie würde *leben* bleiben in dieser dunklen Welt, in der sie jetzt saß, sie würde hier neu beginnen. Denn es war *ihre* Welt, mit der sie beginnen, die sie sich zu eigen machen mußte. Etwas ihr Gehörendes war zu ihr gekommen, und das war's, womit sie beginnen mußte: sie war die Schwester ihrer Schwestern Cheyney und Maroney – und war ihres Blutes. Wenn diese Finsternis sich je hob und die Wasser abflossen, wenn genug Licht sein würde, in dem sie gehen konnte, dann würde sie versuchen, ihre Schwestern zu finden; und wenn kein Licht da wäre, dann würde sie in der Finsternis gehen, sich aus den Wassern erheben und ihre Schwestern finden, wo auch immer sie sein mochten in dieser Nachtwelt, und würde dort ankommen, sich heimwärts steuern, um bei ihnen zu sein, und rufen: »Seht, ich bin eure Schwester Princis!« Sie würden sie ins Haus führen, würden so froh sein, vorbei war's mit allem Beobachten, vorbei mit allem Warten, *denn sie waren Schwestern.* Und sie würden in einem Heim voll warmer Glückseligkeit leben.

Zamour jedoch stieß wieder eine Art Zauberruf aus, irgendwo, irgendwo, als wollte er sie wieder zu seinen Krallen hinlocken; und Princis Lester schrie in die Finsternis hinaus: »Zamour, Dämon meines Selbst, ich gebe dich auf!«

Was für eine Nachtstunde war es denn, daß da plötzlich ein helles Licht war und auf sie niederleuchtete, und konnte es wohl eine Stimme sein, die sie sagen hörte: »Erhebe dich und leuchte, denn dein Licht ist gekommen!« Wer war da? Was war da für sie gekommen? Stimmen waren es, und ein Pochen gegen die Vordertür. Sie riefen

ihren Namen. Weshalb konnte sie nicht antworten? Dann schlugen sie gegen die Tür und riefen sie bei Namen: »Mrs. Simpson! Mrs. Simpson! Lassen Sie uns ein!«

»Ich heiße Princis Lester«, murmelte sie, »und ich bin die Schwester meiner beiden Schwestern Cheyney und Maroney im *Red River County!*«

Und wie viele es dann waren, konnte sie nicht sagen – sie hätte nicht geglaubt, daß es so viele Überlebende in dieser Welt gab –, doch waren es genug, gegen die Tür zu hämmern und zu stoßen und immer lauter ihren Namen zu rufen. Sie antwortete mit keiner Silbe und konnte sich nicht rühren, bis eine kräftige laute Stimme rief:

»Mrs. Simpson, lassen Sie uns ein! *Ihres Mannes Pension ist gekommen!*«

Und bei diesen Worten begann sie schwankend voranzukriechen, struppig und tropfnaß zottelte sie durchs Wasser, langsam, langsam, schleppte das ungeheure Gewicht ihrer selbst und des zerfetzten Zeltes über – wie es schien – scharfe Felsen und zerbrochene Muscheln eines Meeresgrundes, über Kies und Schutt eines endlosen Ufers, langsam, langsam aufs Licht zu; und fand die Tür. In einem letzten Ringen um Kraft hob sie sich auf die Knie, tastete hoch, die Tür zu öffnen, und äugte ins dämmernde Licht und in die verschwimmenden Gesichter welch einer strahlenden Gesellschaft engelhafter Menschheit, die ihr zuerst wie das junge Gesicht Mr. Simpsons im Konsum, dann wie die haarbekränzten Gesichter ihrer Schwestern vorkam, und schließlich waren keine Gesichter da, nur der Lichtschimmer, der aus den Augen Zamours troff. »Häh?« murmelte sie, und in ihrem schrecklich verzerrten Gesicht standen Gnade und Erlösung; und so konnte die »Nachbarschaft« sich ihrer bemächtigen. Der zerfranste Lumpen des Chenille- und Moskitonetz-Zeltes schlotterte an ihr herunter wie das struppige Fell eines gehetzten Wildes. Ein schwarzes Etwas schoß durch die Tür in die »Nachbarschaft« hinaus, und es war Zamour.

Das geschah vor einigen Jahren, und Princis Lester ist noch immer im *Heim* des *Red River County* und erholt sich. Sie kann niemandem dort erzählen, was sich damals ereignete, oder sie hat keine Lust – wer kann das wissen? Sie pflegt ihren Bart, der ihr Gesicht wie eine Rüsche aus tizianrotem Flaum einrahmt, und ist sehr stolz darauf, ihm gilt all ihr Interesse. Eine Reinheit strahlt von ihr aus, die jeder bewundert. Sie ist der Liebling des ganzen Heims, voll einer stillen Hei-

terkeit, aufmerksam gegen andre und nicht auf Gefälligkeiten erpicht, die ihr jedoch in Fülle erwiesen werden. Sie hat eine seltsam beneidenswerte Art, und die andern sehnen sich danach, ebenso wie sie zu sein, selbst den Bart mit inbegriffen. Manche sagen: »Was hat Princis Lester nur, was wir andern nicht haben? Weshalb ist sie denn so...?«, und sie können kein Wort finden, das zutreffend wäre, um zu beschreiben, wie sie ist..., und eine andre mag antworten: »Der Bart ist's!« Anfangs, ehe sie sie richtig kannten, kam eine oder die andre zu ihr und sagte: »Hör zu, Princis...«, und sie sprachen von Rasieren und nannten Wunderbalsam und medizinische Salben, die den Bart wegätzen würden; doch nach einiger Zeit konnten sie sich Princis Lester gar nicht mehr anders vorstellen. Wenn sie den Bart nicht mehr gehabt hätte, wäre sie nicht mehr Princis Lester aus dem *Red River County* gewesen – genausowenig, wie sich die andern einen falschen Bart ankleben und dann behaupten konnten: »Ich bin Princis Lester« – denn, so sagen sie, es muß einem eben im Blut liegen.

Princis' Schwestern besuchten sie regelmäßig, solange sie lebten – es war ein köstlicher Anblick, sie zusammen kichern und leise miteinander girren zu sehen, und sie tätschelten sich durch manch lächelndes Plauderstündchen. Dann kam die Stunde, da die beiden Schwestern sterben sollten; sie wurden fast zur gleichen Zeit hinweggenommen, was ganz in der Ordnung schien: Cheyney zuerst, und gleich danach Maroney; und sie liegen Seite an Seite im *Red River County* begraben. Auf dem Stück Land, auf dem einst das Haus der Lesters stand, ist Öl gefunden worden, und es heißt jetzt *Prescott-Lease* und soll eine besonders ergiebige Bohrung sein. Princis Lester sitzt noch immer wie ein bekränztes Gedächtnismal im *Red-River-County-Heim* und ist sehr, sehr alt und still geworden, lebt aber ihr Leben weiter.

Und die Pension? Die kam schließlich nach all dem üblichen Zopf an Aktenkram und Unterschriften. Für einen Weichensteller mit nicht sehr viel Dienstjahren belief sie sich auf achtundvierzig Dollar monatlich und wartete jahrelang in einer Aktenmappe mit der Bezeichnung *Nicht angefordert!* darauf, daß Princis Lester vielleicht eines Tages genügend bei Sinnen wäre, um sie anzufordern. Bis es sich herausstellte, daß Princis Lester nie wieder Sinn für die Pension aufbringen würde; und deshalb muß das Ganze warten, um an den nächsten Verwandten, den Vetter Wylie Prescott, überzugehen, wenn Princis einmal stirbt.

Zamour trieb sich, ein Deserteur, einige Zeit in der »Nachbarschaft« herum, wie der schwarze Dämon Princis Lesters. Er wollte sich mit

niemandem anfreunden, fraß aber aus jedermanns Untertasse und ließ sich auf seine mißtrauisch-ungläubige Art auch streicheln. Er vertraute niemandem, das war offensichtlich, und dachte anscheinend den lieben langen Tag nur darüber nach, was wir Menschen der stummen Kreatur antun. Einige Nachbarn versuchten, sooft sie ihn nur herbeilocken konnten, ihn darüber auszufragen, was denn in dem kleinen Haus geschehen sei, in dem er so lange mit Princis Lester gehaust hatte: Oft schien es ganz selbstverständlich, daß er sogleich antworten würde. Doch war ihm natürlich keine Zunge verliehen, er war eine stumme Kreatur, und deshalb konnte man auch keine Geschichte von ihm erwarten. Eines Tages sah ihn die »Nachbarschaft« davonstolzieren, den Schwanz in der Luft, als ob ein Ballon daran geknüpft wäre: Princis Lester hätte neben ihm sein und zu ihm sprechen können, während beide zum Lädchen gingen, so sehr lag in Zamours Gang die gleiche Trödelei von einst. Sie sahen ihn fortgehen, irgendwohin; und in der »Nachbarschaft« ward er nie wieder gesehen.

Manchmal, wenn Wylie Prescott über sein Stück Land im *Red River County* geht, bleibt er stehen und meint, er höre einen melodischen Ruf in der Luft: *Zamour! Zamour!* Und er lauscht ein Weilchen wie verzaubert und spürt alle Magie des schönen Namens – der bestimmt mehr als nur ein Katzenname ist –, als ob ihn seine ganze Zukunft damit rufe. Und dann kommt ihm ein Weilchen Princis Lester in den Sinn, wie sie in der Hines-Straße nach Zamour rief und er auf der Verandatreppe Gitarre spielte und das Rufen hörte und sich's nicht träumen ließ, was seiner wartete. Doch dann merkt er, daß es nur die Nebengeräusche der tüchtig schmatzenden Ölpumpen sind, die er hört, und er wandert weiter über sein reiches Erbe, das unter diesem Boden auf ihn wartet – den Erben allen Wartens von Princis Lester und Zamour?

Die hohe Kunst der Heiratsvermittlung

»Wie ich Ihnen bereits gesagt habe«, meinte Jeff Peters, »ich habe nie besonderes Zutrauen zur Treulosigkeit der Frauen gehabt. Selbst als Partner oder Mitarbeiter bei den harmlosesten Gaunereien sind sie nicht zuverlässig genug.«

»Sie verdienen ihren Ehrentitel«, entgegnete ich. »Ich finde, man nennt sie mit Recht das ehrliche Geschlecht.«

»Warum auch nicht?« sagte Jeff. »Sie haben es fertiggebracht, daß das andere Geschlecht entweder mit Schwindeleien oder Arbeit Überstunden machen muß. Sie sind im Geschäftsleben ganz brauchbar, solange ihre Gefühle oder ihre Haare nicht in Mitleidenschaft gezogen werden. Dann muß ein plattfüßiger, kurzatmiger Mann mit strohblondem Schnurrbart, fünf Kindern und einer Grundstückshypothek her, um ihren Platz einzunehmen. Na, da war doch diese Witwe, die ich und Andy Tucker für den kleinen Heiratsvermittlungsschwindel, den wir in Kairo aufgezogen haben, engagiert hatten.

Wenn du genug Kapital für die Werbung hast – sagen wir, eine Geldrolle, die so dick ist wie das Ende einer Wagendeichsel –, dann bringt ein Eheanbahnungsinstitut etwas ein. Wir hatten etwa sechstausend Dollar und hofften, diese Summe in zwei Monaten zu verdoppeln, denn so lange kann man ein Unternehmen wie das unsere führen, ohne eine Zulassung zu beantragen.

Wir setzten eine Anzeige auf, die ungefähr so lautete: ›Charmante Witwe, gute Erscheinung, häuslich, 32 Jahre, mit einem Barvermögen von 3000 Dollar und wertvollem Grundbesitz, möchte wieder heiraten. Sie zieht einen mittellosen Mann mit echter Zuneigung einem wohlhabenden vor, denn sie weiß, daß Biederkeit und Tugendhaftigkeit am häufigsten unter einfachen Menschen anzutreffen sind. Keine Einwände gegen einen älteren oder unscheinbaren Herrn, wenn er treu und ehrlich und fähig ist, den Besitz zu verwalten und das Geld gut anzulegen. Ausführliche Zuschriften unter dem Kennwort *Einsam* an die Agentur Peters & Tucker, Kairo, Ill.‹

›So weit, so schurkisch‹, sage ich, als wir dieses literarische Machwerk beendigt hatten. ›Und nun‹, frage ich, ›wo ist die Dame?‹

›Jeff‹, sagte er, ›ich dachte, du hättest diese realistischen Vorstellungen von deiner Kunst endlich aufgegeben. Wozu brauchen wir überhaupt eine Dame? Wenn sie in der Wall Street einen Haufen verwäs-

serter Aktien verkaufen, erwartest du dann, daß du darin eine Meerjungfrau findest? Was hat eine Heiratsanzeige mit einer Dame zu tun?‹

›Jetzt hör mir aber mal zu!‹ sage ich. ›Du kennst meine Auffassung, daß bei all meinen unrechtmäßigen Verstößen gegen den Buchstaben des Gesetzes die Ware vorhanden, sichtbar und vorweisbar sein muß. Auf diese Weise und durch ein genaues Studium der städtischen Bestimmungen und der Eisenbahnfahrpläne habe ich mir bisher allen Ärger mit der Polizei vom Halse gehalten, der nicht mit einem Fünfdollarschein und einer Zigarre zu bereinigen war. Nun, wenn wir diesen Schwindel durchführen wollen, müssen wir in der Lage sein, eine charmante Witwe oder etwas Entsprechendes tatsächlich vorzuweisen, ob mit oder ohne die Schönheit, den Besitz und das ganze Drum und Dran, wie es in der Beschreibung enthalten ist, denn sonst geraten wir nachher mit dem Friedensrichter in Konflikt.‹

›Na ja‹, sagt Andy und denkt scharf nach. ›Das wäre vielleicht sicherer für den Fall, daß die Post oder das Gericht einmal unsere Agentur überprüft. Aber wo‹, sagt er, ›finden wir so schnell eine Witwe, die ihre Zeit für einen Heiratsschwindel opfert, ohne daß eine Heirat dabei herausspringt?‹

Ich sagte zu Andy, daß ich genau das richtige hätte. Ein alter Freund von mir, Zeke Trotter, der in einer Bude Mineralwasser abzuzapfen und Zähne zu ziehen pflegte, hatte vor einem Jahr seine Frau zur Witwe gemacht, weil er irgendwelche Magentropfen von dem alten Doktor getrunken hatte, statt bei seinem Allheilmittel zu bleiben, das ihn sonst immer getröstet hatte. Ich war früher oft bei ihnen gewesen, und ich dachte, daß ich sie herumkriegen könnte, mit uns zusammenzuarbeiten.

Bis zu der kleinen Stadt, in der sie lebte, waren es nur sechzig Meilen. So fahre ich also mit der Bahn hinaus und finde sie noch in demselben Häuschen und dieselben Sonnenblumen und Hähne auf dem Waschfaß. Mrs. Trotter entsprach vorzüglich unserer Anzeige, abgesehen vielleicht von der Schönheit, dem Alter und den Angaben über ihren Besitz. Aber sie war ganz passabel und lobenswert anzusehen, und durch unser Angebot erwiesen wir dem Andenken Zekes eine Ehre.

›Ist es ein ehrliches Geschäft, was ihr da vorhabt, Mr. Peters?‹ fragt sie mich, als ich ihr erzählt habe, was wir brauchen.

›Mrs. Trotter‹, sage ich, ›Andy Tucker und ich haben ausgerechnet, daß dreitausend Männer in diesem großen und ungerechten Land sich um Ihre schöne Hand und Ihr angeblich vorhandenes Geld und Eigen-

tum auf dem Weg über unsere Annonce bemühen werden. Von dieser Zahl werden wohl ihre dreißighundert darauf warten, Ihnen zum Ausgleich dafür, falls sie Sie erobern können, den Leichnam eines faulen und gewinnsüchtigen Herumtreibers, eines Versagers, eines Schwindlers und verachtungswürdigen Glücksritters anzubieten. Ich und Andy‹, sage ich, ›wollen diesen Parasiten der Gesellschaft eine Lektion erteilen. Nur schwer‹, sage ich, ›waren Andy und ich davon abzubringen, eine Firma unter dem Namen ›Großes Moralisches und Permanentes Maliziöses Matrimonialbüro‹ zu gründen. Genügt Ihnen das?‹

›Es genügt, Mr. Peters‹, sagt sie. ›Ich habe ja gewußt, daß Sie nichts Unehrenhaftes im Schilde führen. Aber was für Pflichten habe ich denn? Muß ich persönlich jeden dieser dreitausend Taugenichtse, von denen Sie sprachen, abweisen, oder kann ich sie gleich haufenweise hinausschmeißen?‹

›Ihre Tätigkeit, Mrs. Trotter‹, sage ich, ›ist praktisch eine Sinekure. Sie werden in einem ruhigen Hotel wohnen und sonst nichts zu tun haben. Andy und ich erledigen die gesamte Korrespondenz und die geschäftlichen Angelegenheiten. Natürlich‹, sage ich, ›werden vielleicht einige der leidenschaftlicheren und stürmerischeren Freier, die das Fahrgeld aufbringen können, nach Kairo kommen und Ihnen persönlich den Hof machen. In diesem Fall haben Sie wahrscheinlich die unangenehme Aufgabe, sie eigenhändig rauszufeuern. Wir zahlen Ihnen wöchentlich fünfundzwanzig Dollar und die Hotelkosten.‹

›Warten Sie fünf Minuten‹, sagt Mrs. Trotter, ›bis ich meine Puderdose geholt und den Hausschlüssel bei einer Nachbarin abgegeben habe, und dann können Sie mit der Gehaltszahlung anfangen.‹

So schaffe ich also Mrs. Trotter nach Kairo und bringe sie in einem Familienhotel unter, das weit genug von meiner und Andys Behausung liegt, um unverdächtig und doch gut erreichbar zu sein, und dann erstattete ich Andy Bericht.

›Großartig!‹ sagte Andy. ›Und da jetzt dein Gewissen beruhigt ist, was die Greifbarkeit und das Vorhandensein des Köders angeht, können wir ja, schätze ich, mit dem Fischfang beginnen.‹

Also fingen wir an, unsere Annonce in alle Zeitungen weit und breit im Lande einzurücken. Mit einer Anzeige kamen wir aus. Wenn wir mehr gebraucht hätten, dann hätten wir so viele Schreiberlinge und dauerwellige Sekretärinnen einstellen müssen, daß schließlich das Geräusch des Kaugummikauens den Generalpostmeister gestört hätte.

Wir legten zweitausend Dollar auf Mrs. Trotters Namen in einer Bank an und gaben ihr das Sparbuch, das sie vorzeigen sollte, falls jemand die Ehrlichkeit und Vertrauenswürdigkeit der Agentur bezweifelte. Ich wußte, daß Mrs. Trotter treu und zuverlässig war und daß man ihr das Geld anvertrauen konnte.

Bei dieser einen Anzeige waren Andy und ich täglich zwölf Stunden damit beschäftigt, die Zuschriften zu beantworten.

An die hundert kamen jeden Tag herein. Ich hätte nicht gedacht, daß es so viele großmütige und mittellose Männer im Lande gab, die gern eine charmante Witwe heiraten und die Mühe, ihr Geld zu verwalten, auf sich nehmen wollten.

Die meisten gestanden, daß sie auf den Hund gekommen seien, ihre Stelle verloren hätten und von der Welt nicht verstanden würden, aber jeder versicherte, er fließe über von Liebe und männlichen Tugenden, so daß die Witwe das beste Geschäft ihres Lebens abschließen würde, wenn sie ihn annähme.

Jeder Bewerber erhielt von Peters & Tucker eine Antwort des Inhalts, daß die Witwe von seinem offenen und aufschlußreichen Brief beeindruckt sei. Zugleich wurde er aufgefordert, noch einmal zu schreiben, dabei genauere Einzelheiten anzugeben und nach Möglichkeit eine Fotografie beizufügen. Peters & Tucker teilten dem Bewerber weiterhin mit, daß seine Gebühr für die Weiterleitung des zweiten Briefes an die schöne Kundin zwei Dollar betrage, die dem Antwortschreiben beizulegen sei.

Jetzt geht Ihnen wohl die ganze schlichte Schönheit des Planes auf. Etwa neunzig Prozent dieser einheimischen und ausländischen Ehrenmänner brachten irgendwie den Betrag auf und schickten ihn ein. Damit war die Sache erledigt. Nur daß wir beide, Andy und ich, heftig klagten, weil wir uns damit abschinden mußten, die ganzen Briefumschläge aufzuschlitzen und das Geld herauszunehmen.

Einige wenige Kunden sprachen persönlich vor. Wir schickten sie zu Mrs. Trotter, und sie erledigte das übrige, abgesehen von den dreien oder vieren, die zurückkamen und von uns das Fahrgeld erstattet haben wollten. Als dann die Briefe aus der weiteren Umgebung einliefen, nahmen Andy und ich jeden Tag ungefähr zweihundert Dollar ein.

Als wir eines Nachmittags alle Hände voll zu tun hatten, um die Ein- und Zweidollarscheine in eine Zigarrenkiste zu stopfen, und Andy ›Für sie gibt's keine Hochzeitsglocken‹ vor sich hin pfiff, platzt ein kleiner, eleganter Mann herein und läßt seine Augen über die Wände

gleiten, als wäre er auf der Suche nach ein paar verschwundenen Gemälden von Gainsborough. Als ich ihn erblickte, stieg ein Gefühl des Stolzes in mir auf, weil wir unser Geschäft so solide führten.

›Wie ich sehe, haben Sie heute einen ganz schönen Haufen Post erhalten‹, sagt der Mann.

Ich lange nach meinem Hut.

›Kommen Sie‹, sage ich. ›Wir haben Sie erwartete. Ich will Ihnen die Ware zeigen. Wie ging es Teddy, als Sie Washington verließen?‹

Ich begleitete ihn zum Riverview-Hotel und machte ihn mit Mrs. Trotter bekannt. Dann zeigte ich ihm ihr Sparbuch mit dem Guthaben von zweitausend Dollar.

›Es scheint in Ordnung zu sein‹, sagte der Geheimpolizist.

›Selbstverständlich‹, sage ich. ›Und wenn Sie nicht verheiratet sind, dann lasse ich Sie gern ein Weilchen mit Mrs. Trotter allein. Von den zwei Dollar ist natürlich keine Rede.‹

›Danke‹, sagt er. ›Wenn ich es nicht wäre, hätte ich nichts dagegen. Guten Tag, Mr. Peters.‹

Am Ende der drei Monate hatten wir etwas über fünftausend Dollar beisammen, und wir sahen ein, daß es an der Zeit war zu verduften. Wir hatten allerhand Beschwerden einstecken müssen, und Mrs. Trotter schien auch genug von dem Laden zu haben. Eine ganze Menge Verehrer hatten sie aufgesucht, und das gefiel ihr anscheinend nicht.

So beschlossen wir zu verschwinden, und so gehe ich also zu Mrs. Trotters Hotel, um ihr das Gehalt für die letzte Woche auszuzahlen und ihren Scheck über die zweitausend Dollar abzuholen.

Als ich dort ankam, weinte sie wie ein Kind, das nicht in die Schule gehen will.

›Nun, nun‹, sage ich, ›was ist denn passiert? Hat Ihnen einer weh getan, oder haben Sie Heimweh?‹

›Nein, Mr. Peters‹. sagt sie. ›Ich will es Ihnen sagen. Sie waren immer ein Freund von Zeke, und deshalb kann ich ja offen reden. Mr. Peters, ich bin verliebt. Ich liebe einen Mann so sehr, daß ich es nicht überlebe, wenn ich ihn nicht bekomme. Er entspricht genau meinem Ideal, das mir immer vorgeschwebt ist.‹

›Dann nehmen Sie ihn doch‹, sage ich. ›Das heißt, wenn es eine zweiseitige Angelegenheit ist. Erwidert er Ihre Gefühle, gemäß den Zuständen und Leiden, die Sie mir gerade geschildert haben?‹

›Ja‹, sagt sie. ›Aber er ist einer von den Herren, die mich wegen der Annonce besucht haben, und er will mich nicht heiraten, wenn ich

ihm nicht die zweitausend Dollar gebe. Er heißt William Wilkinson.‹
Und damit überläßt sie sich wieder den hysterischen Ausbrüchen einer Verliebten.

›Mrs. Trotter‹, sage ich. ›Kein Mann hat mehr Verständnis für die Empfindungen einer Frau als ich. Außerdem waren Sie einmal die Lebensgefährtin eines meiner besten Freunde. Wenn es an mir läge, würde ich sagen, nehmen Sie die zweitausend Dollar und den Mann Ihrer Wahl und seien Sie glücklich. Wir könnten uns das leisten, denn wir haben über fünftausend Dollar von den Schmarotzern kassiert, die Sie heiraten wollten. Aber‹, sage ich, ›ich muß zuerst Andy fragen. Er ist eine Seele von einem Menschen, aber ein gerissener Geschäftsmann. Er ist mein gleichberechtigter Partner in finanzieller Beziehung. Ich werde mit Andy reden‹, sage ich, ›und sehen, was sich machen läßt.‹

Ich gehe also zurück in unser Hotel und lege Andy die Angelegenheit vor.

›Ich habe mir schon immer gedacht, daß es so kommen würde‹, sagt Andy. ›Man kann von einer Frau nicht erwarten, daß sie bei der Stange bleibt in einem Unternehmen, das etwas mit ihren Gefühlen und Neigungen zu tun hat.‹

›Es ist aber traurig, Andy‹, sage ich, ›wenn man sich vorstellt, daß wir daran schuld sind, daß einer Frau das Herz bricht.‹

›Das ist wahr‹, sagt Andy. ›Und ich will dir sagen, was ich tun möchte, Jeff. Du hast schon immer ein weiches Herz und eine großzügige Ader gehabt. Vielleicht bin ich zu hart und habgierig und mißtrauisch gewesen, aber diesmal will ich dir auf halbem Weg entgegenkommen. Geh zu Mrs. Trotter und sag ihr, sie soll die zweitausend Dollar von der Bank abheben und dem Mann geben, in den sie verschossen ist, und glücklich werden.‹

Ich springe auf und schüttle Andy fünf Minuten lang die Hand, und dann kehre ich zu Mrs. Trotter zurück und erzähle es ihr, und sie weint jetzt ebensosehr vor Freude wie zuerst vor Kummer.

Zwei Tage später packen ich und Andy unsere Sachen zusammen, um abzuhauen.

›Hast du keine Lust, Mrs. Trotter wenigstens einmal zu besuchen, bevor wir abfahren?‹ frage ich ihn. ›Sie wird sich bestimmt mächtig freuen, dich kennenzulernen und dir ihr Lob und ihren Dank auszusprechen.‹

›Na, ich glaube nicht‹, sagt Andy. ›Ich glaube, wir beeilen uns lieber etwas, damit wir den Zug erwischen.‹

Ich band mir gerade unsere Barschaft in einem Gürtel um, wie wir ihn immer trugen, als Andy ein Bündel große Geldscheine aus der Tasche zog und mich bat, sie zu den übrigen zu stecken.

›Was ist das?‹ frage ich.

›Das sind die zweitausend von Mrs Trotter‹, sagt Andy.

›Wie bist du denn dazu gekommen?‹ frage ich.

›Sie hat sie mir gegeben‹, sagt Andy. ›Ich habe sie schon seit einem Monat an drei Abenden in der Woche besucht.‹

›Dann bist du also William Wilkinson?‹ sage ich.

›Ich war's‹, sagt Andy.«

LANGSTON HUGHES

Das Farbenspiel

Einer Rassenminderheit anzugehören bringt unter anderem den einen großen Nachteil mit sich, daß sich leider gutherzige, wohlmeinende, hilfsbereite Langweiler scharenweise einfinden. Meist können sie – offen gesagt – keine andere Hilfe anbieten als ihre eigene Gesellschaft, und die ist nun allerdings oft genug gräßlich stumpfsinnig. Manche Angehörige der schwarzen Rasse scheinen ganz besonders dazu prädestiniert zu sein, solche Menschen aufzustöbern, vor allem in den zwanziger Jahren, in denen Schwarz Mode wurde. So ging es Caleb Johnson, einem farbigen Wohlfahrtsbeamten, der immer mehrere undefinierbare weiße Wesen mit sich herumschleppte, sie zum Essen einlud, ihnen Harlem zeigte und mit ihnen im Savoy strandete – sehr zum Mißvergnügen seiner jeweiligen Freunde, die an diesem Abend nicht aus soziologischen Gründen, sondern zu ihrem Vergnügen ausgehen wollten.

Freunde sind Freunde, und unglücklicherweise sind übereifrige Rassenromantiker sich immer gleich, ganz egal, von welcher Couleur sie sind. Wäre die weiße Rasse an Stelle der schwarzen unterdrückt, so würde Caleb Johnson einer der ersten sein, der den Weißen aus Sympathie seine völlig geistlose Gesellschaft offeriert hätte in der Annahme, daß er ihnen damit irgendwie eine große Wohltat erweise. Man sieht daraus, daß sowohl Caleb wie seine weißen Freunde stinklangweilig waren. Wir zum mindesten, die wir in Harlems literari-

scher Boheme während der Negerrenaissance zu Hause waren, empfanden es so. Wir Literaten hielten uns für zu aufgeklärt, als daß wir uns mit Rassenfragen hätten langweilen lassen. Wir liebten die Menschen jeder Rasse, die unaufhörlich rauchten, kräftig tranken, ihre Komplexe und ihre Moral so leger wie ihre Anzüge trugen und sich über jeden lustig machten, der all dies nicht tat. Wir ließen jeden Neger und jeden Weißen abblitzen und sahen auf ihn herab, wenn er das Pech hatte, Gertrude Stein, Ulysses, Man Ray, Jean Toomer oder George Autheil nicht zu verstehen. Gegen Ende der zwanziger Jahre war Caleb gerade bei Dos Passos angekommen und hielt H. G. Wells für gut.

Eines Abends trafen wir Caleb bei Small. Er hatte drei Weiße im Schlepptau. Wir hätten ihn mit einem kurzen Zunicken vorbeigelassen, aber er begrüßte uns stürmisch mit großem Trara und stellte uns wortreich seine Bekannten vor, die sich als Lehrer aus Iowa entpuppten, eine Dame und zwei Herren. Denen schien es großen Spaß zu machen, zwei Negerschriftsteller und einen schwarzen Maler in Originalausgabe kennenzulernen, und sie luden uns ein. Weil wir immer knapp bei Kasse waren, geruhten wir, an ihrem Tisch Platz zu nehmen.

Die weiße Dame sagte: »Noch nie hab ich bisher einen Negerschriftsteller gesehen!« Die beiden Männer fügten hinzu: »Wir auch nicht.«

»Nanu, wir kennen ungezählte weiße Schriftsteller«, erklärten wir drei schwarzen Bohemiens mit gelangweilter Nonchalance.

»Aber Negerschriftsteller sind so sehr viel seltener«, meinte die Dame.

»In Harlem gibt's massenhaft«, sagten wir darauf.

»Aber nicht in Iowa«, sagte einer der Herren und schüttelte seine rote Mähne.

»Es gibt wohl auch keine guten weißen Schriftsteller in Iowa – oder?« fragten wir anmaßend.

»O doch, Ruth Suckow stammt daher.«

Darauf gingen wir dazu über, Ruth Suckow wie nen ollen Hut verächtlich zu machen und sie zugunsten von Kay Boyle am Boden zu zerstören. Die Art, wie wir mit Namen um uns warfen, schien sowohl Caleb als auch seine weißen Gäste zu beeindrucken. Das machte uns natürlich Spaß, obwohl wir zu jung und zu eingebildet waren, um es zu zeigen.

Die Getränke kamen, und alles ließ sich gut an. Alle tranken, und wir

drei gaben gewaltig an, als plötzlich am Tisch direkt hinter uns ein Mann aufsprang und eine Frau niederschlug. Ein dunkelhäutiger Mann. Die Frau war hell. Als sie sich erhob, schlug er sie noch einmal zu Boden. Nun ging der rothaarige Mann aus Iowa hoch und schlug den farbigen Mann nieder. Er sagte dabei: »Laß die Pfoten von der weißen Frau!«

Der Mann rappelte sich auf und sagte: »Is keine weiße Frau, is *meine* Frau.«

Und einer der Kellner bestätigte: »Sie ist nicht weiß, mein Herr, sie ist farbig.«

Worauf der Mann aus Iowa verdutzt dreinsah, die Fäuste senkte und »Verzeihung!« sagte.

Der Farbige darauf: »Wat wollnse denn überhaupt hier in Harlem und was mischnse sich in meine Familienangelegenheiten!«

Der Weiße sagte: »Ich dachte, es wäre eine weiße Frau.«

Die Frau, die auf dem Fußboden gelegen hatte, erhob sich: »Also, ich bin keine weiße Frau, sondern ne farbige, und Sie lassen meinen Mann gefälligst in Ruhe!« Und nun gingen beide auf den Biedermann aus Iowa los. Es bedurfte unserer vereinten Anstrengungen, verstärkt durch ein paar Kellner, sie zu trennen. Als das überstanden war, forderte uns der Geschäftsführer auf, gefälligst zu zahlen und zu verschwinden. Er fand, wir hätten Unruhe gestiftet. Darauf gingen wir, und zwar in ein Fischrestaurant ein Stück weiter die Straße runter. Caleb entschuldigte sich vielmals bei seinen Freunden. Wir Künstler waren einerseits wütend, aber andrerseits auch wieder amüsiert.

»Warum entschuldigten Sie sich?« fragte der farbige Maler den Besuch aus Iowa, »nachdem Sie erst den Mann niedergeboxt hatten und dann feststellen mußten, daß die Frau, die Sie beschützt hatten, keine Weiße war, sondern nur so hellhäutig, daß sie wie eine Weiße wirkte?«

»Ja«, meinte der rothaarige Iowamann, »ich hätte mich nicht eingemischt, wenn ich gewußt hätte, daß sie alle von gleicher Rasse waren.«

»Meinen Sie nicht, eine Frau müsse vor einem Rohling beschützt werden, ganz egal, zu welcher Rasse sie gehört?«

»Ja, aber ich meine, es wäre eure Sache gewesen, für eure Frauen einzutreten.«

»Ach, so schlagen Sie also vor, Prügeleien hübsch nach Rassen aufzuteilen, ganz egal, wer im Recht ist?«

»Nein, das hab ich nicht gemeint.«

»Sie wollen sagen, Sie hätten keine farbige Frau verteidigt, die von ihrem Ehemann verhauen wird?« fragte der Schriftsteller.

Bevor der Gast Zeit zur Antwort fand, sagte der Maler: »Nein! Sie wurden nur wild, weil Sie annahmen, ein Neger prügelte eine weiße Frau!«

»Nun, sie sah doch wie eine weiße Frau aus«, verteidigte sich der Mann.

»Vielleicht wollte sie für farbig gelten«, warf ich ein.

»Wie manche Neger sich als Weiße ausgeben«, fügte Caleb hinzu.

»Mir gefällt's auf jeden Fall nicht«, sagte der farbige Maler, »daß Sie Ihre Beschützertätigkeit einstellten, als rauskam, daß die Frau nicht weiß war.«

»Nein, das gefällt uns nicht«, pflichteten wir alle bei – außer Caleb. Dieser sagte einlenkend: »Aber Mr. Stubblefield kennt sich in Harlem doch noch nicht aus!«

Der rothaarige weiße Mann sagte: »Ja, ich bin zum erstenmal hier.«

»Dann sollte Mr. Stubblefield vielleicht lieber Harlem fernbleiben«, gaben wir zu bedenken.

»Ich stimme Ihnen zu«, sagte Mr. Stubblefield, »guten Abend!«

Er stand auf und verließ das Lokal. Er ging sehr aufrecht davon. Sein roter Haarschopf tauchte in der Nacht unter.

»Oh, das ist zu peinlich«, sagte das weiße Paar, das sitzen blieb. »Stubbys Temperament ging wohl mit ihm durch. Aber erklärt uns bitte, sind viele Farbige so hellhäutig wie jene Frau?«

»Klar, viele haben mehr weißes als farbiges Blut und werden für Weiße gehalten.«

»Ach nee, wirklich?« sagten die Dame und der Herr aus Iowa.

»Haben Sie nie Nella Larsen gelesen?« fragten wir.

»Sie schreibt Romane«, erklärte Caleb, »und hat selbst 'n Schuß weißes Blut.«

»Sie müssen sie lesen«, rieten wir. »Lesen Sie auch die Biographie eines Ex-Farbigen.« Nicht daß wir selbst sie gelesen hätten, denn wir kümmerten uns nur wenig um die älteren farbigen Schriftsteller, aber wir wußten, es ging in dem Buch um das Problem der Colorline und die Möglichkeit, für weiß zu gelten.

Wir bestellten alle Fisch und setzten uns wieder gemütlich hin und schockierten unsere weißen Bekannten mit Gesprächen darüber, wie viele Neger in ganz Amerika für weiß gehalten werden. Wir waren entschlossen, mit dem weißen Paar, das wir hier so schön in die Enge getrieben hatten, kräftig Epater le bourgeois zu spielen, als mitten in

unserem schönsten Sermon die Frau sich über den Tisch lehnte und sagte: »Hören Sie mal, meine Herren, Sie müssen das ja nicht gerade unter die Leute bringen, aber ich und mein Mann, wir sind ja beide auch nicht ganz weiß, wir werden nur seit bereits fünfzehn Jahren für Weiße gehalten.«

»Waaas«?

»Wir sind farbig wie ihr«, sagte der Ehemann, »aber es ist besser, für weiß gehalten zu werden, man verdient mehr.«

Na, uns blieb die Puste weg. Es verschlug selbst Caleb die Sprache. Den ganzen Abend hatte er geglaubt, feine weiße Leute in Harlem rumzuführen, und nun waren sie so braun wie er!

Caleb fluchte sonst nie, jetzt aber sagte er: »Verflucht und zugenäht!«

Dann lachten alle! Und lachten! Wir erstickten fast vor Lachen. Auf einen Schlag ließen wir unsere professionellen, selbstbewußten »Negermanieren« fallen, wurden natürlich, aßen Fisch und lachten und alberten unverfälscht, wie Farbige es tun, wenn keine Weißen in der Nähe sind. Nun wurde es wirklich vergnüglich, und wir lachten über den rothaarigen Kerl, der eine hellhäutige braune Frau für weiß gehalten hatte. Nach dem Essen gingen wir in zwei oder drei andere Nachtlokale und tranken bis gegen fünf Uhr morgens. Schließlich verfrachteten wir die hellhäutigen farbigen Leutchen in ein Taxi Richtung Innenstadt. Sie blickten zurück und riefen zum letztenmal: »Auf Wiedersehen!« Der Wagen wollte gerade abfahren, als die Frau den Fahrer bat, noch einen Moment zu warten.

Sie lehnte sich aus dem Fenster und sagte grinsend: »Herhören, Jungens! Ich will euch nicht nochmals verwirren – aber, ehrlich gesagt, mein Mann und ich sind gar nicht wirklich farbig. Wir sind weiß. Wir wollten euch nur necken, wollten eine Zeitlang für farbig gelten – so, wie ihr sagt, daß Neger sich als Weiße ausgeben wollen.« Sie lachte, als der Wagen Richtung Central Park absauste, und winkte zum Abschied.

Wir sagten kein Wort. Wir standen nun fassungslos an der Straßenecke in Harlem – und hatten keine Ahnung, welches Mal wir nun wirklich für dumm verkauft worden waren. Waren sie tatsächlich Weiße, die Neger gespielt hatten? Oder Farbige, die sich als Weiße ausgegeben hatten. Zu welcher Rasse sie nun auch gehören mochten, jedenfalls hatten sie sich *zu* gut auf unsere Kosten amüsiert – auch wenn sie uns eingeladen hatten.

J. F. POWERS

Die Streitaxt

Sie saßen in Erwartung der Süßspeise – nach einem Essen, das der reinste Schlangenfraß gewesen war. Vater Nulty wandte sich von Mrs. Stoner ab und sagte zu Vater Firman, der sich an seinem eigenen Eßtisch schon längst das Schweigen angewöhnt hatte: »Oh, John, nächste Woche hast du ja den Bischof zur Firmung hier!«

»Ja«, mischte sich Mrs. Stoner ein, »und zum Essen! Und wenn er wieder so wenig ißt wie voriges Jahr...«

Vater Firman schwang sich zu einer Entgegnung auf, was selten vorkam. »Mrs. Stoner, der Bischof ist leidend. Das wissen Sie doch.«

»...wo ich mich so angestrengt hab' mit dem Essen und so weiter«, fuhr Mrs. Stoner fort und blickte Vater Nulty schmollend an.

»Ach, das würde ich mir nicht zu Herzen nehmen, Mrs. Stoner«, meinte Vater Nulty. »Er ißt nirgends viel.«

»Komisch! Und dabei behauptet die neue Mrs. Allers, bei ihr hätte er tüchtig zugelangt«, entgegnete sie und schloß dann giftig: »Aber sie ist eben eine verdammte Lügnerin!«

Vater Nulty geriet aus der Fassung, bemühte sich jedoch, es nicht zu zeigen, und fragte: »Wer ist Mrs. Allers?«

»Sie hat Holy Cross«, erwiderte Mrs. Stoner.

»Sie ist dort Haushälterin«, fügte Vater Firman hinzu, da er fand, nach Mrs. Stoners Worten klinge es so, als ob Mrs. Allers der Pfarrer von Holy Cross sei.

»Ich schwör's Ihnen, dies Jahr weiß ich nicht, was ich mit dem Essen machen soll«, sagte Mrs. Stoner.

Vater Firman stöhnte: »Machen Sie's nur so wie immer, Mrs. Stoner!«

»So? Und hinterher kann ich alles aus dem Fenster werfen! Ist das vielleicht eine Art?«

»Gibt es keinen Nachtisch?« fragte Vater Firman kalt.

Mrs. Stoner sprang vom Tisch auf und stürzte murrend in die Küche. Sie kam mit einem Geburtstagskuchen zurück. Sie stieß ihn mitten auf den Tisch. Sie fand ein großes Streichholz in ihrer Schürzentasche und stach damit durch die Luft nach Vater Firman.

»Ich mag den Bischof nicht«, sagte sie. »Hab' ihn nie gemocht! Und wie er die arme Ellen Kennedy behandelt hat – sie einfach aus Vater Doolans Testament zu streichen!«

Sie ging wieder in die Küche.

»Wurden nicht allerhand Gemeinheiten über Vater Doolan und die Haushälterin geredet?« fragte Vater Nulty.

»Das wollt' ich meinen!« entgegnete Vater Firman. »Und nur deshalb, weil er am Sonntag abend mit ihr ins Kino ging. Seitdem er tot ist und der Bischof sie aus dem Tetament gestrichen hat, reden sie jetzt über den Bischof – obwohl ich hörte, daß er ihr eine jährliche Rente gibt.«

»Ich mag den Bischof ganz und gar nicht«, erklärte Mrs. Stoner, die mit einem Küchenmesser erschien. »Bischof Doran – der war ein rechter Mann!«

»Wissen wir«, sagte Vater Firman. »Ein rechter Mann und ein rechter Priester.«

»Er verstand was von Grundbesitz«, sagte Vater Nulty.

Vater Firman strich das Zündholz ab.

»Nicht am Stuhl!« schrie Mrs. Stoner – zu spät.

Vater Firman zündete die Geburtstagskerze an – sie war verdächtig groß und gelb und glich den geweihten, aber er war nicht ganz sicher. Sie beobachteten die flackernde Flamme.

»Ach, die Lampe brennt ja noch«, sagte Mrs. Stoner und stand auf, um das Licht auszuschalten. Sie ging wieder in die Küche.

Die beiden Priester saßen einen Augenblick in der Stille des Kerzenlichtes.

»Herzlichen Glückwunsch, John«, sagte Vater Nulty weich. »Du bist neunundfünfzig geworden, nicht?«

»Als ob du's nicht wüßtest, Frank«, erwiderte Vater Firman. »Wir sind doch fast gleich alt – du bist ein Jahr jünger!«

Vater Nulty lächelte; das angelaufene Gold an seinen Schneidezähnen schimmerte im flackernden Licht der Kerze, und der Kragen schien in der Dunkelheit weißer; er hob sein Glas Wasser – Wein oder noch Besseres wäre es früher gewesen – und trank auf Vater Firmans Wohl.

»Alles Gute für die Zukunft, John!«

»Blasen Sie's aus!« rief Mrs. Stoner, die aus der Küche kam. Sie wartete am Schalter.

Mrs. Stoner, die nie Süßspeisen aß, fing an, das Geschirr in die Küche zu tragen, und die beiden Priester beeilten sich mit ihrem Kaffee und dem Kuchen und nahmen dann im Studierzimmer Platz.

Vater Nulty bot von seinen Zigarren an:

»John?«

»Mein Geschwür, Frank!«

»Hm – bist trotzdem besser dran.« Vater Nulty zündete sich seine Zigarre an und schlug die langen Beine übereinander. »Fish Frawley hat sich einen Filipino besorgt, John. Hast du's schon gewußt?«
Vater Firman beugte sich gespannt vor. »Ist er die Haushälterin losgeworden?«
»Ja. Anscheinend hat sie geschnüffelt.«
»Oh! Hat sie ihm nachspioniert?«
«Ja, und auch geklatscht. Fish hat ihr mal zwei Jungen aus der Stadt vorgestellt und gesagt: ›Würden Sie's für möglich halten, daß die beiden meine Neffen sind?‹ Und in der nächsten Woche stand es in der Zeitung, seine beiden Neffen aus Erie seien bei ihm zu Besuch. Danach erzählte er ihr, er führe in den Osten, um seine Eltern zu besuchen – die aber tot sind. Auch das stand nachher in der Zeitung. Bei seiner Rückkehr hat er ihr die Leviten gelesen. Dann hat er sich den Filipino besorgt.«
Vater Firman krümmte sich vor Vergnügen im Sessel. »Das ist typisch für ihn! So was bringt nur Fish fertig!« – Er blickte trübselig auf seine Fingerspitzen. »Aber ein Filipino würde nie in einen Ort wie den hier kommen.«
»Wahrscheinlich nicht«, erwiderte Vater Nulty. »Fish wohnt nicht zu weit von Minneapolis. – Ach, hör mal, weißt du noch den Streich, den er uns allen damals in Marmion Hall gespielt hat?«
»Den vergess' ich nie!« Vater Firmans Augen schweiften in die Vergangenheit. »Wie wir da am Neujahrsmorgen aufstanden, und alle Klodeckel waren bemalt!«
»*Fröhliche Beschneidung!* Hahaha!« Vater Nulty bekam einen Hustenanfall
Als er wieder zu sich gekommen war, ließ sich ein Moskito auf seinem Handgelenk nieder. Er beobachtete ihn einen Augenblick, ehe er mit seiner schweren Hand zuschlug. Langsam hob er die Hand, betrachtete den toten Moskito und schnippte ihn mit dem Mittelfinger fort.
»Nur die Weibchen stechen...«, meinte er.
»Das wußte ich nicht«, sagte Vater Firman.
»O ja... jawohl!«
Mrs. Stoner kam ins Studierzimmer und setzte sich mit einer Stopfarbeit hin – Vater Firmans schwarze Socken waren es.
Sie lächelte Vater Nulty liebenswürdig zu. »Was halten Sie von der Atombombe, Vater Nulty?«
»Nicht viel«, antwortete Vater Nulty.
Mrs. Stoners Lächeln verschwand. Vater Firman gähnte.

Mrs. Stoner fuhr etwas anderes auf. »Haben Sie von dem bekehrten Kommunisten gelesen, Vater Nulty?«

»Er war bereits vorher katholisch, Mrs. Stoner, daher ist es keine Bekehrung.«

»Nicht? Oh, und ich hatte ihn schon auf meiner Liste, auf die ich Monsignores Bekehrte schreibe.«

»Es ist besser als eine Bekehrung, Mrs. Stoner, denn im Himmel herrscht mehr Freude über die Rückkehr des... hm, ja, er war verloren, Mrs. Stoner, und ist wiedergefunden.«

»Und die Kongreßfrau, Vater?«

»Ja, die ist Konvertitin.«

»Und Henry Fords Enkel, Vater? Den hab' ich auch aufgeschrieben!«

»Ja, natürlich.«

Vater Firman gähnte, diesmal hörbar, und hielt die Hand vor den Mund.

»Der hat's aber nur wegen seiner Heirat getan, Vater Nulty«, sagte Mrs. Stoner. »Ich finde immer, auf *die* Sorte muß man aufpassen!«

»Ja, stimmt, aber trotzdem ist er Konvertit, Mrs. Stoner. Bedenken Sie, auch Kardinal Newman war's.«

Auf Mrs. Stoner machte es weiter keinen Eindruck. »Henry Ford soll ja jetzt die Steuerräder aus Sojabohnen machen, Vater.«

»Das wußte ich nicht.«

»Ich hab's im *Reader's Digest* oder in so einer Zeitschrift gelesen.«

»Tja – dann...« Vater Nulty stand auf und reichte Vater Firman die Hand. »John!« sagte er. »Es war nett.«

»Der nächste soll ja Hirohito sein«, sagte Mrs. Stoner, die zu den Konvertiten zurückgekehrt war.

»Abwarten, Mrs. Stoner!« entgegnete Vater Nulty.

Die beiden Priester schritten an die Tür.

»Du weißt ja, wo ich wohne, John.«

»Ja, Frank. Komm wieder! Gute Nacht!«

Vater Firman blickte Vater Nulty nach, wie er zu seinem Wagen an der Straßenecke ging. Dann hakte er die Moskitotür fest und schaltete das Licht an der Haustür aus. Am Fuß der Treppe stockte er, weil er plötzlich Lust hatte, zu Bett zu gehen. Doch dann kehrte er ins Studierzimmer zurück.

»Puh!« machte Mrs. Stoner. »Hab' schon geglaubt, er würde überhaupt nicht gehen. Ist ja schon nach acht!«

Vater Firman setzte sich in seinen Schaukelstuhl. »Ich sehe ihn nicht oft«, sagte er.

»Ich geb's auf«, rief Mrs. Stoner und schleuderte die zerlöcherten Strümpfe auf das Roßhaarsofa. »Bestimmt haben Sie einen Nagel im Schuh.«

»Ich sagte Ihnen bereits, daß ich nachgesehen habe.«

»Na, dann müssen Sie eben noch mal nachsehen. Und schneiden Sie sich die Zehennägel, hören Sie? Ich hab' gerade genug zu tun!«

Vater Firman suchte in seiner Rocktasche nach einer Pille, fand eine und schluckte sie. Er ließ den Kopf hintenüber auf die Lehne fallen und schloß die Augen. Er konnte hören, wie sie im Zimmer herumhantierte und Vorbereitungen traf – und welche, das wußte er nur zu gut: zuerst das Herumkramen in der Schublade nach einem gut gespitzten Bleistift, dann das Abreißen des Kalenderblattes von seinem Block und schließlich das Schurren des Kartentisches, als sie das Tischbein gegen sein Bein schob.

Er schlug die Augen auf. Sie stieß die Stehlampe neben den Tisch, daß die Perlenfransen am Lampenschirm klimperten, und zog ihren Stuhl heran. Sie setzte sich und lächelte ihn an – es war heute das erste Mal. Jetzt war sie glücklich.

Sie riß die Karten hoch und fing an, mit der nachlässigen Fingerfertigkeit eines ausgekochten Flußboot-Glücksspielers die Karten zu mischen: Sie klopfte sie auf die Kante, fächerte sie auseinander, wirbelte die Finger drüber hin und trieb sie mit Peitschengeknatter an, daß sie ihr den halben Arm hinauf- und hinuntertanzten. Endlich lagen sie vor ihr, gezähmt, ein braves Spiel Karten.

»Heben Sie ab?«

»Fangen Sie nur an«, sagte er. Sie war gern die erste.

Sie bedachte ihn mit ihrem matten, rachsüchtigen Lächeln und zog eine Karte, warf sie ab und nahm eine andre, die er für ein As hielt, aus dem Grunde, weil sie sie – mit der Bildseite nach unten – festhielt.

Sie bekam wie immer lauter gute Karten, und sie wäre unbesiegbar gewesen, hätte sie seine Beherrschtheit gehabt und wäre ihre List etwas intelligenter gewesen. Er verstand sich auf ein paar Sachen – wie man ausspielte und wie man zurückbehielt –, die sie niemals lernen würde. Ihre Methode war der Angriff, immer der Angriff, mit einer einzigen verwirrenden Ausnahme: Sie konnte gewisse Stiche als überflüssig opfern, wenn sie nur die letzten bekam, die schmerzlichen, die sie dann einen um den andern schmetternd hinklatschen konnte.

Sie spielte blutrünstig: Sie bestand auf ihrem »Pfund Fleisch«; aber sie konnte nicht anders, das war eben ihre Natur, wie auch der Löwe

die seine hatte, und aus diesem Grunde fand er ihre Wildheit verzeihlich und hielt sie eher für einen Makel im Fleisch, aus dem Körper stammend, wohingegen seine Anfechtung ganz im Willen, im Menschlichen lag. Er schwitzte und betete nicht um jede Karte, wie sie es tun mußte, doch behielt er die Augen offen, ob die Farbe bedient wurde, und verlangte nur von Zeit zu Zeit und um sie zu ärgern, daß abgehoben wurde. Und immer hoffte er insgeheim auf Asse.

Wenn sie nur noch eine Karte hatte und der letzte Stich, der alles offenbarende, zum Ausspielen kam, dann zauderte sie und zeigte ihm erst ihr Lächeln, die Ankündigung seiner Niederlage. Dann spielte sie aus – ah! Sie hatte noch eine Trumpfkarte, was er nicht für möglich gehalten hatte. Hatte sie die etwa versteckt gehabt? Nein, so weit würde sie es denn doch nicht treiben; das wäre nicht anständig gewesen, das war schlimmer, als wenn man nicht die Farbe bediente, was einem so leicht und oft ganz zufällig unterlaufen konnte. Und sie war überzeugt, anständig zu sein. Außerdem hatte er sie im Auge behalten.

Gottes Heimsuchung schlug den Weinstock mit Hagel und die Platanen mit Frost, und die Herde wurde dem Blitzstrahl geopfert – aber Mrs. Stoner! Was für ein Kreuz hatte Gott ihm mit Mrs. Stoner auferlegt! Bestimmt gab's in allen Pfarrhäusern der Erde noch andere, ebenso schlechte Haushälterinnen, ja, das schon, aber... nun ja. Er konnte einen oder vielleicht auch zwei Priester nennen, denen es noch schlimmer ging. Einen oder vielleicht zwei. Cronin. Seine zerzauste Blondine mit ihren sechzig – wenn man an die dachte und an ihr ewiges Geklimper auf dem Flügel, einem Geschenk des Pfarrers, und an ihre Prahlerei mit der Kropfoperation bei den Mayo-Brüdern (auch ein Geschenk); und wie sie mit dem Pfarrhaus-Buick hupte, wenn unbekannte Priester vorbeigingen, weil sie alle »zusammengehörten«. Ja, die war schlimmer. Die war auch was für die Wurstmaschine. Aber bestimmt! Und Cronin sagte, daß sie eigentlich gar keine üble Person sei – aber was war denn der? War ja selber ein verschrobener Kauz. Und was das betraf – konnte man etwa behaupten, daß Mrs. Stoner eine üble Person sei? Nein. Er konnte es gewiß nicht behaupten, und er war kein verschrobener Kauz. Sie hatte ihre guten Seiten, die Mrs. Stoner. Sie war sauber. Und wenn sie auch nicht gut kochen und Orgel spielen konnte und niemals, wenn Not am Mann war, bei der Kollekte helfen wollte, aber ewig zu Bridge-Parties ging und weitertratschte – einerlei, sie war sauber. Sie wusch alles. Manchmal hing ihr das Unterzeug weit unter dem Kleid hervor, wie einem Fall-

schirmjäger die Hose, aber es war sauber, und alles, was sie in die Hand nahm, ebenfalls. Sie wusch dauernd. Sie war sauber.

Sie hatte schwache Seiten – klar: ihre kleinen Fehler sozusagen. Sie schnüffelte, das stand felsenfest; aber sie schnüffelte nicht aus Freude am Spionieren. Sie hatte Gründe. Sie machte noch mancherlei anderes, aber immer hatte sie ihre Gründe. Sie verlangte zuviel für die Rosenkränze und Gebetbücher, aber das tat sie zugunsten der Armen. Sie sichtete eigenmächtig die Flugblätter auf dem Gestell – aber das tat sie, um Ärgernis zu verhüten. Sie steckte die Nase ins Tauf- und Trauregister, aber das war unvermeidlich, wenn er oft unterwegs war, und so hatte sie denn auch einmal ein uneheliches Kind aufgespürt und es aus dem Register gestrichen. Doch das lag an den unnatürlichen Sittlichkeitsbegriffen der Zeit. Sie mischte sich in Ehen ein, die nicht gutgingen, und zwar in Gegenwart ihrer Opfer, aber das geschah aus Kummer, und zwar deshalb, weil ihr eigener Mann in einem Bergwerk verschüttet wurde. Und einmal war er dazugekommen, als sie gerade einem jungen, ganz bestürzten Paar erzählte, es gebe nur einen einzigen Grund, weshalb sie eine Mischehe eingehen wollten – das Kind müsse einen Namen haben – und das – was sei das wohl?

Sie versteckte seine Bücher, sie hinderte ihn am Rauchen, sie kritisierte seine Freunde – meistens waren es die Pfarrer ihrer Kolleginnen –, sie schnauzte die Leute an, die nach Feierabend noch vorsprachen, sie hatte keinen Humor, ausgenommen beim Kartenspiel, und dann war es ein bissiger Humor, und jeden Morgen saß sie wie eine alte Streitaxt in der Frühmesse. Aber sie *ging* zur Messe, und deswegen war die Kirche an manch einem Morgen nicht vollkommen leer. Den ganzen Tag über stellte sie allerlei ärgerliche Sachen an, und bis spät in die Nacht hinein redete sie ärgerliche Sachen. Sie sagte, daß sie ihm die besten Jahre ihres Lebens geopfert habe. Stimmte das? Vielleicht. Denn der Bergmann hatte sie nur ein Jahr genossen. Es war schlecht, ja, eine Sünde und Schande, daß er es so auffaßte. Aber all das Gerede mit den besten Jahren des Lebens – war Unsinn. Er mußte den Kern des Ganzen bedenken, sich an das Wesentliche halten, an die Tatsachen. Tatsache war, daß Haushälterinnen schwierig zu finden waren, noch schwieriger als Kirchendiener, als willige Arbeiter, als Organisten, als Sekretäre, ja, schwieriger als Vikare und eine Pfarre. Und sie war sparsam.

Sie ging sparsam um mit Geld, mit Elektrizität, mit Bindfaden, mit Tüten, mit Zucker und – mit ihm selber. Das tat sie. Sie behauptete,

daß sie es tat, und irgendwie hatte sie recht. Irgendwie hatte sie meistens recht. Ja, wahrhaftig, sie hatte immer – *irgendwie* recht. Und man konnte eben keinen Filipino dazu bringen, daß er hierherzog und hier lebte. Jedenfalls keinen jungen, und einen alten hatte er noch nie gesehen. Keinen Filipino. Die staffierten sich gerne heraus und wollten das Leben genießen.

Sollte er eine Bemerkung fallenlassen, daß Fish einen Filipino hatte – nur um ihr bange zu machen und ihr zu zeigen, daß er auch mal über sie nachdachte? Nein. Damit hätte er ihr unfehlbar das Stichwort für ihren Ausspruch gegeben, ein Mann brauche eine *Frau*, die sich um ihn kümmere. Das wollte er nicht wieder über sich ergehen lassen – nicht heute.

Jetzt tat sie, was ihr am meisten Freude machte: Sie hatte einen großen Schlemm und spielte ihn langsam Karte um Karte aus, obwohl er so gut wie eingesackt war, und verlängerte unnötig, was man in netter Gesellschaft aus Barmherzigkeit rasch besorgt hätte. Vater Firman war kein guter Verlierer.

Sie klatschte die letzte Karte hin, Trumpf, nur eine kümmerliche Zwei, und erledigte den armen Herzkönig, den er sich aufgespart hatte.

»Hab' Sie erledigt!«

Beim Gewinnen war sie grauenhaft. Das war nun der widerliche Schluß ihres langen gemeinsamen Tages, die letzte gehässige Stunde, in der alles, was sie hatten sagen wollen – was er nicht sagen wollte und sie nicht sagen konnte –, an die Oberfläche kam. Wer in den Flitterwochen Sieger war, blieb immer Sieger und tanzte dem andern auf der Nase herum – und Gott allein konnte dem Unterliegenden helfen.

»Wir haben lange genug gespielt, Mrs. Stoner«, sagte er, als er sah, daß sie die Karten für ein neues Spiel zusammenraffte.

»So? Lange genug?«

Vater Firman murrte vor sich hin.

»Doch nicht?«

»Doch!«

Sie zog den Tisch fort und schob ihn bis zum nächsten Mal an die Wand. Zufrieden, mit der Zunge schnalzend, verließ sie das Studierzimmer, die geflickten Socken in der Hand.

Als sie gegangen war, schloß er die Augen und begann, in seinem Schaukelstuhl in See zu stechen – seine allnächtliche Ausreise nach dem Lande *Nirgendwo*.

Er hörte noch, wie sie sich in der Küche eine Tasse Tee aufbrühte und mit der Katze sprach. Dann ging sie nach oben, die Treppe hinauf, und die schnurrende Katze hinter ihr her.

Er wiegte sich aufs offene Meer hinaus und wartete – bis sie im Badezimmer fertig war. Dann stand er auf und verriegelte die Haustür (um die Hoftür kümmerte *sie* sich), und auf der Treppe machte er sich schon den Kragen auf.

Im Badezimmer tropfte er ein Antiseptikum ins Glas, da er immer Angst vor Zahnfäule hatte. Dann gurgelte er – Vorbeugung gegen Rachenkatarrh.

Als er in seinem Zimmer das Licht einschaltete, begannen die Nachtschmetterlinge und Käfer gegen das Moskitofenster zu pochen, und das kleinere Getier surrte.

Ja, und sie schlief im Gastzimmer. Wie war es dazu gekommen? Weshalb schlief sie nicht im Hofzimmer, wie es sich für eine Angestellte gehörte? Er wußte es schon, falls er sich anstrengte und genau darüber nachdachte. »Das Moskitofenster im Hofzimmer... es läßt Moskitos herein, Vater!« Und wenn es in Ordnung wäre, dann würde sie sehr gerne dort schlafen, Vater, mit dem Ausblick auf den Kirchturm und die Spitze des heiligen Kreuzes, Vater, wenn eben das Moskitonetz dicht wäre, Vater. »Gut, Mrs. Stoner, ich werde es ausbessern lassen oder es selber tun.« – »Oh, könnten Sie das, Vater?« – »Natürlich, Mrs. Stoner, ich tu's. Und unterdessen schlafen Sie im Gastzimmer.« – »Ja, Vater, danke schön, Vater«, klang's im Haus vor eitel Liebenswürdigkeit – damals. Es war alles viele Jahre her. Damals war sie ein junges Ding mit Pfannkuchengesicht gewesen – nicht gerade ein junges Ding vielleicht, aber auch nicht zu alt, um sich wieder zu verheiraten. Doch das hatte sie niemals getan. Nein, er konnte sich nicht erinnern, daß sie sich auch nur bemüht hätte um einen Mann, seit sie in der Pfarre war – aber da konnte er sich natürlich täuschen, da er nicht wußte, wie man bei so etwas vorging. O Gott – großer Gott! Sie würde sich doch nicht etwa falschen Hoffnungen hingegeben und all die Jahre auf ihn gewartet haben? Auf ihn? Ihn? Barmherziger Heiland! Nein! Jetzt ging er zu weit. Jetzt wurde es krankhaft. Nein. So etwas durfte er nie wieder denken. Niemals.

Aber jedenfalls hatte sie das Gastzimmer bekommen, und sie hatte es immer noch. Und was hatte das schon zu sagen? Jetzt kam keiner mehr, um ihn zu besuchen, und jedenfalls blieb keiner über Nacht, und keiner blieb sehr lange... jetzt nicht mehr. Er wußte, wie sie ihn auslachten. Er hatte ganz deutlich gehört, wie Frank gesummt hatte:

»Hochzeitsglocken, die verscheuchen meinen alten Freundes-kreis...« Aber das war damals gewesen, ehe Frank die traurige Lage durchschaut hatte und von Mitleid erfaßt wurde. Und sie hatten ihn ja seit jeher wegen irgendeiner Sache ausgelacht. Weil er kein guter Sportler war. Weil er eine Brille trug. Weil er ein Nierenleiden hatte... und weil die Briefe an Ehrwürden und Mrs. Stoner adressiert waren.

Er zog sein Hemd aus und beugte sich über den Tisch, um in dem Werk zu lesen, das vom Abend vorher noch aufgeschlagen dalag. Er las und übersetzte mühelos: »Eisdem licet cum illis... Geistlichen ist es nur dann erlaubt, mit Frauen unter einem Dach zu wohnen, wenn diese über jeden Verdacht erhaben sind, entweder als Blutsverwandte (Mutter, Schwester oder Tante) oder wegen vorgerückten Alters, und in jedem Falle von gutem Ruf.«

Gestern abend hatte er es gelesen, und viele Nächte davor auch, und jedesmal in der Hoffnung, etwas zu finden, was noch fehlte, etwas zu finden, was offenbar nicht in dem Abschnitt stand: seinen Fall – und einen Ausweg.

Sie war weder Mutter noch Schwester, noch Tante, und *vorgerücktes Alter* war ein dehnbarer Begriff (ha, sie war jünger als er!), und daher, hurra!, entsprach sie nicht dem Wortlaut des Gesetzes – aber ach, wie sehr entsprach sie dem Geiste!

Und überdies wäre es nach so viel Dienstjahren eine Gemeinheit, das Problem so zu lösen. Und ihr ein Ruhegehalt geben, das konnte er sich auch nicht leisten.

Er klappte das Buch energisch zu. Er patschte sich wie wild auf den Rücken, traf den schlauen Moskito nicht und wirbelte herum, um ihn zu erspähen. Er nahm eine Zeitschrift und faltete sie zu einer Klatsche. Dann sah er ihn – oh, abgefeimte Hinterlist! Im Bart des heiligen Joseph auf dem Bücherschrank! Dort konnte er ihn nicht erwischen. Er lockte ihn fort und wollte ihn verleiten, sich auf der Wand niederzulassen, aber er erriet seine Gedanken und flog hoch hinauf. Weil er hoffte, ihn in der Luft zu treffen, holte er heftig aus, verfehlte ihn, schlug nochmals und traf den heiligen Joseph am Hals. Die Figur fiel zu Boden und zerbrach.

Draußen auf dem Gang vor seiner Tür keuchte Mrs. Stoner.

»Was ist los?«

»Moskitos!«

»Was ist los – haben Sie sich weh getan, Vater?«

»Moskitos, zum Henker! Und nur das Weibchen sticht.«

Mrs. Stoner erwiderte nach kurzem Zaudern: »Sie sollten sich was schämen, Vater. Das Weibchen braucht doch Blut für die Eier.«
Er ließ die Zeitschrift fallen und holte mit der Hand nach dem Moskito aus.
Murrend ging sie wieder in ihr Zimmer. »Pah, und ich dachte, Sie werden im Bett von Einbrechern abgemurkst!«
Er holte wieder zum Schlag aus.

JULIO RAMÓN RIBEYRO

Das Bankett

Don Fernando Pasamano hatte die Einzelheiten des großen Ereignisses zwei Monate im voraus in Angriff genommen. In allererster Linie hatte einmal seine »Villa« einer gründlichen Überholung bedurft. Da es sich um ein altmodisches, unbequemes Haus handelte, war es nötig gewesen, einige Wände einzureißen, die Fenster zu vergrößern, einen neuen Fußboden einzulegen und alles neu zu übermalen. Diese Veränderungen hatten andere zur Folge. Wie jene Männer, die, wenn sie sich ein Paar Schuhe kaufen, zu deren Einweihung auch gleich ein Paar neue Socken für nötig erachten, und dann ein neues Hemd, einen neuen Anzug und so weiter – bis zur neuen Unterhose, so hielt Don Fernando es für unerläßlich, nach und nach das gesamte Mobiliar zu erneuern, angefangen bei den Konsolen im Salon bis zum letzten Hocker in der Küche. Dann kamen die Teppiche, die Lampen, die Vorhänge und die Bilder, mit denen er die – seit sie sauber waren – soviel größer wirkenden Wände bedeckte. Da im Rahmen des Festprogramms ein Konzert im Garten vorgesehen war, mußte schließlich auch ein Garten angelegt werden. Was vorher eine Art verwahrloster Gemüsegarten gewesen war, wurde jetzt unter den Händen einer Gruppe japanischer Gärtner in zwei Wochen zu einem zauberhaften Rokokogärtchen mit gestutzten Zypressen, winzigen Pfaden, die nirgendwo hinführten, einem kleinen »Teich der Roten Fische«, einer Grotte für die Gottheiten und einem ländlichen Brückchen, das sich über einem imaginären, dafür aber um so reißenderen Bach krümmte.

Das Schwierigste war indes die Zusammenstellung des Menüs. Don Fernando und seine Frau waren aus dem Innern Perus und hatten, wie die meisten Leute von dort, ihr ganzes Leben lang nichts anderes gekannt als die Freßgelage im Provinzstil, bei denen die Chicha und der Whisky durcheinandergetrunken werden und der Höhepunkt dann erreicht ist, wenn man die Spanferkel mit den Händen anpacken kann. Seine Vorstellung davon, was bei einem Bankett in der Hauptstadt und zu Ehren eines Präsidenten serviert werden durfte, war deswegen etwas verwirrt. Die zu einer Sonderberatung einberufene Verwandtschaft erhöhte die Konfusion noch. Don Fernando beschloß darum schließlich, eine Umfrage bei den wichtigsten Hotels und Restaurants Limas anzustellen, und erfuhr auf diese Weise, daß es rich-

tiggehende Speisen für Präsidenten gab sowie erlesene Weine für Staatsanlässe, die allerdings auf dem Luftweg von den Weingütern des Mittelmeers herbeigebracht werden müßten.

Als alle Vorbereitungen beendigt waren, stellte Don Fernando mit gewisser Besorgnis fest, daß er in dieses Bankett – an dem hundertfünfzig Gäste, vierzig Kellner, zwei Orchester, ein Corps de ballet und ein Filmvorführer teilnehmen würden – sein ganzes Vermögen investiert hatte. Doch als er es recht überlegte, erschien ihm der Aufwand gering im Vergleich mit den enormen Vorteilen, die ihm aus dem Fest erstehen würden.

»Mit einer Botschaft in Europa und einer Eisenbahn zu meinen Ländern im Dschungel haben wir unser Vermögen schneller wieder zusammen, als ein Hahn kräht«, sagte er zu seiner Frau. »Und mehr verlange ich gar nicht. Ich bin ein bescheidener Mensch.«

»Wir brauchen nur noch herauszufinden, ob der Präsident kommt«, antwortete seine Frau.

Tatsächlich hatte Don Fernando es bisher versäumt, die Einladung ergehen zu lassen. Es hatte ihm genügt zu wissen, daß der Präsident verwandt mit ihm war, um einer Zusage vollkommen sicher zu sein. Es war eine jener Provinzverwandtschaften der Sierra, so vage wie unnachweisbar, die nie geklärt werden, aus Angst, ihr Ursprung könnte in einem Ehebruch entdeckt werden.

Um jedoch ganz sicher zu gehen, benutzte Don Fernando die Gelegenheit seines nächsten Besuches im Palast dazu, den Präsidenten beiseite zu führen und ihm untertänigst seinen Plan vorzutragen.

»Mit dem größten Vergnügen«, antwortete das Staatsoberhaupt. »Eine ausgezeichnete Idee. Ich werde Ihnen meine Zusage schriftlich übermitteln.«

Don Fernando begann also auf die Zusage zu warten. Um seine Ungeduld zu meistern, ordnete er einige zusätzliche Modernisierungen an, die seiner Villa das Aussehen eines zu einem feierlichen Maskenball verkleideten Palastes gaben. Ganz zuletzt hatte er sogar noch den Einfall, ein Großporträt des Präsidenten in Auftrag zu geben – ein Maler kopierte es nach einer Fotografie –, das er dann an der auffallendsten Stelle im Salon aufhängen ließ.

Nach vier Wochen kam die Zusage. Don Fernando hatte schon begonnen, sich wegen der Verzögerung Sorgen zu machen. Jetzt aber erlebte er den Moment der größten Freude seines Lebens. Es war ein Festtag für ihn, eine Art Vorwegnahme der großen Gesellschaft, die bevorstand. Ehe er sich schlafen legte, trat er mit seiner Frau auf den

Balkon, um den erleuchteten Garten zu betrachten und den denkwürdigen Tag mit einer bukolischen Träumerei zu beschließen. Das Bild, das sich vor ihm ausbreitete, schien etwas von seiner Zartheit verloren zu haben, denn wohin er auch blickte, überall sah Don Fernando immer nur sich selbst – im Jackett, mit Zylinder, eine teure Zigarre im Mund, vor dem Hintergrund einer in der Ferne sich verlierenden Theaterdekoration, auf der – wie auf gewissen Reiseplakaten – die Wahrzeichen der vier größten Städte Europas ineinander übergingen. Noch weiter in der Ferne, in einem Winkel dieser Zukunft, sah er einen Güterzug aus dem Dschungel herausrollen, die Waggons vollbeladen mit Gold. Und über allem nahm er die schwebende Silhouette eines weiblichen Wesens wahr, flüchtig und transparent wie eine Allegorie der Sinnlichkeit. Sie hatte die Beine einer Kokotte, die Augen einer Südseeinsulanerin, den Hut einer Marquise auf und nicht das geringste von seiner Frau an sich.

Die ersten, die am Tag des Banketts eintrafen, waren die Spitzel. Ab fünf Uhr nachmittags postierten sie sich an der Ecke vor der Villa und bemühten sich, unauffällig zu wirken, woran sie ihre Hüte, ihre übertrieben zur Schau gestellte Zerstreutheit hinderten, und vor allem jenes schauerliche Air von Verbrechen, das Detektive, Geheimagenten und ganz allgemein alle diejenigen annehmen, die geheimzuhaltende Berufe ausüben.
Dann kamen die Autos. Aus ihnen stiegen Minister, Parlamentarier, Diplomaten, Geschäftsleute und einige intelligente Männer. Ein Diener öffnete ihnen das Gitterportal der Villa, ein weiterer verkündete laut ihre Namen, ein Page nahm ihnen Hüte und Handschuhe ab, und Don Fernando streckte ihnen von der Mitte des Vestibüls aus die Hand entgegen, wobei er höfliche und bewegte Worte murmelte.
Später, als alle Bewohner der Nachbarschaft sich gaffend vor dem Haus drängten und die Proletarier aus den nahegelegenen Mietskasernen herbeigefahren worden waren, um sich gebührlich an dem unerwarteten Schauspiel zu ergötzen, da fuhr auch der Präsident vor. Umgeben von seiner Eskorte, begab er sich ins Haus Don Fernandos, der, alle Regeln der Etikette außer acht lassend und einem Ruf des Blutes folgend, ihn so bewegt und voller Zuneigung umarmte, daß er eine der Achselklappen des Staatsoberhauptes beschädigte.
Verteilt in den Salons, Gängen, auf der Terrasse und im Garten, tranken die Gäste zwischen Witzen und Bonmots diskret die vierzig Kisten Whisky. Anschließend ließen sie sich an den Tischen nieder, die

für sie reserviert waren – der größte, mit Orchideen geschmückte für den Präsidenten und seine Favoriten –, und begannen zu speisen und sich geräuschvoll zu unterhalten, während das Orchester in einer Ecke des Salons vergeblich versuchte, seine Wiener Weisen vernehmbar zu machen.

Auf dem Höhepunkt des Banketts, als die Weißweine vom Rhein gebührend gewürdigt worden waren und die Rotweine aus Europas Süden die Gläser füllten, begannen die Tischreden. Der Fasan unterbrach sie. Erst gegen Ende, mit dem Sekt, belebte sich die Unterhaltung wieder, und die Lobreden dauerten bis zum Kaffee, um dann aber doch endgültig in den Kognakgläsern zu ertrinken.

Don Fernando stellte dieweil beunruhigt fest, daß das Bankett, schon über den Höhepunkt hinaus, seine eigenen Wege ging, ohne daß er Gelegenheit gehabt hätte, sich dem Präsidenten zu eröffnen. Obwohl er, den Regeln des Protokolls entgegen, links von dem Ehrengast Platz genommen hatte, fand er nicht den passenden Augenblick, um mit ihm ins Gespräch zu kommen. Am Ende des Essens erhoben sich die Tischgenossen gar und bildeten kleine, schläfrige, mit der Verdauung beschäftigte Grüppchen, während er als Gastgeber sich verpflichtet wähnte, von einem zum andern laufen zu müssen, um zur Wiederbelebung Verdauungsschnäpse anzubieten und freundliche Klapse, Zigarren und amüsante Bemerkungen auszuteilen.

Endlich, gegen Mitternacht, nachdem der völlig betrunkene Polizeiminister sich zum Abschied hatte bewegen lassen, gelang es Don Fernando, den Präsidenten in den Musiksalon zu locken. Dort, auf einer jener Chaiselongues, die am Hof von Versailles dazu gedient hatten, einer Prinzessin die Liebe zu gestehen oder eine politische Koalition zu vereiteln – dort vertraute Don Fernando den Ohren des Präsidenten seinen bescheidenen Wunsch an.

»Aber nichts leichter als das«, entgegnete der Präsident. »Zufälligerweise wird gerade dieser Tage die Gesandtschaft in Rom frei. Morgen, im Ministerrat, werde ich Ihre Berufung vorschlagen, das heißt: vorschreiben. Und was die Eisenbahn anbelangt...«

Eine Stunde später verabschiedete sich der Präsident, nicht ohne sein Versprechen wiederholt zu haben. Es folgten ihm seine Minister, der Kongreß und so weiter, genau in der von Tradition und Gewohnheit vorgeschriebenen Reihenfolge. Um zwei Uhr morgens waren nur noch einige Marodeure anwesend, die keinerlei Titel besaßen und einzig und allein darauf warteten, daß noch eine Flasche entkorkt werde oder sich die Gelegenheit böte, unauffällig einen der silbernen

Aschenbecher mitzunehmen. Um drei Uhr waren Don Fernando und seine Frau endlich allein. Bis zum Morgengrauen tauschten sie Eindrücke aus und schmiedeten erfolgreiche Pläne inmitten der Überreste ihres Riesenempfangs. Dann aber legten auch sie sich schlafen, überzeugt, daß noch niemals ein Limaer Caballero ein so kostspieliges Bankett veranstaltet oder sein Vermögen so weise investiert hatte.

Um zwölf Uhr mittags erwachte Don Fernando durch das Geschrei seiner Frau. Als er die Augen öffnete, sah er, wie sie ins Schlafzimmer gestürzt kam, in den Händen eine aufgeschlagene Zeitung. Hastig überflog er die Überschriften und fiel – übrigens ohne einen Ton von sich zu geben – in Ohnmacht.
Sehr früh am Morgen hatte ein Minister den Empfang dazu benutzt, einen Staatsstreich zu veranstalten, und der Präsident war gezwungen worden, seinen Rücktritt anzunehmen.

JULIO RAMÓN RIBEYRO

Im Zeichen des Skorpions

Zitternd vor Wut und Empörung rannte Ramón in sein Zimmer und warf sich bäuchlings auf sein Bett. Dann begann er zu schluchzen. Mitunter hielt er inne und fuhr, obwohl es weh tat, mit der Zunge über die Kruste gerinnenden Bluts auf der Unterlippe, so, als könnte er seinen berechtigten Zorn nur aufrechterhalten, wenn er den Schmerz immer wieder neu belebte.
»Ich hasse ihn! Hassen tu ich ihn!« knirschte er und zerknüllte das Kopfkissen. Dann verharrte er erschöpft einige Sekunden völlig bewegungslos. Schließlich drehte er sich mit einem Ruck um und setzte sich auf: »Ich hab ihn doch zuerst gesehen!« sagte er laut. Ungewiß blickte er im Zimmer umher, wie um Trost zu suchen oder in den Gegenständen, die ihn umgaben, einen Ausdruck der Zustimmung zu finden. Das kleine Arbeitslämpchen auf seinem Schreibtisch schien sich vor ihm zu verbeugen. Ramón ging näher an das Lämpchen heran und erklärte voll Entrüstung: »*Ich* hab ihn zuerst gesehen, im Dachspalier. Wenn sie's nicht glauben, sollen sie doch die Luisa fra-

gen!« Aber die Luisa war längst davongelaufen, weil sie Angst hatte vor Skorpionen. Jetzt schmiegte sie sicherlich gerade den Kopf an Mamas Brust. »Nur weil er größer ist«, entrüstete sich Ramón weiter, »und weil er schon raucht, aber nur, wenn's niemand sieht, und überhaupt ärgert er mich immer, und schlagen tut er mich auch.« Als er zufällig im Spiegel seine blutige Unterlippe sah, verstummte er, und seine geballten Fäuste wurden hart wie zwei Wurzelknollen.

Plötzlich vernahm er ein Pfeifen aus dem Nebenzimmer. Sofort stellte er sich seinen Bruder vor, wie er den Skorpion unter die Käseglocke zwang. »Ich hab ihn zuerst gesehen«, begann Ramón hartnäckig von neuem. »Im Dachspalier.« Er schaltete das Licht aus und lauschte angestrengt, was sein Bruder nebenan machte. Das Geräusch von Glas und Schachteln klang herüber.

Er wird ihn nie besser hegen als ich, dachte er. Von mir würde er Fliegen zu essen bekommen und Spinnen. Ich tät ihn wie einen König behandeln. Tobías durchbohrt ihn doch nur mit seinem Bleistift, bis er draufgeht.

Die herrliche Spinne fiel ihm wieder ein, die er im Sommer im Zypressenwipfel gefangen hatte. Eine Woche lang hatte er sie in einer Schuhschachtel gehütet und verwöhnt. Mit Schnaken hatte er sie gefüttert, mit Regenwürmern und einmal, am Sonntag, sogar mit einer Wespe. Als Feiertagsbraten. Damals hatte Tobías sie auch ermordet, als er einmal nicht auf sie achtete: in Ammoniaktropfen hatte er sie ertränkt. Und hinterher hatte er es ausposaunt und sich seines Verbrechens gebrüstet wie einer Heldentat.

»Er! Immer er!« flüsterte Ramón wütend vor sich hin. Dann öffnete er behutsam die Tür zum Garten und schlüpfte hinaus. Draußen atmete er tief den Duft der Jasminblüten ein, die über dem dunklen Efeuspalier wie kleine Sterne schimmerten. Der Mond schwebte über den Bergen und verlieh den Apfelbäumen, auf die schräg sein Licht fiel, ein künstliches und metallisches Aussehen. Auf Zehenspitzen schlich Ramón an Tobías' Fenster. Durch die offenen Läden sah er seinen Bruder über den Arbeitstisch geneigt stehen. Das Licht der Bürolampe war auf die Käseglocke gerichtet, unter der der Skorpion verzweifelt hin und her irrte. Ramón konnte fast das Klirren hören, wenn seine Zangen gegen das Glas schlugen. Tobías' Mund zeigte ein breites Lächeln, in dem ein Zug Grausamkeit zu erkennen war. In der Hand hielt er einen gespitzten Bleistift, mit dem er von Zeit zu Zeit gegen die Glocke schlug, wie um seinen Gefangenen auf sich aufmerksam zu machen.

Er quält ihn, dachte Ramón, und wenn der Skorpion es am wenigsten erwartet, wird er ihn ermorden.

Aber Tobías machte keinerlei Anstalten dazu. Er begnügte sich damit, dem Tier nachdenklich lächelnd zuzuschauen, als klügele er eine besonders raffinierte Tortur aus. Plötzlich richtete er sich auf und ging zum Kleiderschrank.

Was hat er jetzt vor? fragte sich Ramón. Als er seinen Bruder mit einer Zündholzschachtel in der Hand zurückkommen sah, hielt er in der Vorahnung eines grauenhaften Schmerzes den Atem an.

»Jetzt verbrennt er ihn! Er zündet ihn an«, wimmerte er vor sich hin. In seiner Angst stieß er beinahe die kleine Bank vor dem Fenster um, auf die er sich gestützt hatte. Es blieb ihm gerade noch Zeit, sich hinter den Apfelbäumen zu verstecken, als Tobías schon sein Gesicht gegen die Fensterscheibe preßte und erschreckt in den Garten hinausspähte. Als er sich ins Zimmer zurückwandte, schlich Ramón erneut näher heran. Tobías hatte eine Zigarette angezündet. Ramón war etwas erleichtert, denn damit erwiesen sich seine Befürchtungen als unbegründet. Er sah zu, wie sein Bruder den Kopf zurückwarf und eine große Rauchwolke gegen die Decke blies.

Morgen werd ich's sagen, nahm Ramón sich vor, während er beobachtete, mit welchem Genuß Tobías die Zigarette rauchte. Ich werd sagen, daß er wie ein Großer raucht und daß er sogar den Rauch durch die Nase ausstößt wie Onkel Enrique.

Tobías zog eben wieder an der Zigarette. Aber anstatt den Rauch wieder herauszulassen, hielt er ihn im Mund zurück, neigte sich über die Glasglocke und blies ihn langsam in deren kleines Luftloch. Der Skorpion schien fast zu ersticken und schlug heftig mit dem stachelbewaffneten Schwanz gegen das Glas.

»Der Schuft! Der gemeine Schuft!« murmelte Ramón, und Tränen stiegen ihm in die Augen. Tobías wiederholte sein Spiel mehrere Male, denn der hineingeblasene Rauch verflüchtigte sich immer wieder durch die Öffnung nach draußen. Der Skorpion krümmte sich jedesmal zusammen und verharrte bewegungslos. Erst wenn Tobías mit dem Bleistift an die Glasglocke schlug, bewegte er sich gereizt, worauf Tobías ihn erneut in eine dichte Rauchwolke hüllte.

Er wird bestimmt bald sterben, überlegte Ramón. Ich glaube nicht, daß der Rauch ihm gefällt, wie den Fledermäusen.

Schließlich wurde es Tobías zu langweilig. Er drückte die Zigarette aus, verschränkte die Arme und starrte das Tier an, das sich langsam zu erholen schien und aufs neue nervös herumzuirren begann.

Was denkt er sich jetzt aus? bangte Ramón. Wahrscheinlich gießt er Alkohol über ihn und zündet ihn an.

Aber Tobías gähnte nur geräuschvoll und streckte sich. Ramón wich langsam bis hinter den zweiten Apfelbaum zurück und spähte durch die Zweige weiter in das Zimmer seines Bruders. Er sah, wie jener sich nochmals reckte und streckte, die Jacke auszog und auf sein Bett zuging. Wenig später tauchte er im Schlafanzug wieder auf und tappte mit lächerlichen Bewegungen im Zimmer herum. Genau wie der Skorpion, dachte Ramón. Jetzt möchte ich eine Zigarette haben so groß wie ein Bambusrohr. Dann würde ich den Rauch durchs Fenster hineinblasen. Tobías nahm kurz ein Buch auf, öffnete es, schlug es sofort wieder zu, füllte ein Zahnputzglas mit Wasser, erschlug mit einem Schulheft eine Fliege und setzte sich schließlich auf den Rand seines Bettes. Dabei machte er nachlässig das Zeichen des Kreuzes. Ramón sah, wie er mechanisch die Lippen bewegte und dieweil mit dem Zeigefinger die Zehennägel reinigte. Dieser Mangel an Gläubigkeit erfüllte Ramón mit Verachtung. »Nicht einmal das Beten nimmt er ernst«, flüsterte er. »Neulich hat er sogar gesagt, daß er nicht an Gott glaubt, und dabei gelacht.« Dann ging das Licht im Zimmer aus, und das letzte, was er hörte, war das Rascheln des Bettzeugs.

Ramón blieb noch einen Augenblick an den Apfelbaum gelehnt stehen und schlenderte dann zum Blumengarten hinüber. Er setzte sich auf den Rasen, legte sich zurück, verschränkte die Hände unterm Kopf und betrachtete den Mond. Zuerst kam er ihm vor wie ein Käse mit Löchern. Dann wie ein glänzend geriebener Totenschädel. Einige zarte, durchsichtige Wolken schwebten niedrig unter dem Gestirn vorbei und verhüllten diskret seine Züge. »Die Dichter nennen ihn ›Frau Luna‹«, sagte Ramón leise vor sich hin, als er den Mond wie durch einen Schleier sah. »Muß eine abscheuliche Frau sein, eine Tote.« Der Gedanke flößte ihm ein seltsames Schaudern ein. Ihm war, als verändere sich das Mondinnere vor seinen Augen. Die Schatten bewegten sich kaum merklich, so, als wimmelten Würmer durcheinander. Er setzte sich auf und blickte zu den Zypressen hinüber. Aus dem Dunkel ihrer Stämme, da, wo sie in die Erde verschwanden, starrten ihm vier schimmernde Punkte entgegen. Es waren die Augen der Katzen. Er versuchte, sich ihnen zu nähern, und schnalzte leicht mit der Zunge, aber sie entwischten geräuschlos. Daraufhin setzte er sich wieder und betrachtete erneut den Himmel, diesmal so angestrengt, daß ihm bisweilen ganz deutlich so war, als stürze er in einen Abgrund. Ein köstliches Gefühl des Schwindels legte sich auf ihn.

Da drüben ist der Große Bär, dachte er. Und da die Drei Marien, Orion (sein Vater fiel ihm plötzlich ein, der ihn mit seinem dürren Finger die Geheimnisse des Himmels zu lesen gelehrt hatte), weiter drüben, das müssen die Sieben Schäflein (Plejaden) sein... und das ist das Kreuz des Südens... »Und der Skorpion?« fragte er laut, und sofort erfüllte ihn wieder Empörung. Er stand auf. »Der Skorpion ist in Gefangenschaft geraten«, erklärte er dramatisch und stolperte zurück zu den Apfelbäumen. Auf Zehenspitzen schlich er an das Fenster heran und preßte sein Ohr gegen die Scheibe. Außer Tobías' Atmen war nichts zu hören. Ramón versuchte, den Arbeitstisch zu sehen, aber drinnen war alles in tiefstes Dunkel gehüllt.

Da muß der Skorpion sein, dachte er, ganz allein und traurig wie der Mond. Vielleicht kann er nicht schlafen und hat Angst vor den Gespenstern. Seine ursprüngliche Idee nahm Gestalt an. Ich werde ihn herausholen und zu mir ins Zimmer nehmen, beschloß er. Und morgen gebe ich ihn zurück. Oder ich geb ihn nicht zurück. Ja! Damit drückte er leicht gegen das Fenster, das nachgab und sich geräuschlos öffnete. Er rannte schnell in sein eigenes Zimmer und holte die Taschenlampe. Dann kletterte er auf die kleine Bank und kniete sich auf das Fensterbrett. Es war alles ganz leicht. Er kannte es von früher. Als sein Vater dieses Zimmer noch bewohnt hatte, war er manchmal nachmittags heimlich durch das Fenster eingestiegen, um die väterlichen Papiere und Gegenstände zu durchforschen. Stundenlang hatte er Schubladen geöffnet und geschlossen, Bücher durchgeblättert und auf dem Schreibtisch herumgesucht. Jedesmal hatte er irgend etwas Geheimnisvolles entdeckt, das ihn schaudern ließ oder ihm ein stilles Vergnügen bereitete: alte Geldstücke, Briefmarken aus exotischen Ländern, vergilbte Postkarten, Drehbleistifte. Einmal hatte er die Fotografie einer nackten Statue entdeckt, die ihn sehr bestürzte. Ein andermal hatte er einen Blumentopf umgeworfen und die Schuld der Katze zuschieben müssen. Das durfte jetzt auf gar keinen Fall passieren. Mit der allergrößten Vorsicht, wie ein geübter Dieb, glitt er schnell bis zur Zimmermitte. Dann knipste er die Taschenlampe an und beleuchtete den Tisch. Als der Skorpion das Licht sah, begann er sich zu bewegen. Ramón verfolgte jede Bewegung aufmerksam. Was er am meisten bewunderte, waren die metallische Struktur des Tiers und seine reinen Formen. Es schien wie aus Kupferplatten zusammengefügt, und seine Teile funktionierten reibungslos. Wenn er hundertmal größer wäre, könnte er einen ganzen Stier fressen oder einen Löwen zermalmen, dachte Ramón. Im selben Augenblick be-

wegte sich Tobías im Bett. Ramón knipste die Lampe ab und duckte sich. Sein Bruder bewegte sich noch einige Male und stammelte unzusammenhängende Worte. Dann fing er an zu schnarchen. Ramón ging behutsam an den Tisch und ergriff die Schachtel, in der sich der Skorpion unter der Käseglocke bewegte. Jetzt habe ich den Skorpion geraubt, so, wie Mohammed den Halbmond vom Himmel gerissen hat, dachte er. Ein Einfall unterbrach seine Gedanken. Im Spiegel des Kleiderschranks hatte er beim Licht der Taschenlampe seine verletzte Lippe gesehen. Er ging näher heran, um die Wunde genau zu prüfen. In der Nachtluft war das Blut endgültig geronnen, so daß seine Unterlippe wie eine große, schwarze Kruste aussah. Wie im Kino sah er die Szene sich noch einmal abspielen: Sein Bruder schlug mit der Gartenschere auf ihn ein, um ihn vom Skorpion wegzureißen. »Mir gehört er! Wenn du nicht verschwindest, werf ich dich runter!« Und er floh hastig vom Rand des flachen Daches und glitt im blutbespritzten Hemd am Spalier hinunter, denn Tobías war durchaus imstande, seine Drohung wahrzumachen.

Und jetzt lag der Tyrann da, schutzlos und hilflos jedem Überfall ausgeliefert. Er konnte ihm jetzt auch die Lippe ein wenig verletzen, damit sie wieder quitt wären und Ruhe voreinander hätten. Der Brieföffner würde sich gut dazu eignen. Oder der Füllfederhalter, den Tobías einmal in symbolischem Protest gegen Schularbeiten mit der Feder voran in die Wand gestoßen hatte. Aber es war ja doch nicht möglich. Tobías würde sofort aufwachen, und dann wäre alles verloren.

Ramón richtete wieder die Lampe auf den Skorpion, der rastlos in seinem Gefängnis herumwanderte. Er überlegte, ob es überhaupt Sinn hatte, ihn zu rauben, denn Tobías' Rache würde nicht ausbleiben. Dabei war das Tier so schön! Gerade jetzt hielt es seine Lanzette hoch aufgerichtet über dem Kopf, bereit, sie dem nächstbesten Feind in den Leib zu schlagen. Ramón erinnerte sich, was er in einem der Bücher seines Vaters über diesen Stachel gelesen hatte: »Er ist so kräftig, daß er ohne weiteres einen nicht zu dicken Karton durchbohren kann.« Schnell richtete er den Lichtkegel der Taschenlampe auf Tobías' Bett und ließ ihn langsam von den Füßen bis zum Bauch wandern. Da es ein heißer Herbst war, schlief sein Bruder immer noch wie im Sommer, nur mit einem Bettuch zugedeckt, auf dem jetzt seine beiden Hände bewegungslos kauerten wie Spinnen.

»Der Skorpion wird gegen die Seespinnen kämpfen«, flüsterte Ramón und ging langsam mit der Schachtel auf das Bett zu.

Dort angelangt, holte er aufgeregt Atem, hob die Glasglocke und ließ den Skorpion aus der Schachtel auf das Laken rutschen.

Als er draußen zwischen den Apfelbäumen zurück zum Blumengarten huschte, sah er immer noch den Skorpion vor sich, wie er sich schwarz von dem weißen Tuch abhob und behutsam, den Stachel hoch aufgerichtet, in den Bereich der Spinnen vordrang.

RYUNOSUKE AKUTAGAWA

Der Verdacht

Es ist schon zehn Jahre her. Zu Vorträgen über praktische Ethik eingeladen, hielt ich mich im Frühling etwa eine Woche lang in Ogakimachi, Präfektur Gifu, auf. Da ich mich seit jeher der freundlichen, in ihrer Dankbarkeit lästigen Betreuung durch die Hörer meiner Provinzvorträge scheu zu entziehen pflege, schrieb ich dieses Mal gleich von vornherein an jene pädagogische Vereinigung, die mich eingeladen hatte, einen in dieser Hinsicht absagenden Brief und gab meiner Hoffnung Ausdruck, einen besonderen Willkommensempfang, abendliche Einladungen, Führungen durch die Sehenswürdigkeiten der Stadt, also jede sinnlose Zeitverschwendung, die üblicherweise mit solchen Vorträgen verbunden war, ablehnen zu dürfen. Zu meinem Glück verbreitete sich dann offenbar die Kunde, was für ein Sonderling ich sei, sehr schnell, und als ich ankam, wurden dank der Bemühungen des Bürgermeisters, der gleichzeitig Vorsitzender jener Vereinigung war, nicht nur alle meine Wünsche erfüllt, man brachte mich überdies auch nicht in einem gewöhnlichen Gasthof unter, sondern ließ mich in einer besonders ruhigen Villa der reichen Familie N. wohnen. Was ich nun erzählen will, sind tragische Ereignisse, die mir durch Zufall während meines Aufenthaltes in jener Villa zu Ohren gekommen sind.

Die Villa befand sich in der Nähe des Koroku-Schlosses und war von dem Freudenviertel der Stadt nicht allzu weit entfernt. Das acht Matten große Zimmer, das als Studierzimmer eingerichtet war und in dem ich sowohl schlief wie arbeitete, war zu meinem Leidwesen nur mangelhaft von der Sonne bestrahlt, aber es war ein ruhiger Raum, in dem Schiebefenster und Schiebewände, was wundervoll hierher paßte, vergilbt und altersdunkel waren.

Das allein in diesem Hause wohnende Verwalterehepaar, das sich sehr um mein leibliches Wohl besorgt zeigte, hielt sich, wenn nicht eben etwas für mich zu erledigen war, ständig in der Küche auf, und so herrschte in dem mittelgroßen, halbdunklen Zimmer meist tiefe Stille; weit und breit hörte ich keinen menschlichen Laut. Es war hier so still, daß man deutlich hören konnte, wenn von dem Magnolienbaum, der seine Äste bis hin zu dem kleinen Wasserbecken auf dem Korridor breitete, dann und wann weiße Blütenblätter herunterfielen. Ich ging, um meinen Vortrag zu halten, nur immer vormittags

aus, den Nachmittag und Abend verbrachte ich zurückgezogen in diesem Zimmer, aber da ich außer meinem kleinen Koffer, in dem ein paar Bücher und Kleidungsstücke waren, nichts weiter mithatte, fühlte ich mich doch in diesen Frühlingstagen manchmal fröstelnd einsam.

Natürlich schufen gelegentliche Besuche am Nachmittag etwas Ablenkung, und so vergingen diese Stunden oft recht schnell. Doch wenn ich dann die altmodische Lampe, die auf einem Bambusrohr saß, angezündet hatte, schrumpfte die menschliche, von lebendigem Atem erfüllte Welt plötzlich auf den kleinen von der Lampe erleuchteten Bereich um mich zusammen. Und selbst diese weckte keine hoffnungsvolle Stimmung in mir. In der Ziernische hinter mir stand würdig und massiv eine Bronzevase, in der freilich keine Blumen steckten. Darüber hing eine seltsam anmutende Bildrolle einer Weiden-Kwannon. Auf dem Hintergrund des leicht angedunkelten Goldbrokats, auf dem das Bild aufgezogen war, wirkte es besonders düster. Wenn ich dann und wann meine Augen von dem Buch, das ich eben las, hob und das altertümliche buddhistische Bild ansah, meinte ich von irgendwoher den Duft von Weihrauch auf mich zudringen zu spüren. So sehr herrschte in diesem Raume die stille Atmosphäre eines Tempels. Ich ging meist schon sehr früh zu Bett, aber es wollte mir nicht so schnell gelingen, einzuschlafen. Es erschreckte mich das Geschrei eines Nachtvogels, bei dem ich gar nicht sicher wußte, ob es aus der Ferne oder aus nächster Nähe kam. Ich mußte an den Turm des Schlosses denken, das hoch über dem Städtchen thronte; wenn ich ihn am Tage sah, warf dieser Turm von seinem stolzen, am Rand nach oben gewölbten Dach eine Unzahl von Krähen durch die tiefgrünen Kiefern zum Himmel empor. Sank ich dann unversehens in Halbschlaf, fühlte ich noch die Frühlingskühle wie Wasser durch meinen Körper rieseln.

Es war zu sehr später Abendstunde. Die Vortragsreihe ging ihrem Ende zu. Ich saß, ganz in mein Buch vertieft, wie immer mit verschränkten Beinen vor der Lampe. Da öffnete sich plötzlich unheimlich leise die Schiebewand zum Nachbarzimmer. Als ich spürte, daß sie auf war, wollte ich in dem Glauben, es sei der Verwalter des Hauses eingetreten, die Gelegenheit wahrnehmen und ihm den eben beendeten Brief zur Weiterbeförderung übergeben. Ich warf nur einen flüchtigen Blick in diese Richtung, aber dort saß im Schatten der Schiebewand ein mir völlig unbekannter, etwa vierzigjähriger Mann in überaus höflicher Haltung. Wenn ich die Wahrheit sagen soll, ich

wurde in diesem Augenblick weniger von einem Schreck als einer fast abergläubischen Angst übermannt. Dieser Unbekannte, der da wie geistesabwesend im Halbdunkel hockte, sah so geisterhaft aus, daß der Schock, den er mir versetzte, nur zu verständlich war. Als er mir ins Gesicht sah, neigte er seinen Kopf höflich tief vor mir; in alter zeremonieller Weise ragten dabei die Ellbogen in die Höhe. Fast mechanisch sagte er dann mit einer verblüffend jungen Stimme folgendes zum Gruß:

»Es ist unverzeihlich, daß ich Sie so spät und mitten in Ihrer Arbeit störe, aber ich muß Sie, verehrter Meister, dringend etwas fragen.«

Nun, nachdem ich mich von dem ersten Schock bereits ein wenig erholt hatte, betrachtete ich, während er noch sprach, in aller Ruhe mein Gegenüber. Er war ein vornehm wirkender Mann mit schon halbergrauten Haaren, breiter Stirn, eingefallenen Wangen; seine Augen bewegten sich aber so lebhaft, daß dies kaum zu seinen Jahren paßte. Er trug kein feierliches Besuchsgewand, sondern eine ganz passabel aussehende Haori-Hakama-Garnitur, über seinen Knien hielt er einen Fächer. Was meine Aufmerksamkeit auf das höchste erregte, war die Tatsache, daß an seiner linken Hand ein Finger fehlte. Ich konnte, kaum hatte ich dies bemerkt, meinen Blick nicht mehr von dieser Hand abwenden.

»Was führt Sie zu mir?« fragte ich unfreundlich, indem ich das Buch, das ich gerade zu lesen begonnen hatte, schloß. Selbstverständlich kam mir sein plötzlicher Besuch nicht nur sehr unerwartet, er brachte mich auch in Zorn. Gleichzeitig wunderte ich mich, daß der Hausverwalter diesen Gast hatte eintreten lassen, ohne ihn auch nur mit einem Wort anzumelden. Aber er senkte, ohne sich durch meine Kühle entmutigt zu fühlen, seine Stirn bis herab auf die Matte und sagte in einem unverändert deklamierend klingenden Ton:

»Verzeihen Sie, daß ich mich noch nicht vorgestellt habe. Ich heiße Nakamura Gendô. Ich höre jeden Tag Ihre Vorlesungen. Natürlich können Sie sich bei der großen Zahl Ihrer Hörer meiner nicht erinnern. Ich wäre Ihnen dankbar, verehrter Meister, wenn Sie mir helfen wollten.«

Nun erst glaubte ich zu begreifen, aus welchem Grunde er erschienen war, allein ich fand es nach wie vor höchst lästig, daß er die nächtliche Einsamkeit meiner Lektüre zerbrach.

»Sie haben also eine Frage, die meinen Vortrag betrifft?«

Ich wollte ihn nämlich dann ersuchen, mir diese Frage nach dem nächsten Vortrag mitzuteilen. Doch mein Gegenüber erwiderte mir, ohne

daß sich auch nur ein Muskel in seinem Gesicht bewegte und indem er ganz ruhig auf die Knie seiner Hakama-Rockhose blickte:

»Nein, es handelt sich um keine Frage, die Ihre Vorlesung betrifft. Vor etwa zwanzig Jahren hat sich in meinem Leben etwas Furchtbares ereignet, und nun weiß ich nicht mehr aus und ein. Da Sie ein so berühmter Gelehrter der Ethik sind, hilft mir vielleicht Ihr Urteil ein wenig. Aus diesem Grunde bin ich heute zu Ihnen gekommen. Ich bitte Sie: Wollen Sie mich nicht anhören, selbst wenn ich Sie mit einem Bericht aus meinem Leben langweile?«

Ich wußte nicht recht, was ich darauf antworten sollte. Was mein Fachwissen betraf, war ich sicherlich ein sogenannter Ethiker, aber leider konnte ich mich nicht eines so schnellen und gewandten Verstandes rühmen, der mir erlaubt hätte, mein Fachwissen gleich in Umlauf zu bringen und bei auftauchenden praktischen Fragen unmittelbar eine überzeugende Lösung anzubieten. Mein Gegenüber schien mein Zögern sofort zu bemerken. Er hob den Blick von seinen Knien und fuhr, mir flehentlich und angstvoll zugleich in die Augen blickend, mit einer Stimme, die noch unbefangener als vorhin klang, höflich fort:

»Nein, ich möchte keinesfalls ein Urteil von Ihnen erzwingen, ob ich recht oder unrecht gehandelt habe. Es gibt da in meinem Leben ein Problem, das mich in einer Weise martert, daß ich es kaum länger ertragen kann. Ich möchte nun einem Manne wie Ihnen, verehrter Meister, unbedingt davon berichten; vielleicht erleichtert sich meine Qual.«

Nach diesen seinen Worten fand ich es unmöglich, mich mit Anstand dem unbekannten Besucher zu entziehen. Aber gleichzeitig spürte ich, wie ein Vorgefühl von nahendem Unheil und die vage Empfindung, schwere Verantwortung zu übernehmen, sich bedrückend auf meine Seele legten. Um dies zu verscheuchen, gab ich mir bewußt ein ganz ungezwungenes Aussehen und sagte, indem ich meinen Gesprächspartner mit einer freundlichen Geste noch näher in den Lichtkreis der trüben Lampe einlud:

»Nun, ich will Ihnen zuhören, aber ich weiß natürlich nicht, ob ich Ihnen dann etwas sagen kann, was Ihnen hilft.«

»O nein, ich bitte Sie! Allein daß Sie mich anhören, ist mehr, als ich zu hoffen wagte.«

Und jener Mann, der also Nakamura Gendô hieß, hob mit der einen Hand, an der ein Finger fehlte, den Fächer von der Matte auf und schickte sich an, während er dann und wann heimlich aufblickte und

noch öfter als ich nach dem Bild der Weiden-Kwannon schielte, in einer monotonen, fast düsteren Stimme abgerissen folgendes zu erzählen.

»Es war im 24. Jahre Meiji. Wie Sie sich erinnern, ereignete sich damals in der Nobi-Gegend ein furchtbares Erdbeben. Seitdem hat sich das Städtchen Ogaki arg verändert. Ursprünglich gab es nur zwei Volksschulen, die eine war noch von dem ehemaligen Feudalherrn, die andere von der Stadtverwaltung gebaut worden. Ich war Lehrer an der von dem Feudalherrn errichteten Schule. Ein Jahr zuvor hatte ich die Lehrerausbildungsanstalt der Präfektur als Primus absolviert, hatte dann das Vertrauen des Schuldirektors gewonnen und das für mein Alter hohe Gehalt von fünfzehn Yen pro Monat erhalten. Heutzutage sind fünfzehn Yen so wenig, daß man unmöglich davon existieren kann, aber es war ja vor zwanzig Jahren, und damals war diese Summe zwar nicht besonders hoch, doch enthob sie mich der größten Alltagssorgen; ich wurde von vielen meiner Kollegen beneidet.

Meine Familie bestand nur aus mir und meiner Frau. Es waren auch erst zwei Jahre seit unserer Hochzeit vergangen. Meine Frau war eine entfernte Verwandte meines Schuldirektors. Sie hatte ihre Eltern schon in jungen Jahren verloren und war seitdem bis zu ihrer Heirat mit mir von dem Direktor und seiner Frau wie eine eigene Tochter umsorgt worden. Sie hieß Sayo und war, mag dies aus meinem Munde auch seltsam klingen, ein scheues Wesen von wundervoller Echtheit. Sie war sehr schweigsam, liebte die Einsamkeit, ja, war wie ein Wesen aus einer anderen Welt. Und wenn unsere Ehe auch nicht eben ein einziges rauschendes Glück gewesen ist, wir verbrachten unsere Tage doch in angenehmer Ruhe.

Dann kam jenes Erdbeben. An dem unvergeßlichen 28. Tag des 10. Monats. Es war gegen sieben Uhr früh. Ich putzte mir am Brunnen gerade die Zähne, meine Frau kochte in der Küche den Morgenreis. Da brach das Haus über ihr zusammen. Das ganze Unheil dauerte nur ein, zwei Minuten. Die Erde grollte unheimlich, als breche jeden Augenblick ein alles verheerender Sturm los, und da neigte sich schon das Haus zur Seite, und ich sah nur noch die Dachziegel durcheinanderfliegen. Es war gar keine Zeit, entsetzt aufzuschreien. Ich wurde unter den herabstürzenden Ziegeln fast begraben und, während ich wie besinnungslos dalag, von den Erschütterungen der Erde gleichsam geschaukelt. Als ich dann durch den umherwirbelnden Staub hinauszukriechen versuchte, sah ich nur das Dachgerüst unseres Hauses vor mir liegen.

Ich weiß nicht, ob ich in diesem Augenblick mehr erstaunt als verwirrt war. Wie geistesabwesend hockte ich schwer auf der Erde, blickte auf die Nachbarhäuser rechts und links, deren Dächer wie bei meinem eigenen zusammengebrochen waren, vernahm das Grollen der Erde, das Bersten der herunterstürzenden Balken, der splitternden Bäume und ineinanderkrachenden Wände, das Rufen und Schreien von vielen Tausenden von Menschen. Auf alle diese Geräusche lauschte ich benommen; es hörte sich an, als siede ein riesiger Kessel voll Wasser. Aber all das währte im Grunde nur einen Augenblick. Mit einem Male erkannte ich, daß sich in den Trümmern meines eigenen Hauses etwas bewegte. Ich sprang mit einem Satze hoch und stieß einen sinnlosen Schrei aus. Mir war, als sei ich aus einem fürchterlichen Traum erwacht, und ich eilte so schnell ich konnte dorthin. Ich ergriff Sayos Hand, wollte sie herausziehen. Ich packte sie an den Schultern und versuchte sie aufzurichten. Aber der auf ihr liegende schwere Balken gab nicht einen Millimeter nach. Ratlos, bestürzt riß ich aus dem Vordach ein Brett nach dem anderen heraus. ›Nur Mut, nur Mut!‹ rief ich meiner Frau zu. Ich wollte sie, nein, ich wollte wohl mich selber anspornen. ›Oh! Ich halte es vor Schmerzen nicht mehr aus. Hilf mir doch!‹ stöhnte Sayo und bemühte sich verzweifelt, den Balken zu heben, wobei sich ihr Gesicht so verfärbte, daß sie kaum mehr zu erkennen war. In meinen qualvollen Erinnerungen sehe ich noch heute, wie ihre beiden Hände, die so bluteten, daß von ihren Fingernägeln überhaupt nichts mehr zu sehen war, zitternd den Balken zu fassen suchten.

Das dauerte eine lange, lange Zeit. Als ich dann plötzlich aus meiner Benommenheit erwachte, strich einer Lawine gleich von irgendwoher ein dunkler Qualm über das Dach und warf sich stickig über mein Gesicht. Jenseits dieses Rauches knallte und knatterte es wie von Explosionen. Wie Goldstaub stoben die Feuerfunken tänzelnd zum Himmel auf. Ich klammerte mich, wie von Sinnen, an meine Frau und bemühte mich fieberhaft, ihren Körper von dem Balken zu befreien. Allein, es gelang mir nicht. Von dem immer von neuem über mich hinziehenden Rauch bedeckt, rief ich ihr, das eine Knie auf das Vordach gestützt und mich noch fester an sie klammernd, etwas zu. Vielleicht fragen Sie mich, was ich denn gerufen habe. Ja, sicher werden Sie das fragen. Aber ich weiß es wirklich nicht mehr. Ich erinnere mich nur, daß meine Frau, als sie mit ihren blutbeschmierten Händen nach meinem Arme griff, das eine Wort ›Du!‹ gerufen hat. Ich starrte ihr ins Gesicht. Es war ohne jeden Ausdruck. Nur die Augen starrten mich

groß und leer an. Und nun lag nicht nur der dicke Rauch auf mir, ein Regen von immer näher herandrängenden Feuerfunken ging auf mich herab, so daß ich instinktiv die Augen schloß. Nun, dachte ich, ist alles zu Ende. Sayo wird bei lebendigem Leibe verbrennen! Bei lebendigem Leib! Während ich ihre blutbeschmierten Hände in den meinen festhielt, rief ich ihr etwas zu. Sie stöhnte nur immer dieses eine Wort: ›Du!‹ In diesem einen Wort schien unendlich viel zu liegen. Bei lebendigem Leib! Bei lebendigem Leib! Dreimal rief ich ihr etwas zu. Ich erinnere mich, daß das Wort ›sterben‹ darunter war, ja, ich rief: ›Ich will mit dir sterben!‹ Ich hatte noch gar nicht recht begriffen, was sie mir darauf antwortete, da nahm ich einen neben mir liegenden großen Ziegelstein und schlug ihn meiner Frau immer wieder auf den Kopf.

Ich brauche nicht weiter auszuführen, was dann geschah. Ich bin jedenfalls am Leben geblieben. Von den Rauchschwaden und dem Feuer, das inzwischen fast die ganze Stadt in Brand gesetzt hatte, unbarmherzig verfolgt, kroch ich durch die Trümmer der Häuser, die wie kleine Berge den Weg versperrten. Mit Mühe und Not rettete ich mein eigenes Leben. Ich weiß nicht, ob zu meinem Glück oder Unglück. Unvergeßlich ist mir noch heute, wie ich in jener Nacht zu dem Himmel aufsah, an dem der Widerschein des noch wütenden Brandes leuchtete, und mit ein paar gleichfalls Geretteten in einem Häuschen nahe meiner eingestürzten Schule ein frischgekochtes Reisgericht verzehrte und hemmungslos weinte.«

Nakamura Gendô schwieg eine Weile und senkte verzagt seine Augen auf die Tatamimatten meines Zimmers. Auch ich, dem höchst unerwartet Ungeheuerliches erzählt worden war, hatte das Gefühl, als stiege mir die Frühlingskälte meines Zimmers zum Nacken hinauf. Ich hatte nicht einmal Kraft genug, einen Ausruf des Erstaunens oder Mitgefühls zu tun. Man hörte in dem Zimmer nur mehr das Geräusch, mit dem das Öl der Lampe aufgesogen wurde, außerdem tickte, die Zeit in viele winzige Partikeln schneidend, meine Taschenuhr, die auf dem Tisch lag. Und dann vernahm ich noch einen Laut, der wie ein Seufzer klang. Kam er von der Weiden-Kwannon in der Ziernische, hatte sie sich bewegt?

Ich sah erschrocken auf und betrachtete meinen Gast, der jetzt zusammengesunken dasaß. Hatte er etwa geseufzt? Oder war ich es? Ich sann noch darüber nach, da begann Nakamura Gendô bereits weiterzuerzählen.

»Ich brauche nicht eigens zu beteuern, daß mich dieses Ende meiner

Frau unsagbar geschmerzt hat. Ja, ich weinte, wenn der Direktor meiner Schule und die Kollegen freundlich teilnehmende Worte für mich fanden, und ich habe mich dessen nicht geschämt. Aber seltsamerweise brachte ich es nicht über mich, ihnen offen zu bekennen, daß ich meiner Frau selbst den erlösenden Tod gegeben hatte. Hätte ich erklärt, daß mir die Vorstellung, sie bei lebendigem Leibe verbrennen zu lassen, so furchtbar erschienen war, daß ich sie lieber selber tötete, wäre ich sicherlich nicht verhaftet und mit Gefängnis bestraft worden. Nein, ganz sicher hätten alle tiefes Mitleid mit mir empfunden. Allein, sobald ich mir nur überlegte, mit welchen Worten ich meine Tat begründen sollte, war mir zumute, als müßte ich ersticken, und ich brachte keine Silbe über die Lippen.

Schuld daran trug zweifellos, daß ich allzu feige war, aber da war noch ein weiterer Grund, der viel tiefer in mir verborgen lag. Ihn erkannte ich erst, als man sich in meiner Umgebung um meine Wiederverheiratung bemühte und ich dem Beginn eines neuen Lebensabschnittes ins Auge sehen sollte. Kaum hatte ich dann die Wahrheit begriffen, war ich nichts mehr als ein bemitleidenswertes seelisches Wrack, völlig außerstande, ein Leben wie andere Leute zu führen.

Der Direktor meiner Schule war der erste, welcher die Frage meiner Wiederverheiratung mit mir besprach, und ich glaubte es ihm, wenn er mir versicherte, er sei lediglich um mich besorgt. Es war seit jenem Erdbeben etwa ein Jahr vergangen, und schon mancher hatte in dieser Zeit zu erkunden versucht, ob ich nicht willens sei, mich noch einmal zu verheiraten. Nun, die Partnerin, die mir der Direktor meiner Schule vorschlug, war die zweite Tochter aus der Familie N., in deren Haus Sie jetzt sind. Tja, es war die ältere Schwester eines Schülers der vierten Volksschulklasse, dem ich Nachhilfeunterricht erteilte. Selbstverständlich lehnte ich rundweg ab. Einmal bestand zwischen mir, dem Volksschullehrer, und der reichen Industriellenfamilie N. ein gar zu großer Standesunterschied. Der Gedanke, plötzlich aus der Position eines Hauslehrers in die eines Schwiegersohnes zu geraten, verschaffte mir ein so unangenehmes, irritierendes Gefühl, als würde mir, obgleich mir nicht das geringste fehlte, der Bauch abgetastet. Gleichzeitig empfand ich aber, wie es ja auch heißt: ›Die uns verlassen haben, werden uns ferner von Tag zu Tag‹, nicht mehr die tiefe Trauer um Sayo wie ehedem. Und doch stand hinter meinem Zögern, wieder zu heiraten, unklar wie ein Kometenschweif, das Bild Sayos, der ich mit eigener Hand den Tod gegeben hatte. Der Schuldirektor stellte mir alle möglichen Argumente vor Augen, die mir den Schritt gut

und ratsam erscheinen lassen sollten. Für einen Mann in meinen Jahren sei es zu schwierig, immerzu als Junggeselle weiterzuleben; der Heiratsvorschlag sei von der Gegenseite ausgegangen; da er als Schuldirektor persönlich die Vermittlung übernommen habe, würden ganz bestimmt keine peinlichen Gerüchte aufkommen; im übrigen würde auch meine Versetzung nach Tokio, die ich mir so sehnlich wünschte, durch eine Wiederverheiratung erleichtert. So versuchte er also auf jede mögliche Weise, mir den Plan näherzubringen. Ich vermochte nun nicht länger mehr abzulehnen. Das Mädchen, das mir als Gattin vorgeschlagen wurde, war zudem ihrer Schönheit wegen bekannt, es lockte mich, obgleich ich mich schäme, dies zuzugeben, auch der Reichtum ihrer Familie, und so versprach ich, als der Schuldirektor immer wieder in mich drang, mir die Sache endgültig zu überlegen. So wurde ich also schließlich weich, und als der Sommer des 26. Jahres Meiji begann, hieß es, die Hochzeitsfeier solle im Herbste sein.

Kaum war dieser Zeitpunkt festgelegt, fühlte ich mich merkwürdig niedergeschlagen. Ich war so lustlos, auch nur das geringste zu unternehmen, daß es mich selber bestürzte. In der Schule versank ich an dem Tisch im Lehrerzimmer in dumpfes Grübeln und überhörte gelegentlich sogar das Holzgeklapper, mit dem der Beginn des Unterrichts angezeigt wurde. Was mich eigentlich bedrückte, konnte ich selbst nicht sagen. Ich hatte das unheimliche Gefühl, als griffe das Räderwerk in meinem Kopf nicht mehr recht ineinander, als lauerte ein Geheimnis auf mich, das nicht zu entschleiern war.

Und dann war es wohl zwei Monate später. Es waren gerade Sommerferien. Auf einem abendlichen Spaziergang besah ich die Auslagen eines Buchantiquariats hinter dem Tempel Honganji-betsuin, und da fand ich fünf, sechs Hefte einer wohlbekannten illustrierten Zeitschrift neben dem Roman ›Der Dämon am nächtlichen Fenster‹ und einigen Witzblättern. Ich betrachtete die Steindruckumschläge des Bildmagazins und nahm eines der Heftchen in die Hand. Das Bild zeigte ein eingestürztes Haus, aus dem Flammen schlugen, und darunter stand in großen Schriftzeichen: ›Erschienen am 30. November des 24. Jahres Meiji. Bericht von dem Erdbeben am 28. Oktober‹. Das versetzte meinem Herzen einen gewaltigen Schock. Mir war, als flüsterte jemand spöttisch neben mir: ›Ja! Genauso war das! Genauso!‹ In dem Halbdunkel des noch nicht erleuchteten Ladens schlug ich erregt das Heftchen auf. Da war zunächst ein Bild, wo alt und jung unter herabgestürzten Balken einen jämmerlichen Tod starb. Dann

ein Bild, wo die Erde plötzlich auseinanderklaffte und vor Entsetzen stolpernde Mädchen verschlang. Und dann, nun, ich kann die einzelnen Bilder nicht alle aufzählen, aber diese Zeichnungen ließen die Geschehnisse bei jenem vor zwei Jahren erfolgten Erdbeben höchst lebendig vor meinen Augen erstehen. Ich sah, wie die eiserne Brücke von Nagaragawa einstürzte, die Spinnereifabrik von Owari in sich zusammenbrach, wie man Leichen von den Soldaten der dritten Division unter den Trümmern der Kaserne hervorzog und den Schwerverletzten des Aichi-Krankenhauses half – alle diese grauenhaften Szenen rissen mich von Bild zu Bild mehr in die Erinnerung an jenen furchtbaren Tag hinein. Mir traten die Tränen in die Augen, und ich begann am ganzen Körper zu zittern. Eine seltsame Empfindung, die weder Lust noch Schmerz war, nahm erbarmungslos von mir Besitz. Und als ich dann gar das letzte Bild besah, wurde ich von einem Entsetzen gepackt, das mir noch heute in den Gliedern steckt. Es zeigte eine Frau, die, unter einem heruntergefallenen schweren Balken in der Hüfte zerschmettert, offenbar unsägliche Schmerzen leidet; von der Seite her dringen dunkle Rauchschwaden heran, und rote Feuerfunken stieben durcheinander. Das mußte doch meine Frau sein! Das, genau das war das schreckliche Ende, das die Arme nahm. Mir fiel vor Entsetzen beinahe das Heft aus der Hand, ich war nahe daran, laut aufzuschreien, aber noch mehr bestürzte mich in diesem Augenblick, daß es plötzlich feuerrot um mich her wurde und es nach Brand roch. Ich zwang mich gewaltsam zur Ruhe, legte das Heftchen hin und sah angstvoll um mich. In dem Laden hatte der Junge eben die Lampe angezündet, und auf die abenddunkle Straße hatte er eine noch rauchende Streichholzschachtel geworfen.

Seit diesem Tage bemächtigte sich meiner eine noch tiefere Niedergeschlagenheit. War es bisher eine unerklärliche Unruhe gewesen, so ringelte sich nun langsam ein furchtbarer Verdacht in mir empor und begann mich zu martern. War es nicht ganz unvermeidlich, daß ich meine Frau damals mit eigener Hand ums Leben brachte? Oder klarer gesagt: tötete ich meine Frau nicht deswegen, weil ich dies von Anfang an beabsichtigt hatte? War das Erdbeben nicht nur einfach eine günstige Gelegenheit gewesen? Das war der Verdacht, der mich fortan verfolgte. Selbstverständlich habe ich mir darauf unendlich oft die Antwort ›Nein! Nein!‹ gegeben, aber irgend etwas, das mir in jenem Bücherladen von der Seite ›Ja! Genauso war das! Genauso!‹ zugeflüstert hatte, schlug nun ein spöttisches Gelächter in mir an und brachte mich mit der Frage, warum ich es nicht offen erzählt hatte, in

Verlegenheit. Immer wenn diese Frage in mir auftauchte, schreckte ich zusammen. Ja, warum verbarg ich vor der Welt, daß ich meine Frau getötet hatte? Aus welchem Grunde suchte ich dieses entsetzliche Geschehnis um jeden Preis zu verheimlichen? Mit einem Male wurde ich mir wieder der abscheulichen Tatsache bewußt, daß ich meine Frau im Grunde heimlich gehaßt hatte. So beschämend dies auch für mich ist, ich muß es Ihnen, Meister, sagen; Sie würden sonst nichts verstehen können. Meine Frau hatte leider einen peinlichen körperlichen Mangel. Bis zu jenem Erdbeben war ich allerdings überzeugt gewesen, daß mein sittliches Empfinden, mochte es auch schwierig sein, letzten Endes siegen würde, aber als dann mit jener Katastrophe alle gesellschaftlichen Bindungen mit einem Schlage von der Erde verschwanden, wie sollte da nicht auch meine Moral in Brüche gehen? Wie sollte da nicht auch meine Gier nach Leben herrlich Feuer fangen?

Nun erkannte und bestätigte ich meinen Verdacht, daß ich nur eine Gelegenheit gesucht hatte, sie zu töten. Es war nur zu begreiflich, daß ich furchtbar bedrückt gewesen war. Natürlich sagte ich mir auch zur Entlastung, daß sie ja sonst elend bei lebendigem Leibe verbrannt ware. Ihr Tod war also nicht mein Verbrechen.

Eines Tages nun aber, als der Sommer schon ganz zur Neige gegangen war, die Schule gerade begonnen hatte und wir um einen Tisch im Lehrerzimmer, Bancha-Tee trinkend, zusammensaßen und über alles mögliche schwatzten, kam das Gespräch zufällig auch auf das große Erdbeben vor zwei Jahren. Ich äußerte mich dazu mit keinem Wort, hörte aber, ohne daß ich recht wollte, auf das, was die anderen sagten. Sie schilderten, wie das Dach des Tempels Honganji-betsuin herabfiel, der Deich von Funamachi zusammenstürzte, die Straße von Tawaramachi plötzlich auseinanderklaffte, und schließlich erzählte ein Kollege, daß die Frau des Besitzers einer Sake-Schenke namens Hingoya bereits ganz unter einem schweren Balken begraben lag und sich nicht mehr rühren konnte, doch dann sei durch ein ausbrechendes Feuer zum Glück dieser Balken angebrannt und auseinandergebrochen, so daß die Frau gerettet war. Als ich das vernahm, wurde mir schwarz vor den Augen. Mir war, als müßte ich ersticken. Da ich mich offenbar verfärbte und zusammenzusinken drohte, umringten mich meine Kollegen bestürzt, sie reichten mir besorgt Wasser und Tabletten. Aber mein Kopf war von so entsetzlichen Zweifeln erfüllt, daß ich gar nicht dazu kam, ihnen dafür zu danken. Vielleicht hatte ich meine Frau in der Furcht getötet, sie könnte, obgleich sie scheinbar

hoffnungslos unter dem Balken lag, doch noch gerettet werden? Hätte ich sie nicht getötet, dann wäre sie vielleicht wie jene Frau aus der Sake-Schenke durch irgendeinen immerhin möglichen Zufall noch heute am Leben. Ich aber hatte sie mitleidlos mit einem Ziegel erschlagen. Ach, ich brauche Euch, Meister, nicht zu sagen, wie furchtbar mich dieser Gedanke quälte, und so wollte ich in dieser Qual doch wenigstens einen Rest von Reinheit in mir bewahren und entschloß mich, die vorgesehene Heirat mit der Tochter aus dem Haus N. abzusagen.

Allein, als es galt, diesen Entschluß auch zu verwirklichen, wurde ich doch wieder schwach. Nun, da die Hochzeit unmittelbar bevorstand, hätte ich, falls ich mich zurückzog, all die Einzelheiten dieses grauenhaften Geschehnisses, wie ich meine Frau bei dem großen Erdbeben umgebracht und bisher darunter so gelitten hatte, offen erzählen müssen. Doch hatte ich in dem Kleinmut meines Herzens keine Kraft, mochte ich mich auch noch so dazu ermuntern. Immer wieder sprach ich meinem verzagten Herzen zu, aber ohne Erfolg. Und während ich nichts von dem tat, was ich hätte tun sollen, verwandelte sich der Nachsommer in kühlen Herbst, und schließlich stand ich vor dem Tag, an dem, wie es so schön heißt, die Blumenleuchter feierlich entzündet werden sollten.

Ich war so in Trübsinn versunken, daß ich nur selten mit anderen sprach. Meine Kollegen redeten mir fast alle zu, ich möge die Hochzeit verschieben, der Schuldirektor ermahnte mich dreimal, mich doch von einem Arzt untersuchen zu lassen. Aber ich hatte trotz all dieser freundlichen Worte schon nicht mehr die Kraft, viel an meine Gesundheit zu denken. Gleichzeitig erschien es mir niedrig und böse, wenn ich die ehrliche Besorgtheit all dieser Menschen in dem Sinne ausgenutzt und mißbraucht hätte, indem ich unter Vorgabe irgendeiner Krankheit die Hochzeit zu verschieben bat. Der Vater des für mich ausersehenen Mädchens war zudem der irrigen Überzeugung, meine Niedergeschlagenheit sei nichts als eine Folge meines langen Junggesellenlebens, und redete mir daher besonders eifrig zu, so schnell wie möglich zu heiraten. Und so kam es schließlich dazu, daß im gleichen Monat, in dem das Erdbeben vor zwei Jahren stattgefunden hatte, im Haupthaus der Familie N. die Hochzeit gefeiert werden sollte.

Völlig zusammengebrochen, legte ich als Bräutigam meinen Feiertagskimono mit dem Familienwappen an. Ich fühlte mich unbeschreiblich, als man mich in das große Zimmer führte, wo vergoldete

Wandschirme festlich aufgestellt waren! Ich kam mir wie ein Schurke vor, der in aller Heimlichkeit ein abscheuliches Verbrechen begeht. Nein, ich tat etwas ganz Unmenschliches, als ich, die bereits begangene Untat verbergend, nun daran ging, die Tochter aus dem Hause N. und ihr großes Vermögen zu stehlen. Mein Gesicht glühte vor Scham, ich vermochte nur mehr mühsam zu atmen. Ich entschloß mich, wenn irgend möglich, offen zu bekennen, daß ich meine erste Frau getötet hatte. Dieser Gedanke brauste in meinem Kopf wie ein Sturm, der um sich selber kreiste. In diesem Augenblick erschienen auf den Tatamimatten vor meinem Sitz ein Paar glitzerndweißer Strumpfschuhe und dann der Saum eines Kimonos mit Kiefern und Kranichen auf einem mattfarbenen Meereshimmel, ein Obigürtel aus kostbarem Brokat, eine silberne Kette, über dem weißen Kimonokragen eine hochaufgesteckte altjapanische Frisur, in der Kammnadeln aus Schildpatt schwer und dunkel glänzten. Mir war, als versage mir nun gänzlich jeder Atem, mich überfiel eine Angst, die alles Leben in mir erstickte, und ich schrie, indem ich beide Arme auf die Matten stützte, mit verzweifelter Stimme: ›Ich bin ein Mörder! Ich bin ein ganz gemeiner Verbrecher!‹«

Als Nakamura Gendô seinen Bericht beendete, starrte er mir eine Weile unbeweglich ins Gesicht, dann sagte er, während ein mühsames Lächeln um seinen Mund huschte:

»Was dann weiter geschah, brauche ich Ihnen nicht auszuführen. Nur noch eines: Man behandelt mich seitdem als einen Verrückten, und ich muß nun den Rest meines Lebens auf erbarmungswürdige Weise verbringen. Die Entscheidung, ob ich wirklich den Verstand verloren habe, möchte ich Ihnen überlassen. Sollte ich verrückt sein, trägt dann aber nicht jenes Ungeheuer Schuld, das auf dem Grund unser aller Herzen verborgen schlummert? Solange dieses Ungeheuer existiert, sollten die Menschen nicht über mich spotten, denn eines Tages mag es ihnen genauso wie mir ergehen. Davon bin ich überzeugt. Was ist Ihre Meinung?«

Der Schein der Lampe schwang unverändert zwischen mir und dem unheimlichen Gast hin und her. Ich fühlte den Blick der Weiden-Kwannon auf mir ruhen und fand nicht einmal den Mut, meinen Gast zu fragen, warum ihm an einer Hand ein Finger fehle. Ich saß nur ruhig da.

NAOYA SHIGA

In Kinosaki

Um eine Verletzung auszuheilen, die ich mir durch einen Sturz aus der Yamanote-Ringbahn in Tôkyô zugezogen hatte, begab ich mich nach dem Heilbad Kinosaki. Die Rückenwunde konnte durchaus lebensgefährlich werden, falls eine Rückenmarkkaries daraus entstand. Doch dies war, wie mir der Arzt versichert hatte, nicht eben wahrscheinlich. Trete diese Verschlimmerung nach zwei, drei Jahren noch nicht auf, so sei nichts mehr zu befürchten; zunächst müsse ich aber sehr vorsichtig sein. Dies war der Grund, weshalb ich mich entschloß, nach Kinosaki zu fahren.

Mein Kopf befand sich in einem anhaltenden Dämmerzustand. Meine Vergeßlichkeit war kaum zu fassen. Aber ich war in einer so ausgeglichenen Stimmung, wie ich sie seit Jahren nicht mehr erlebt hatte. Es war um die Zeit, da man den Reis zu ernten begann; das Wetter war schön.

Ich war ganz allein und hatte niemanden, mit dem ich mich hätte unterhalten können. Ich las und schrieb oder saß gedankenverloren auf einem Stuhl in der schmalen Veranda vor dem Zimmer und sah auf die Berge oder die Straße, oder ich ging spazieren. So brachte ich die Zeit hin. Zum Wandern hatte ich einen wundervollen Weg entdeckt, der von der Stadt aus an einem kleinen Bach entlang gemächlich hügelan stieg. Fast vor jedem Abendessen ging ich diesen Weg. Wenn ich in den kühlen Dämmerstunden durch die herbstliche Bergschlucht den klaren, schmalen Bach entlang schritt, waren meine Gedanken voll Schwermut. Doch ich empfand dabei eine wohlige Ruhe. Ich dachte viel an meine Wunde. Wie wenig hatte gefehlt, überlegte ich, so schlummerte ich jetzt in der Friedhofserde von Aoyama, mit dem Gesicht nach oben. Mit einem bleichen, kalten und harten Gesicht, die Schläfenwunde und die Verletzung am Rücken unverheilt. Die Skelette meines Großvaters und meiner Mutter lägen daneben. Und all dies, ohne daß wir Worte oder Blicke miteinander tauschen konnten. Das waren die Gedanken, die dann in mir aufstiegen. Es waren melancholische Gedanken, allein sie erschreckten mich kaum. Irgendwann würde es wirklich so sein, aber wann? Bisher hatte ich wohl auch manchmal an den Tod gedacht, doch dieses Wann stets in eine weite Ferne geschoben. Jetzt empfand ich deutlich, daß es wirklich irgendwann so sein würde. Nur war seltsam, daß ich bei dieser Er-

kenntnis völlig ruhig blieb. In meinem Herzen keimte eine freundschaftliche Vertrautheit mit dem Tode auf.

Mein Hotelzimmer lag im ersten Stock. Es war ruhig, ich hatte keinen Nachbarn. Wenn ich vom Lesen oder Schreiben ermüdet war, ging ich oft auf die Veranda hinaus und setzte mich auf einen Stuhl. Gleich daneben war das Dach der Vorhalle. Unter der Holzvertäfelung, mit der dieses Dach an die Hauswand stieß, hatten sich Bienen eingerichtet. Erlaubte es das Wetter auch nur einigermaßen, so arbeiteten die getigerten, großen, rundlichen Bienen mit rastloser Emsigkeit Tag für Tag, vom Morgen bis in die Abenstunden hinein. Bevor sie von der Holzvertäfelung abflogen, untersuchten sie mit ihren winzigen Vorder- und Hinterfüßen ganz sorgsam ihre Flügel und Fühler und liefen probeweise ein wenig im Kreise, aber es gab auch solche, die sofort ihre dünnen, langen Flügel kräftig ausspannten und mit einem tiefen Summen plötzlich und schnell davonschwirrten. Die Blumen und Hecken des Hotelgartens hatten gerade zu blühen begonnen, und dort schwärmten nun die Bienen umher.

Eines Morgens entdeckte ich eine tote Biene mitten auf dem Dach der Vorhalle. Ihre Füße waren fest an den Leib gepreßt, die Fühler hingen verbogen vor ihrem Gesicht. Für die anderen Bienen schien sie nicht dazusein. Ihre rastlose Geschäftigkeit gab ein Bild heiß pulsierenden Lebens. Die tote Biene aber, die am Morgen, Mittag und Abend – wann immer ich hinsah – regungslos auf dem Rücken lag, ließ mich sehr eindringlich die Gegenwart des Todes spüren. Das währte drei Tage. Immer wenn ich sie betrachtete, sammelte sich in mir eine tiefe Ruhe. Ich war geborgen in stiller Einsamkeit. Am Abend, wenn die anderen Bienen auf ihre Waben zurückgekehrt waren, lag auf den kalten Ziegeln, übriggeblieben, nur diese eine tote Biene. Es war ein schwermütiger Anblick, der aber gleichzeitig einen ungewöhnlichen Frieden spendete.

In der Nacht strömte heftiger Regen nieder. Am Morgen klarte es auf. Die Blätter der Bäume, der Erdboden und das Dach waren sauber gewaschen. Die tote Biene lag nicht mehr da. Die anderen waren wie immer emsig an der Arbeit; die tote Biene hatte wohl der Regen weggeschwemmt. Mit zusammengekrümmten Füßen und eng an das Gesicht gepreßten Fühlern lag sie nun irgendwo, vielleicht völlig verschmutzt. Oder war sie von Ameisen fortgeschleppt worden? Auch diese Vorstellung gewährte mir eine Stimmung friedlicher Ruhe. Während ihres ganzen Lebens hatte die Biene fast ununterbrochen sich gemüht, jetzt war für sie nichts mehr zu tun. Und das erzeugte

die große Ruhe rings um sie. Ich fühlte eine zärtliche Zuneigung zu dieser Stille.

Es war nicht lange nach diesem Erlebnis. Ich hatte an einem Vormittag das Hotel in der Absicht verlassen, nach dem Maruyama-Fluß und dem Higashiyama-Park zu wandern, von wo aus man das Japanische Meer sehen kann. Vor Ichinoyu fließt ein Bach sanft neben dem Weg dahin. Ich war noch gar nicht so lange gegangen, da sah ich vor mir auf einer Brücke und an beiden Ufern Menschen stehen. Sie schienen in großer Erregung zu sein und sahen angespannt auf irgend etwas, das im Bach zappelte. Ich erkannte sogleich eine große Ratte. Ihr Hals war von einem sieben Zoll langen Angelhaken durchbohrt. Über ihrem Kopf und unter ihrem Hals sahen je etwa drei Zoll heraus. Das Tier mühte sich verzweifelt, an der steinernen Uferwand emporzuklettern. Ein paar Kinder und ein etwa vierzigjähriger Rikschamann warfen mit Steinen nach ihr. Aber sie trafen nicht. Klatschend schlugen die Steine gegen die Uferwand und prallten zurück. Die Zuschauer lachten laut auf. Endlich gelang es der Ratte, mit ihren Vorderfüßen in einer Wandritze einen Halt zu finden. Doch immer, wenn sie sich in die Spalte zwängen wollte, hinderte sie der Haken, von dem sie durchbohrt war. Sie fiel ins Wasser zurück. Aber sie versuchte es immer wieder aufs neue. Der Ausdruck in ihren Augen war für Menschen nicht verständlich, doch an der Art ihrer Bewegungen erkannte man deutlich eine verzweifelte Entschlossenheit. Sie schien sich daran zu klammern, daß sie gerettet sei, wenn ihr gelänge, irgendwohin zu entfliehen, und so schwamm sie mitten in den Bach hinein. Die Kinder und der Rikschamann warfen, sich immer wilder ergötzend, ununterbrochen mit Steinen nach ihr. Einige Enten, die vor dem benachbarten Wäscheplatz Futter suchten, wurden durch diese Steinwürfe aufgeschreckt; sie machten die Hälse lang und äugten unruhig umher. Mit erregten Mienen und langgestreckten Hälsen, schreiend und emsig mit den Füßen paddelnd, schwammen sie schließlich bachaufwärts davon. Ich hatte keine Lust, das entsetzliche Ende dieser Ratte noch weiter mit anzusehen. Wunderlich hartnäckig haftete die Vorstellung in meinem Kopf, daß sie nicht sterben wollte, jedoch das unabwendbare Schicksal eines nahen Todes in sich trug und ihre letzten Kräfte aufbot, irgendwohin zu entfliehen. So also war die Wirklichkeit. Was war das für eine furchtbare Qual, die erst durchlitten werden mußte, bis die ersehnte Geborgenheit erreicht war! Ich empfand wohl eine innige Vertrautheit mit der friedlichen Ruhe nach dem Tod, aber doch graute mir vor dieser Verwirrung und

Verzweiflung. Die Tiere kennen den Selbstmord nicht, sie müssen daher den Kampf um ihr Leben so lange fortsetzen, bis sie der Tod erlöst. Wie aber hätte ich gehandelt, wenn mir das gleiche Schicksal widerfahren wäre wie der Ratte? Würde ich nicht auch ebenso verzweifelt gegen den Tod ankämpfen wie sie? Mir fiel ein, wie nahe ich selbst daran gewesen war, als ich mich durch den Sturz aus der Ringbahn verletzt hatte. Ich war halb bewußtlos gewesen, aber ich hatte alles getan, um mein Leben zu erhalten. Ich hatte selber das Krankenhaus bestimmt und die Art, wie ich dorthin zu bringen war. Ich hatte gebeten, zuerst den Arzt anzurufen, damit bis zu meiner Ankunft alles für die Operation vorbereitet werden konnte. Nachher war ich selber darüber verblüfft, wie ich es nur fertiggebracht hatte, in halb bewußtlosem Zustand klar für das Allerwichtigste Vorsorge zu treffen. Und obgleich der Arzt meine Wunde als lebensgefährlich erklärte, war ich doch von der Möglichkeit meiner Rettung überzeugt und bemühte mich mit aller Kraft darum. Das war von der seelischen Verfassung der Ratte kaum sehr verschieden.

Kurze Zeit darauf wanderte ich eines Abends allein von dem Ort aus an dem kleinen Bach entlang gemächlich bergauf. Nachdem ich vor dem Tunnel der Sannin-Linie die Schienen überquert hatte, wurde der Weg ganz eng und still, nur der Bach floß mit ziemlichem Gefälle talabwärts. Nirgendwo war eine Spur menschlicher Behausungen zu sehen. Bleich und kalt lag die Natur vor mir. Es wurde empfindlich kühl, die ungewöhnliche Stille erregte in mir eine seltsame Unruhe. Allmählich dämmerte es. Endlich entschloß ich mich umzukehren. Im gleichen Augenblick entdeckte ich auf einem schräg in den Bach reichenden Stein, der etwa einen Meter lang und breit war, ein schwarzes kleines Etwas. Es war ein Aalmolch. Er war naß und von wundervollem Glanz. Den Kopf nach unten geneigt, dem Wasser zu, hockte er unbeweglich. Von seinem glatten Körper tropfte das Wasser auf den dunklen, trockenen Stein. Unwillkürlich kauerte ich mich nieder und sah ihm zu. Und plötzlich spürte ich den Wunsch, das kleine Tier zu erschrecken und ins Wasser zu jagen. Ich stellte mir den trippelnden Molch vor, wie er unbeholfen den schwarzen, schmalen Körper bewegte. Ich griff nach einem Stein und warf ihn. Ich zielte durchaus nicht. Seit jeher bin ich im Werfen so ungeschickt, daß ich auch bei sorgfältigstem Zielen kaum je treffe. In diesem Augenblick hatte ich aber auch nicht die geringste Absicht, das kleine Tier zu treffen. Der Stein fiel nach einem dumpfen Laut ins Wasser. Gleichzeitig sprang der Molch vier Zoll weit auf die Seite, den Schwanz steil in die

Höhe gerichtet. Ich erschrak heftig, kam jedoch zunächst gar nicht auf den Gedanken, daß ich ihn etwa getroffen haben könnte. Und da senkte sich der Schwanz des Molchs auch schon wieder, ganz natürlich und ohne Hast. Die dünnen Beine knickten ein, die Zehen der beiden Vorderfüße krümmten sich nach innen, kraftlos fiel der kleine Leib nach vorn. Der Schwanz lag platt auf dem Stein, er bewegte sich nicht mehr. Der Aalmolch war tot. Was hatte ich da Furchtbares getan! Es erzeugte in mir ein seltsam qualvolles Gefühl, daß ich das kleine Tier getötet hatte, ohne es auch nur im geringsten gewollt zu haben. Ich hatte es mit eigenen Händen vollbracht, und trotzdem erschien mir diese Untat als das Werk eines blinden Zufalls. Für den Aalmolch war es ein vollkommen unerwarteter Tod. Ich blieb noch eine Weile sitzen. Mir war, als existierten in diesen Augenblicken auf der ganzen Welt nur mehr dieser Molch und ich. Zum andern hatte ich die merkwürdige Empfindung, nun selber ein Aalmolch geworden zu sein. Ich spürte Mitleid, und gleichzeitig erlebte ich das trostlose Ausgesetztsein aller Kreatur. Ein kleiner Zufall hatte damals meinen Tod verhindert. Der Aalmolch war aber infolge eines anderen Zufalls jetzt tot. Von Schwermut umfangen, ging ich schließlich auf dem Weg, der nur noch unmittelbar vor meinen Füßen sichtbar war, zu meinem Hotel zurück. Weit in der Ferne sah ich die ersten Lichter aufleuchten... Was mochte aus der toten Biene geworden sein? Sie war wohl schon mit der Erde vermischt. Und was war inzwischen mit der Ratte geschehen? Vielleicht war sie schon ins Meer geschwemmt, und die Wellen warfen ihren aufgetriebenen Leib zusammen mit irgendwelchem Unrat an den Strand. Und ich, der ich nicht gestorben war, ging jetzt so des Wegs. Das waren die Gedanken, die mich beschäftigten. Es war seltsam, daß sich in mir Dankbarkeit regte. Ich war voll Freude, doch ich konnte sie schwer ergründen. Leben und Totsein, das waren in diesem Fall keine entgegengesetzten Pole. Sie erschienen mir gar nicht so voneinander verschieden.

Inzwischen war es schon recht dunkel geworden. In weiter Ferne ertastete mein Blick ein paar Lichter. Unsicher suchten meine Füße den Weg, so, als hätten sie mit den Augen nicht das geringste zu tun. Mein Verstand arbeitete rege, von allem unabhängig, ganz für sich. All das verstärkte die geheimnisvolle Stimmung in mir, mitten zwischen Leben und Tod zu weilen. Nach drei Wochen verließ ich Kinosaki. Seitdem sind nun schon drei Jahre vergangen. Die Rückenmarkkaries hat mich nicht befallen.

RYUNOSUKE AKUTAGAWA: Der Verdacht
Aus dem Japanischen übersetzt von Oscar Benl und Kunihiro Jojima
Ryunosuke Akutagawa, geb. 1892 in Tokio, nahm sich 1927 das Leben. Er schrieb neben Essays und Geschichten rund 150 Kurzgeschichten und Erzählungen. Weltberühmt wurde er durch die Verfilmung von »Rashomon«.

STEPHEN VINCENT BENÉT: Der Schatz des Vasco Gomez (The Treasure of Vasco Gomez)
Aus dem Amerikanischen übersetzt von Paridam von dem Knesebeck
© 1930 by Stephen Vincent Benét, Copyright renewed 1958 by Rosemary Carr Benét. Reprinted by permission of Brandt & Brandt and MOHRBOOKS Literary Agents
Stephen Vincent Benét, geb. 1898 in Bethlehem/Pennsylvania, starb 1943 in New York. Als Publizist erhielt er zweimal den Pulitzerpreis. Neben historischen Themen, wie in der in diesem Band abgedruckten Geschichte, galt sein Engagement der Durchsetzung demokratischen Bewußtseins. Sein frühes Hauptwerk »John Brown's Body« schildert die Auseinandersetzungen des amerikanischen Bürgerkriegs.

ELIZABETH BOWEN: Maria (Maria)
Aus dem Englischen übersetzt von Siegfried Schmitz
Mit freundlicher Genehmigung von Messrs. Curtis Brown Ltd., London
Elizabeth Bowen, geb. 1899 in Dublin, lebte lange in London und starb 1973 in Country Cork/Irland. Als schriftstellerische Vorbilder gelten Henry James und Virginia Woolf. Kurzgeschichten haben sie, noch mehr als ihre Romane, im englischsprachigen Raum bekannt gemacht. In ihrer literarischen Bedeutung wird sie neben Katherine Mansfield gestellt. In deutschen Übersetzungen erschienen die Romane »Das Haus in Paris« (1947), »Gen Norden« (1948), »Eine Welt der Liebe« (1958), »Die kleinen Mädchen« (1966); Kurzgeschichten in den Sammlungen »Der Liebhaber als Dämon« (1946), »Ein Abschied« (1958).

LOUIS BROMFIELD: Wahre Liebe (True Love)
Aus dem Amerikanischen übersetzt von Ursula von Wiese
Mit freundlicher Genehmigung von MOHRBOOKS, Zürich
Louis Bromfield, geb. 1896 in Mansfield/Ohio, starb 1956 in Columbus/Ohio. Bekannt wurde Bromfield durch seine spannenden gesellschaftskritischen Romane. Sein berühmtestes Buch ist wahrscheinlich der in Indien spielende Roman »Der große Regen« (1949). Kurzgeschichten, in denen, wie in seinen Romanen, sozialkritische Themen im Vordergrund stehen, erschienen in den Sammlungen »So ist die Welt« (1946); »Zenobia« (1957).

RHYS DAVIES: Das Wirtshaus (The Public-House)
Aus dem Englischen übersetzt von Siegfried Schmitz
Mit freundlicher Genehmigung von Messrs. Curtis Brown Ltd., London
Rhys Davies, geb. 1903 in Bleanclydach/Rhoudda Valley, gilt als ein Vertreter speziell walisischer Literatur. Menschen und Landschaft seiner Heimat sind Themen seiner Romane und Kurzgeschichten. In deutscher Sprache sind einzig die Geschichten des Bandes »Der Junge mit der Trompete« (1960) erschienen.

GEORGE GARRETT: Der unselige Jägersmann (The Accursed Huntsman)
Aus dem Amerikanischen übersetzt von Hedda Soellner
Mit freundlicher Genehmigung von Peter Janson-Smith Ltd., London
George Garrett, geb. 1929 in Florida, Lyriker, Novellist und Romancier, läßt in seinen Erzählungen und Romanen das Spiegelbild eines typisch amerikanischen Lebens entstehen. Er selbst war Soldat, Fußballtrainer und Boxer, bevor er Universitätslehrer wurde. In deutscher Sprache sind, soweit sich feststellen läßt, nur die Kurzgeschichten des Bandes »Die Rivalen« (1960) erschienen.

WILLIAM GOYEN: Zamour (Zamour)
Aus dem Amerikanischen übersetzt und mit freundlicher Genehmigung von Elisabeth Schnack, Zürich
Entnommen dem Band »Erzählungen« von William Goyen im Manesse-Verlag, Zürich, 14 Erzählungen von William Goyen.
© Linder AG, jetzt Paul & Peter Fritz AG, Zürich
William Goyen, geb. 1915 in Trinity/Texas, starb 1983 in Los Ange-

les. Nach dem Studium wurde er Dozent an der Rice Universität in Houston. Während des Zweiten Weltkriegs, als er Dienst im Pazifik leistete, keimten Pläne zu schriftstellerischen Werken. Nach dem Krieg besuchte er Taos, lernte Frieda Lawrence kennen, baute sich ein Adobe-Haus auf einem Stück Land, das sie ihm geschenkt hatte, und vollendete den Roman »Haus aus Hauch« (1952), der ihn auch in Deutschland und in der Schweiz berühmt machte. Sein Einfühlungsvermögen, sein Glaube an die Menschheit und eine feine Ironie äußern sich in all seinen Romanen und Erzählungen.

In deutscher Sprache erschienen u. a. der Roman »Im fernsten Land« (1957), die Erzählbände »Geist und Fleisch« (1955), »Der diebische Steppenwolf« (1963) und »Meistererzählungen« (1974) sowie »Mein Buch von Jesus« (1973).

O. HENRY: Die hohe Kunst der Heiratsvermittlung (The Exact Science of Matrimony)
Aus dem Amerikanischen übersetzt von Siegfried Schmitz
O. Henry (William Sidney Porter), geb. 1862 in Grennsboro/North Carolina, starb nach einem abenteuerlichen Leben, davon vier Jahre im Gefängnis, 1910 in New York. Er ist einer der Väter der amerikanischen Short story; er schrieb nie etwas anderes, dafür wurden es an die 600 Kurzgeschichten. Sein Werk ist auch in deutscher Sprache in einer Vielzahl von Ausgaben präsent.

LANGSTON HUGHES: Das Farbenspiel (Who's Passing For Who?)
Aus dem Amerikanischen übersetzt von Paridam von dem Knesebeck
© Alfred A. Knopf, New York
Langston Hughes, geb. 1902 in Joplin/Missouri, starb 1967 in New York. Er leitete das Harlemer Negertheater in New York und gilt als einer der bedeutendsten Negerschriftsteller Amerikas überhaupt. Seine Lyrik ist der Kunst von Spiritual und Blues verpflichtet, seine Prosa will Brücken schlagen zwischen Schwarz und Weiß. In deutscher Sprache erschienen seine Gedichte in verschiedenen Auswahlbänden, außerdem der Roman »Trommeln zur Seligkeit« (1959) und die Geschichten des Bandes »Weißgepuderte Gesichter« (1961).

MARY LAVIN: Der Weiße Prinz (»Say could that had be I?«)
Aus dem Englischen übersetzt von Kurt Wagenseil
Mary Lavin, geb. 1912 in East Walpole/Massachusetts, wuchs in Irland auf. Irland ist auch Hauptgegenstand ihrer oft humorvollen Er-

zählungen und Romane. In deutscher Sprache erschienen die Geschichtenbände »Der Rebell« (1962) und »Unter irischem Himmel« (1969).

FRANK O'CONNOR: Er hat die Hosen an (Man of the House)
Aus dem Englischen übersetzt und mit freundlicher Genehmigung von Elisabeth Schnack, Zürich
© Messrs. A. D. Peters, London
Frank O'Connor (Michael O'Donnovan), geb. 1903 in Cork, starb 1966 in Dublin. Seine humoristischen Geschichten erschienen jahrelang regelmäßig im »New Yorker«. Er gilt als einer der bekanntesten irischen Schriftsteller und ist ein Meister der kurzen Form. In deutscher Sprache erschienen mehrere Sammelbände seiner Geschichten, u. a. »Er hat die Hosen an« (1957), »Und freitags Fisch« (1958), »Bitterer Whisky« (1962), »Die Geschichten Frank O'Connors« (1967); außerdem sein Roman »Die Reise nach Dublin« (1961) und die Autobiographien »Einziges Kind« (1964) und »Meines Vaters Sohn« (1970).

SEAN O'FAOLAIN: Der schielende Kesselflicker (The Squinty Tinker)
Aus dem Englischen übersetzt und mit freundlicher Genehmigung von Elisabeth Schnack, Zürich
© Messrs. Curtis Brown Ltd., New York
Sean O'Faolain, geb. 1900 in Cork, lebt in einem Vorort von Dublin. Er ist ein kritischer Interpret des modernen Irland, aber auch ein Schriftsteller, der Menschen und Landschaft seiner Heimat lebendig und humorvoll zu schildern versteht. Er schrieb Romane, Biographien, Essays und eine große Zahl von Kurzgeschichten, die nie den »Rebellen«, der ihr Autor einmal war, verleugnen.
In deutscher Sprache erschienen u. a. die Romane »Ein Nest voll kleiner Leute« (1966), »Der Einzelgänger« (1963), »Komm heim nach Irland« (1964); Kurzgeschichten u. a. in den Sammelbänden »Der erste Kuß« (1958), »Sünder und Sänger« (1976), »Trinker und Träumer« (1980), »Lügner und Liebhaber« (1981).

LIAM O'FLAHERTY: Der rote Rock (The Red Petticoat)
Aus dem Englischen übersetzt und mit freundlicher Genehmigung von Elisabeth Schnack, Zürich
© Messrs. A. D. Peters, London
Liam O'Flaherty, geb. 1897 auf den Aran-Inseln im Atlantik, lebt seit

vielen Jahren in Dublin, unternimmt aber immer wieder Reisen nach Paris. Zuvor führte er jahrelang ein unstetes Wanderleben, führte 1922 im irischen Bürgerkrieg eine Gruppe von Arbeitslosen, mußte nach England fliehen und begann dort zu schreiben: Tiergeschichten, Schelmenstücke, Kurzgeschichten und Romane, die Schrecken und Schönheit kennen, aber auch einen ausgeprägten Humor. In deutscher Sprache sind erreichbar u. a. die Sammelbände »Armut und Reichtum« (1976), »Tiergeschichten« (1979) sowie der Reisebericht »Ich ging nach Rußland« (1971).

J. F. POWERS: Die Streitaxt (A Valiant Woman)
Aus dem Amerikanischen übersetzt und mit freundlicher Genehmigung von Elisabeth Schnack, Zürich
James Farl Powers, geb. 1917 in Jacksonville/Illinois, ist ein katholischer Schriftsteller, der unbefangen wie wenige über den amerikanischen Klerus geschrieben hat. Es geht ihm aber um mehr: um »den ewigen Kampf zwischen Idealismus und Realismus, den sich ständig wiederholenden Sündenfall des Menschen« (Elisabeth Schnack). In deutscher Sprache erschien der Sammelband seiner Kurzgeschichten »Die Streitaxt« (1958) und »Gesammelte Erzählungen« (1968).

VICTOR SAWDON PRITCHETT: Das rote Motorrad (Sense of Humour)
Aus dem Englischen übersetzt von Herta Haas
© Messrs. A. D. Peters, London
Victor Sawdon Pritchett, geb. 1900 in Ipswich, arbeitete zunächst als Reiseschriftsteller und Literaturkritiker. Seine Geschichten halten Situationen fest, die typisch englisch sind, seinen Stil könnte man als ironischen Realismus bezeichnen. Seine Vorliebe gilt der Zeichnung skurriler Charaktere.
In deutscher Sprache erschienen die Geschichtensammlungen »Komme, was kommen mag« (1947), »Das rote Motorrad« (1959), »Das Doppelbett« (1972).

JULIO RAMÓN RIBEYRO: Das Bankett
Im Zeichen des Skorpions
Aus dem Spanischen übersetzt von Wolfgang A. Luchting
Julio Ramón Ribeyro, geb. 1929 in Lima/Peru, lebt in Paris und Lima. Er gehört zu den interessantesten Erzählern Lateinamerikas. Ausgedehnte Reisen – er lebte auch etwa zwei Jahre in Deutschland – ließen in sein Werk Welterfahrung einfließen. Er schrieb Romane, Erzäh-

lungen und Theaterstücke, die in seiner peruanischen Heimat spielen, wobei die Kurzgeschichten seine Stärke bleiben.
In deutscher Sprache erschienen der Roman »Im Tal von San Gabriel« (1964) und der Erzählungsband »Auf offener See« (1961).

WILLIAM SANSOM: Zwischen den Dahlien (Among the Dahlias)
Aus dem Englischen übersetzt von Iris und Rolf Hellmut Foerster
Mit freundlicher Genehmigung von Elaine Greene Ltd., London
William Sansom, geb. 1912, begann 1944 zu schreiben und galt in Großbritannien bald als ein besonders begabter Autor von Geschichten im Zwischenbereich von Realistischem und Phantastischem. Neben Romanen veröffentlichte Sansom neun Bände Short stories. In deutscher Sprache sind, soweit es feststellbar war, nur die zehn Erzählungen des Bandes »Zwischen den Dahlien« (1960) erschienen.

NAOYA SHIGA: In Kinosaki
Aus dem Japanischen übersetzt von Oscar Benl
Naoya Shiga, geb. 1883 in Shinomaki/Miyagi im Norden der japanischen Halbinsel, starb 1971. Er lebte von seiner Schulzeit an in Tokio. 1908 schrieb er seine erste Novelle, 1921–1927 entstand sein großer mehrbändiger Roman »Die dunkle Straße«. Mit seinem Werk hat Shiga die japanische Literatur bis heute nachhaltig beeinflußt, obwohl es neben dem Roman nur aus einigen Dutzend Kurzgeschichten besteht. In deutscher Sprache erschienen Kurzgeschichten in den Bänden »In Kinosaki« (1951) und »Der Flaschenkürbis« (1960).

HUGH WALPOLE: Miss Thom (Miss Thom)
Aus dem Englischen übersetzt und mit freundlicher Genehmigung von Elisabeth Schnack, Zürich
© Messrs. Curtis Brown Ltd., London
Hugh Walpole, geb. 1884 in Auchland/Neuseeland, starb 1941 in London. Von seiner Schulzeit an lebte er in England, zunächst in Cornwall, einer Landschaft, die vielen seiner Erzählungen und Romane den Hintergrund gibt. Er charakterisiert in seinen Büchern die verschiedensten Typen des englischen Menschen, mit Vorliebe alte Damen. Historische Romane sind ein zweiter Schwerpunkt des Werks.
In deutscher Sprache erschienen u. a. die Romane »Der Reiter auf dem Löwen« (1916, deutsch 1930), »Bildnis eines Rothaarigen« (1927), »Und der Wald stand still« (1953), »Isabel und ihr Lehrer Perrin« (1954), »Jermey. Roman einer Kindheit« (1980). Sieben Kurzgeschichten erschienen in dem Band »Zug ans Meer« (1961).

Knaur

Taschenbücher

Knaur

Deutschsprachige Erzähler der Gegenwart

Herausgegeben von
Rolf Hochhuth

Anna Seghers
Martin Beheim-Schwarzbach
Marie Luise Kaschnitz
Joachim Maass
Marieluise Fleisser
Ernst Glaeser
Reinhold Schneider
Ernst Kreuder
Josef Breitbach
Kurt Kusenberg
Wolfgang Koeppen
Stefan Andres
Bernt von Heiseler

Albrecht Goes
Gerd Gaiser
Hans Jürgen Soehring

Band 1

Band 1137 · 304 Seiten · ISBN 3-426-01137-9

Knaur ®

Taschenbücher

Knaur ®

Deutschsprachige Erzähler der Gegenwart

Herausgegeben von Rolf Hochhuth

Edzard Schaper
Marianne Langewiesche
Ulrich Becher
Hans Scholz
Max Frisch
Hilde Spiel
Gertrud Fussenegger
Felix Hartlaub
Rudolf Krämer-Badoni
Arno Schmidt
Alfred Andersch
Gregor von Rezzori
Heinrich Schirmbeck

Johannes Bobrowski
Heinrich Böll
Hans Lipinsky-Gottersdorf
Wolfdietrich Schnurre
Friedrich Dürrenmatt
Wolfgang Borchert
Nino Erné
Christine Brückner
Franz Fühmann

Band 2

Band 1138 · 288 Seiten · ISBN 3-426-01138-7